Vigilancia permanente

Edward Snowden

Vigilancia permanente

Traducción de Esther Cruz Santaella

 Planeta

Obra editada en colaboración con Editorial Planeta – España

Título original: *Permanent Record*
Publicado originalmente en inglés por Metropolitan Books,
sello de Henry Holt and Company

Diseño de portada: Rodrigo Corral
Fotografía de portada: © Platon

© 2019, Edward Snowden
© 2019, Traducción: Esther Cruz Santaella

© 2019, Editorial Planeta, S. A.- Barcelona, España

Derechos reservados

© 2019, Editorial Planeta Mexicana, S.A. de C.V.
Bajo el sello editorial PLANETA M.R.
Avenida Presidente Masarik núm. 111, Piso 2
Colonia Polanco V Sección, Miguel Hidalgo
C.P. 11560, Ciudad de México
www.planetadelibros.com.mx

Primera edición impresa en España: septiembre de 2019
ISBN: 978-84-08-21556-1

Primera edición impresa en México: septiembre de 2019
ISBN: 978-607-07-6253-6

Impreso en los talleres de Litográfica Ingramex, S.A. de C.V.
Centeno núm. 162-1, colonia Granjas Esmeralda, Ciudad de México
Impreso en México – *Printed in Mexico*

Para L

ÍNDICE

—

TERCERA PARTE

PREFACIO

—

Me llamo Edward Joseph Snowden. Antes trabajaba para el Gobierno, pero ahora trabajo para el pueblo. Tardé casi treinta años en reconocer que había una diferencia, y cuando lo hice, me metí en algún que otro problemilla en la oficina. Como resultado, ahora dedico mi tiempo a intentar proteger a la ciudadanía de la persona que yo era antes: un espía de la CIA (Central Intelligence Agency o Agencia Central de Inteligencia) y la NSA (National Security Agency o Agencia de Seguridad Nacional) de Estados Unidos, otro joven tecnólogo más dedicado a construir lo que estaba seguro de que sería un mundo mejor.

Mi trayectoria en la IC (Intelligence Community o Comunidad de Inteligencia) estadounidense duró un breve periodo de siete años. Me sorprende darme cuenta de que eso es solo un año más del tiempo que ha transcurrido desde que me exilié a un país que no fue el que elegí. No obstante, durante ese periodo de siete años, participé en el cambio más significativo de la historia del espionaje estadounidense: el paso de la vigilancia selectiva de individuos a la vigilancia masiva de poblaciones enteras. Ayudé a hacer tecnológicamente posible que un solo Gobierno recopilase todas las comunicaciones digitales del mundo, las almacenase durante años y las explorase a voluntad.

Después del 11 de septiembre, la IC quedó sumida en la culpa por no haber protegido Estados Unidos, por haber permitido que, estando ellos de guardia, se produjese el ataque más devastador y destructivo contra el país desde Pearl Harbor. Como respuesta, sus dirigentes buscaron construir un sistema que evitase que los volvieran a pillar alguna vez con esa guardia bajada. Los cimientos de dicho sistema se iban a levantar sobre la tecnología, algo por completo ajeno a su ejército de comandantes de las ciencias políticas y maestros de la administración empresarial. Las puertas de las agencias de inteligencia más secretas se abrieron de par en par a jóvenes tecnólogos como yo. Y así, los frikis de la informática heredaron la tierra.

Si de algo sabía yo por entonces era de ordenadores, por lo que ascendí muy rápido. Con veintidós años, la NSA me concedió mi primera habilitación de seguridad de grado secreto para un puesto en la escala más baja del organigrama. Menos de un año después, estaba en la CIA como ingeniero de sistemas, con amplio acceso a algunas de las redes más confidenciales del planeta. La única supervisión adulta que tenía era la de un tipo que se pasaba sus turnos de trabajo leyendo libros policiacos y de espionaje de Robert Ludlum y Tom Clancy. En su búsqueda de talentos técnicos, las agencias quebrantaron todas las normas de contratación que tenían. En situaciones normales nunca habrían elegido a alguien que no hubiese tenido un título de grado, y luego, uno de grado superior al menos. Yo no tenía ni una cosa ni la otra. Con todas las de la ley, no me deberían haber dejado ni entrar en el edificio.

Entre 2007 y 2009, estuve destinado en la Embajada de

Estados Unidos en Ginebra como uno de los pocos tecnólogos desplegados bajo protección diplomática, con la tarea de integrar a la CIA en el futuro conectando sus bases europeas a internet, y digitalizando y automatizando la red que usaba el Gobierno estadounidense para espiar. Mi generación hizo más que rediseñar el trabajo de inteligencia: redefinimos por completo lo que era la inteligencia. Lo nuestro no eran las reuniones clandestinas o los puntos de entrega, sino los datos.

Con veintiséis años, pese a que de nombre era empleado de Dell, estaba trabajando de nuevo para la NSA. La contratación externa se había convertido en mi tapadera, como ocurría con casi todos los espías con dotes tecnológicas de mi cohorte. Me mandaron a Japón, donde ayudé a diseñar lo que terminaría siendo la copia de seguridad global de la agencia: una masiva red oculta que garantizaba que, aunque la sede central de la NSA quedase reducida a cenizas en una explosión nuclear, no se perdería ni un solo dato. Por entonces, no me di cuenta de que diseñar un sistema que conservara un expediente permanente de las vidas de todo el mundo era un trágico error.

Regresé a Estados Unidos con veintiocho años, y me dieron un ascenso estratosférico al equipo de enlace técnico que gestionaba la relación de Dell con la CIA. Mi trabajo era sentarme con los directores de las divisiones técnicas de la CIA para diseñar y vender soluciones a cualquier problema que se les pudiese ocurrir. Mi equipo ayudó a la agencia a construir un nuevo tipo de arquitectura informática: una «nube», la primera tecnología que permitía a cualquier agente, independientemente de su ubicación física, acceder a los datos que necesitase y hacer búsquedas en ellos, estuviese a la distancia que estuviese.

En resumen, un puesto de trabajo destinado a gestionar y conectar el flujo de información de inteligencia dio paso a otro centrado en averiguar cómo almacenar dicha información para siempre, y que a su vez dio paso a un trabajo destinado a garantizar el acceso y las búsquedas a escala universal de esa información. Vi con absoluta claridad estos proyectos estando en Hawái, donde me mudé con un nuevo contrato con la NSA a la edad de veintinueve años. Hasta entonces, había trabajado bajo la doctrina de la «necesidad de conocer», incapaz de entender la finalidad acumulativa que se escondía detrás de mis tareas, especializadas y compartimentadas. Fue en el paraíso donde por fin estuve en posición de ver cómo encajaba todo mi trabajo, cómo se ajustaba igual que el engranaje de una máquina gigantesca para formar un sistema de vigilancia masiva global.

En las profundidades de un túnel bajo un campo de piñas (una antigua fábrica de aviones subterránea de la época de Pearl Harbour), me sentaba ante un terminal desde el que tenía acceso casi ilimitado a las comunicaciones de casi todos los hombres, mujeres y niños de la tierra que alguna vez hubiesen marcado un número de teléfono o tocado un ordenador. Entre esas personas había unos trescientos veinte millones de compatriotas estadounidenses, que en el transcurso normal de sus vidas diarias estaban siendo vigilados en una crasa infracción no solo de la Constitución de Estados Unidos, sino también de los valores básicos de cualquier sociedad libre.

El motivo de que estéis leyendo este libro es que hice algo peligroso para un hombre de mi posición: decidí contar la verdad. Recopilé documentos de la IC que demostraban la actividad ilegal del Gobierno estadounidense y se los entregué a algunos periodistas, que los analizaron y los hicieron públicos ante un mundo escandalizado.

Este libro trata sobre lo que me llevó a tomar esa decisión, sobre los principios morales y éticos que le dieron forma y cómo nacieron estos, por lo que también es un libro sobre mi vida.

¿Qué es lo que conforma una vida? Más de lo que decimos, más incluso de lo que hacemos. Una vida es también lo que amamos y aquello en lo que creemos. Para mí, lo que amo es la conexión, y es eso en lo que más creo: la conexión humana y las tecnologías con las que se alcanza. Entre esas tecnologías se encuentran los libros, claro, aunque para mi generación, la conexión en gran medida ha sido sinónimo de internet.

Antes de que echéis a correr, conscientes de la locura tóxica que infecta ese avispero digital en nuestros tiempos, os pido que entendáis que, para mí, cuando lo conocí, internet era algo muy distinto. Era un amigo, y un padre. Era una comunidad sin barreras ni límites, una voz y millones de voces, una frontera común que habían colonizado —pero no explotado— tribus diversas que vivían bastante amistosamente unas junto a otras, y cuyos miembros, todos, eran libres de elegir su nombre, su historia y sus costumbres. Todo el mundo llevaba máscara, y aun así esa cultura de «anonimia por polinomia» generaba más verdad que falsedad, porque era algo creativo y cooperativo, más que comercial y competitivo. Había conflictos, por supuesto, pero pesaban más la buena voluntad y los buenos sentimientos: el auténtico espíritu pionero.

Comprenderéis entonces que diga que el internet de hoy es irreconocible. Cabe señalar que ese cambio ha sido una elección consciente, el resultado de un esfuerzo sistemático por parte de unos pocos privilegiados. Las prisas prematuras por convertir el comercio en comercio electrónico condujeron rápidamente a una burbuja, y a continuación, nada más entrar el nuevo milenio, a un colapso. Después de eso, las empresas se dieron cuenta de que la gente que accedía a internet estaba menos interesada en gastar que en compartir, y de que la conexión humana que internet hacía posible podía monetizarse. Si lo que la gente quería hacer *online* era principalmente contarles a familiares, amigos y ajenos lo que estaba haciendo, y enterarse de lo que familiares, amigos y ajenos estaban haciendo a su vez, lo único que tenían que hacer las empresas era averiguar cómo meterse en mitad de esos intercambios sociales y convertirlos en beneficios.

Ese fue el inicio del capitalismo de vigilancia, y el final de internet tal y como yo lo conocía.

Lo que colapsó entonces fue la red creativa, ya que se cerraron un sinfín de sitios web preciosos, complicados, individualistas. La promesa de la comodidad llevó a la gente a sustituir sus sitios web personales —que exigían un mantenimiento constante y laborioso— por una página de Facebook y una cuenta de Gmail. La apariencia de propiedad era fácil de confundir con la realidad de ostentar esa propiedad. Pocos de nosotros lo comprendimos en su momento, pero ninguna de las cosas que íbamos a compartir nos pertenecería nunca más. Los sucesores de las empresas de comercio electrónico que habían fracasado por no saber encontrar algo que nos interesara comprar se toparon con un producto nuevo que vender.

Ese producto nuevo éramos nosotros.

Nuestra atención, nuestras actividades, nuestra ubicación, nuestros deseos... Todo lo que revelásemos sobre nosotros mismos, conscientes o no de estar haciéndolo, se vigilaba y se vendía en secreto, en un intento por retrasar la inevitable sensación de intromisión que está surgiendo ahora en la mayoría de nosotros. Además, dicha vigilancia iba a seguir fomentándose activamente, e incluso a financiarse, a cargo de un ejército de Gobiernos ávidos de obtener ese enorme volumen de información de inteligencia que se presentaba ante ellos. A principios del nuevo milenio, no se encriptaba casi ninguna comunicación *online*, a excepción de inicios de sesión y transacciones financieras, lo que significaba que en muchos casos los Gobiernos ni siquiera tenían que molestarse en consultar a las empresas para saber lo que sus clientes estaban haciendo. Simplemente, podían espiar al mundo sin decírselo a nadie.

El Gobierno estadounidense, en total desacato de su acta de fundación, cayó víctima de esa tentación, y en cuanto probó el fruto del árbol venenoso empezó a sufrir una fiebre implacable. En secreto, asumió el poder de la vigilancia masiva, una autoridad que, por definición, aflige mucho más al inocente que al culpable.

Cuando entendí en mayor profundidad esa vigilancia y los daños que conllevaba, me obsesioné ante la certeza de que nosotros, el pueblo —y no solo el de un país, sino el de todo el mundo—, nunca habíamos tenido voto para expresar nuestra opinión en este proceso, y ni siquiera nos habían dado oportunidad de tener voz. El sistema de vigilancia casi universal se había establecido no solo sin nuestro consentimiento, sino también de un modo que ocultaba deliberadamente a nuestro conocimiento todos los aspectos de sus programas. En todos y cada uno de los pasos, los procesos de cambio y sus consecuencias se ocultaron a todo el mundo, incluso a la mayoría de los legisladores. ¿A quién podría recurrir? ¿Con quién podría hablar? Tan solo susurrar la verdad, incluso a un abogado, a un juez o ante el Congreso, se había convertido en un delito tan grave que una somera descripción de los hechos, a muy grandes rasgos, supondría una condena a cadena perpetua en una cárcel federal.

Me sentía perdido y me hundí anímicamente en la miseria mientras luchaba con mi conciencia. Quiero a mi país y creo en el servicio público. Toda mi familia, mi linaje familiar a lo largo de siglos, está llena de hombres y mujeres que han dedicado la vida a servir a este país y a sus ciudadanos. Yo mismo había prestado juramento de servir no a una agencia, ni siquiera a un Gobierno, sino al pueblo, en apoyo y defensa de la Constitución, cuya garantía de las libertades civiles se había violado de forma tan flagrante. A esas alturas, había hecho más que formar parte de esa violación: era cómplice de ella. Todo mi trabajo, durante tantos años... ¿Para quién había estado trabajando? ¿Cómo podía encontrar un equilibrio entre mi contrato de confidencialidad con las agencias que me tuvieron empleado y el juramento que había hecho ante los principios fundacionales de mi país? ¿A quién, o a qué, le debía la mayor lealtad? ¿Hasta qué punto estaba moralmente obligado a quebrantar la ley?

Reflexionar sobre esos principios me dio las respuestas que necesitaba. Entendí que dar un paso al frente y desvelar a los periodistas la dimensión de los abusos de mi país no suponía defender ninguna postura radical, como la destrucción del Gobierno, o ni siquiera el desmantelamiento de la IC. Por el contrario, sería una vuelta a los ideales del Gobierno y de la IC, promulgados por ellos mismos.

La libertad de un país solo puede calibrarse según el respeto que tiene por los derechos de sus ciudadanos, y estoy convencido de que esos derechos son en realidad limitaciones del poder estatal que definen exactamente dónde y cuándo un gobierno no debe invadir el terreno de libertades personales o individuales, que durante la revolución estadounidense se denominó «libertad» y en la revolución de internet se llama «privacidad».

Han pasado seis años desde que di un paso al frente porque fui testigo de un declive por parte de los llamados «Gobiernos avanzados» de todo el mundo en su compromiso de proteger dicha privacidad, que considero —al igual que Naciones Unidas— un derecho humano fundamental. En el transcurso de estos años, sin embargo, ese declive no ha hecho más que continuar, mientras las democracias han retrocedido hacia un populismo autoritario. En ningún punto se ha hecho tan evidente dicho retroceso como en la relación de los Gobiernos con la prensa.

Los intentos de funcionarios electos por deslegitimar el periodismo han contado con la ayuda y la complicidad de un asalto frontal contra el principio de la verdad. Lo real se combina intencionadamente con lo falso, mediante tecnologías capaces de hacer mutar esa combinación en una confusión global sin precedentes.

Conozco este proceso desde dentro bastante bien, porque la creación de la irrealidad siempre ha sido el arte más oscuro de la Comunidad de Inteligencia. Las mismas agencias que, tan solo en el breve transcurso de mi carrera, habían manipulado la información de inteligencia para crear un pretexto para la guerra (y habían utilizado políticas ilegales y a un oscuro poder judicial para validar el secuestro como «rendiciones extraordinarias», la tortura como «interrogatorios avanzados» y la vigilancia masiva como «recopilación indiscriminada» de datos) no dudaron ni un momento en calificarme de doble agente de China, triple agente de Rusia y algo peor: milenial.

Tuvieron la posibilidad de decir tantas cosas, y con tanta libertad, en gran medida porque yo me negué a defenderme. Desde que di ese paso adelante hasta ahora, he mantenido en todo momento la firme determinación de no revelar nunca ningún detalle de mi vida personal que pudiera provocar más angustia a mi familia y amigos, que ya estaban sufriendo lo suficiente a causa de mis principios.

Fue esa preocupación por no aumentar el sufrimiento lo que me hizo dudar sobre escribir este libro. En última instancia, la decisión de presentarme al público con evidencias de los delitos del Gobierno me resultó más fácil de tomar que la decisión, esta, de ofrecer un relato de mi vida. Los abusos que presencié exigían actuar, pero nadie escribe unas memorias porque sea incapaz de resistir a los dictados de su conciencia. Por este motivo he procurado buscar el permiso de todos los miembros de mi familia, mis amigos y los colegas que aparecen mencionados en estas páginas, o que puedan identificarse públicamente de algún otro modo.

Al igual que me niego a presumir de ser el árbitro único de la privacidad ajena, nunca he pensado que yo solo deba ser capaz de elegir cuáles de los secretos de mi país han de hacerse públicos y cuáles no. Por eso revelé los documentos del Gobierno únicamente a periodistas. A decir verdad, el número de documentos que desvelé directamente al público es igual a cero.

Creo —igual que lo creen esos periodistas— que un gobierno puede mantener oculta cierta información. Incluso la democracia más transparente del mundo debe tener permitido clasificar, por ejemplo, la identidad de sus agentes secretos o los movimientos de sus tropas sobre el campo de batalla. Este libro no incluye ningún secreto de ese calibre.

Ofrecer un relato de mi vida y, al mismo tiempo, proteger la privacidad de mis seres queridos, sin con ello exponer secretos gubernamentales legítimos, no es una tarea nada sencilla, pero es mi tarea. A mitad de camino entre estas dos responsabilidades: ahí es donde me encuentro.

PRIMERA PARTE

1

MIRAR POR LA VENTANA

Lo primero que hackeé en mi vida fue la hora de acostarme.

Me parecía injusto que mis padres me obligasen a irme a la cama, y encima antes que ellos, antes que mi hermana, y cuando ni siquiera estaba cansado. Fue la primera pequeña injusticia que viví.

Muchas de las aproximadamente dos mil noches del principio de mi vida acabaron en desobediencia civil: llantos, ruegos, regateos... Hasta que la noche número 2.193, la noche en la que cumplía seis años, descubrí la acción directa. A las autoridades no les interesaban los llamamientos reformistas y yo no había nacido ayer. Acababa de pasar uno de los mejores días de mi joven vida, con amigos, una fiesta e incluso regalos, y no iba a dejar que terminase sin más solo porque el resto de la gente tuviera que volver a casa. Así que, a escondidas, me puse a atrasar todos los relojes de la casa unas cuantas horas; el reloj del microondas me costó menos que el del horno, aunque solo fuese porque llegaba mejor a él.

Al no darse cuenta ninguna de las autoridades —en su ilimitada ignorancia—, me sentí henchido de poder y me puse a dar carreras por el salón. A mí, el maestro del tiempo, nadie volvería a mandarme a la cama. Era libre. Y así fue como caí dormido al suelo, después de haber visto por fin el anochecer del 21 de junio, el solsticio de verano, el día más largo del año. Cuando me desperté, los relojes de la casa marcaban de nuevo la misma hora que el reloj de mi padre.

Si alguien se molestase hoy en poner un reloj en hora, ¿cómo sabría qué usar de referencia? Quien sea como la mayoría de la gente de hoy día tomará de referencia la hora de su *smartphone*. Sin embargo, si miramos nuestro móvil, y me refiero a mirarlo bien, a escarbar por todos los menús hasta llegar a los ajustes, terminaremos viendo que la hora del teléfono está configurada en «ajuste automático». A cada tanto, nuestros móviles, sin avisar —en silencio absoluto—, le preguntan a la red de nuestro proveedor de servicios: «Perdona, ¿tienes hora?». Esa red, a su vez, se lo pregunta a una red mayor, que le pregunta a otra aún mayor y así sucesivamente, pasando por una larguísima serie de torres y cables, hasta que la consulta llega a uno de los auténticos maestros del tiempo: un servidor de tiempo de red ejecutado o referenciado según los relojes atómicos que se mantienen en sitios como el National Institute of Standards and Technology de Estados Unidos, el Bundesamt für Meteorologie und Klimatologie de Suiza o el National Institute of Information and Communications Technology de Japón. Ese largo viaje invisible, que se completa en una fracción de segundo, es el motivo de que no veamos un 12.00 parpadeando en la pantalla del móvil cuando lo encendemos después de que se haya quedado sin batería.

Yo nací en 1983, cuando se acabó el mundo en el que la gente ponía la hora por sí sola. Ese año, el Ministerio de

Defensa de Estados Unidos partió por la mitad su sistema interno de ordenadores interconectados; de ahí surgió una red llamada MILNET, que era la que iba a usar el personal de defensa, y otra red para el gran público, a la que llamaron internet. Antes de que acabase el año, existían normas nuevas que definían los límites de dicho espacio virtual; eso dio lugar al DNS (Domain Name System o sistema de nombres de dominio) que seguimos utilizando todavía hoy (los .gov, .mil, .edu y, por supuesto, .com) y a los códigos de países asignados al resto del mundo: .uk, .de, .fr, .cn, .ru, etcétera. Mi país (y yo con él) ya había cogido la delantera, contaba con ventaja. Y aun así, tendrían que pasar otros seis años hasta que se inventara la World Wide Web, y unos nueve años hasta que mi familia tuviese un ordenador con un módem para conectarse a ella.

Por supuesto, internet no es una sola entidad, aunque a menudo nos refiramos a él como si lo fuera. La realidad técnica es que todos los días nacen redes nuevas en el cúmulo global de redes de comunicaciones interconectadas que solemos usar (unos tres mil millones de personas, o más o menos el 42 por ciento de la población mundial). Pese a ello, voy a utilizar el término en su sentido más amplio para referirme a la red de redes universal que conecta la mayoría de los ordenadores del mundo entre sí mediante una serie de los protocolos compartidos.

Si a alguien le preocupa no saber distinguir un protocolo de un boquete en la pared, no pasa nada, porque todos hemos utilizado muchos. Los protocolos son como los idiomas de las máquinas: las normas comunes que siguen para entenderse entre ellas. Quien sea más o menos de mi edad quizá recuerde haber tenido que escribir «http» al principio de la dirección de un sitio web en la barra de direcciones del navegador. Ese código son las siglas en inglés del protocolo de transferencia de hipertexto, el lenguaje que utilizamos para acceder a la World Wide Web, es decir, la gigantesca colección de sitios, en su mayoría basados en texto, pero que también admiten audio y vídeo, como Google, YouTube o Facebook. Cuando consultamos el correo electrónico, usamos lenguajes como el IMAP (Internet Message Access Protocol o protocolo de acceso a mensajes de internet), el SMTP (Simple Mail Transfer Protocol o protocolo simple de transferencia de correo) o el POP3 (Post Office Protocol o protocolo de oficina de correos). Con respecto al procedimiento para fijar la hora en el móvil que he mencionado antes, estas actualizaciones se obtienen mediante el NTP (Network Time Protocol o protocolo de tiempo de redes).

Todos estos protocolos se conocen como protocolos de aplicación y forman solo una familia de protocolos del sinfín que existe *online*. Por ejemplo, para que los datos de cualquiera de esos protocolos de aplicación crucen internet y lleguen a nuestro ordenador de mesa, portátil o móvil, primero tienen que empaquetarse en un protocolo de transporte dedicado (como cuando el lentísimo servicio postal convencional prefiere que enviemos las cartas y paquetes en los sobres y cajas de tamaño estándar que tienen ellos). El TCP (Transmission Control Protocol o protocolo de control de transmisión) se utiliza para redirigir páginas web y correos electrónicos, entre otras aplicaciones. El UDP (User Datagram Protocol o protocolo de datagramas de usuario) se usa más para redirigir aplicaciones que funcionan en tiempo real y dependen de limitaciones temporales, como la telefonía por internet o las emisiones en directo.

Cualquier relato sobre el funcionamiento multicapa de

lo que en mi infancia se llamaba «ciberespacio», la red, la Infobahn o la autopista de la información está destinado a quedar incompleto, pero la moraleja es la siguiente: esos protocolos nos han dado los medios para digitalizar y poner *online* absolutamente todo lo que existe en el mundo y que no nos comemos, nos bebemos, llevamos puesto o usamos de residencia. Internet se ha convertido en algo casi tan esencial para nuestras vidas como el aire por el que viajan tantas de sus comunicaciones. Además, tal y como se nos recuerda a todos (cuando la actividad de nuestras redes sociales nos avisa de una publicación que nos etiqueta en una situación comprometedora), digitalizar algo supone registrarlo, en un formato que va a durar para siempre.

Lo que me llama la atención cuando pienso en mi infancia, sobre todo en esos primeros nueve años sin internet, es lo siguiente: no recuerdo todo lo que ocurrió entonces, porque solo puedo basarme en mi memoria. Los datos simplemente no están. Cuando era niño, «la experiencia inolvidable» no era todavía una descripción tecnológica amenazadoramente literal, sino una apasionada fórmula metafórica con gran importancia: mis primeras palabras, mis primeros pasos, mi primer diente caído, mi primer paseo en bici...

Mi generación fue la última en la historia de Estados Unidos, y quizá del mundo, para la que eso fue una realidad: la última generación sin digitalizar, cuyas infancias no están subidas a la nube, sino en su mayoría atrapadas en formatos analógicos como diarios escritos a mano, Polaroids o cintas VHS, objetos tangibles e imperfectos que se degradan con el tiempo y pueden perderse sin remedio. Los deberes del colegio los hacía en papel, con lápices y gomas, no en tabletas conectadas en red que registraban mis pulsaciones en el teclado. El seguimiento de mis estirones no se hacía con tecnologías de hogares inteligentes, sino que se marcaban con una navaja en la pared del marco de la puerta de la casa en la que me crie.

Vivíamos en una casa grande y antigua de ladrillo rojo, en un trocito de césped a la sombra de unos cornejos, salpicado en verano por flores de magnolias blancas que servían de cubierta a los soldaditos de plástico con los que solía arrastrarme por él. La casa tenía un diseño atípico: la entrada principal estaba en la primera planta, a la que se accedía por una enorme escalera de ladrillo. Esa planta era el espacio de residencia principal, con la cocina, el salón comedor y los dormitorios.

Sobre esa planta principal había un desván polvoriento, lleno de telarañas y olvidado, usado como trastero y rondado por lo que mi madre prometía que eran ardillas, aunque mi padre insistía en que eran hombres lobo vampiros que devorarían a cualquier niño lo bastante tonto para aventurarse a subir allí. Bajo la planta principal había un sótano más o menos acabado, algo raro en Carolina del Norte, sobre todo estando tan cerca de la costa como nuestra casa. Los sótanos suelen inundarse; el nuestro, desde luego, estaba siempre húmedo, pese al constante funcionamiento del deshumidificador y de la bomba de sumidero.

Cuando mi familia se mudó a esa casa, hicieron una ampliación en la parte de atrás de la planta principal, que dividieron para poner una habitación para la colada, un baño, mi dormitorio y una sala de estar con una televisión y un sofá. Desde mi dormitorio veía la sala de estar por una ventana abierta en lo que originalmente había sido el muro exterior de la casa. Esa ventana, que en otros tiempos había dado hacia fuera, miraba entonces hacia dentro.

Casi todo el tiempo que mi familia pasó en esa casa de Elizabeth City, aquel dormitorio fue mío, y su ventana, también. La cortina que tapaba la ventana daba poca (o ninguna) privacidad. Desde que alcanzo a recordar, mi actividad favorita consistía en apartar la cortina y asomarme por la ventana para observar la sala de estar. Es decir: desde que alcanzo a recordar, mi actividad favorita consistía en espiar.

Espiaba a mi hermana mayor, Jessica, que tenía permitido quedarse despierta hasta más tarde que yo y ver los dibujos animados para los que yo era demasiado pequeño todavía. Espiaba a mi madre, Wendy, que se sentaba en el sofá a doblar la ropa limpia mientras veía el informativo de la noche. Aunque la persona a la que más espiaba era a mi padre, Lon (o Lonnie, según su apelativo sureño), que se apropiaba de aquella sala hasta las tantas de la madrugada.

Mi padre pertenecía a la Guardia Costera, aunque por entonces yo no tenía ni idea de lo que eso quería decir. Sabía que a veces vestía de uniforme y otras veces, no. Se iba de casa temprano y volvía tarde, cargado a menudo de aparatos nuevos: una calculadora científica TI-30 de Texas Instruments, un cronómetro Casio con cordón, un solo altavoz para un sistema estéreo doméstico... Algunos me los enseñaba y otros los escondía. Cuesta poco imaginar cuáles despertaban más interés en mí.

El aparato que más me interesó llegó una noche, justo después de irme a dormir. Estaba acostado, a punto de quedarme frito, cuando oí los pasos de mi padre por el pasillo. Me puse de pie en la cama, aparté la cortina y observé. Mi padre llevaba en las manos una caja misteriosa, similar en tamaño a una caja de zapatos, y de ella sacó un objeto de color beis que parecía un bloque de hormigón, con unos cables largos y negros como los tentáculos de un monstruo de las profundidades marinas salido de una de mis pesadillas.

De manera pausada y metódica (algo que en parte respondía a su forma disciplinada de hacerlo todo, digna de un ingeniero, y en parte, a un intento de no hacer ruido), mi padre desenredó los cables y extendió uno por la moqueta gruesa, desde la parte trasera de la caja hasta el culo de la televisión; a continuación, enchufó el otro cable a una toma de la pared situada detrás del sofá.

De repente, la televisión se encendió, y con ella se iluminó también la cara de mi padre. Normalmente, se pasaba las noches sentado en el sofá sin más, bebiendo un refresco tras otro y viendo en la tele a gente corretear por algún campo, pero aquello era distinto. Tardé solo un momento en llegar a la conclusión más alucinante de toda mi (hasta entonces corta) vida: mi padre estaba controlando lo que pasaba en la televisión. Guau.

Acababa de toparme de cara con un Commodore 64, es decir, uno de los primeros equipos informáticos domésticos que salió al mercado.

Por supuesto, yo no tenía ni idea de lo que era un equipo informático, así que mucho menos iba a saber si lo que mi padre estaba haciendo era jugar o trabajar. Aunque lo veía sonreír y parecía estar pasándoselo bien, también se concentraba en lo que ocurría en la pantalla con la misma intensidad con la que se concentraba en cualquier tarea mecánica que tuviese que hacer en casa. En mi cabeza, solo había una certeza: fuera lo que fuese lo que estaba haciendo mi padre, yo también quería hacerlo.

Después de eso, siempre que mi padre entraba en la sala de estar para usar el ladrillo beis, me ponía de pie en mi cama, apartaba la cortina y espiaba sus aventuras. Una noche, en la pantalla apareció una bola que caía y una barra en la parte inferior; mi padre tenía que mover la barra en horizontal para darle a la bola, hacerla rebotar y derribar con ella un muro de ladrillos de colores (el Arkanoid). Otra noche, mi padre se sentó ante una pantalla con ladrillos de colores de diferentes formas; los ladrillos no dejaban de caer, y mientras tanto mi padre los movía y los giraba para ensamblarlos creando filas perfectas, que de inmediato desaparecían (el Tetris). Sin embargo, una noche, me quedé perplejo de verdad con lo que estaba haciendo mi padre (diversión o trabajo). Fue cuando me asomé por la ventana y lo vi volar.

Mi padre —que siempre me había deleitado señalándome los helicópteros reales de la base aérea de la Guardia Costera cuando volaban junto a nuestra casa— estaba pilotando su propio helicóptero justo allí, delante de mí, en nuestra sala de estar. Despegó de una base pequeña, con una banderita de Estados Unidos ondeando al viento incluida, para subir a un oscuro cielo nocturno lleno de estrellas titilantes, y entonces, de inmediato, se estrelló contra el suelo. Soltó un gritito que ahogó el mío, y cuando creí que la diversión se había terminado, mi padre estaba de vuelta otra vez en la base de la banderita para despegar de nuevo.

El juego se llamaba Choplifter!, y ese signo de exclamación no formaba parte solo del nombre, sino también de la propia experiencia de jugar a él. El Choplifter! era una cosa emocionante. Veía una y otra vez cómo despegaban aquellos aparatos de nuestra sala de estar camino de sus misiones, sobre un paisaje lunar desértico y llano, disparando contra reactores y tanques enemigos, y recibiendo disparos de ellos. El helicóptero aterrizaba y despegaba constantemente, mientras mi padre trataba de rescatar a una multitud de gente parpadeante para ponerla a salvo. Esa fue la más temprana sensación que me llevé de mi padre: que era un héroe.

La alegría que salió del sofá la primera vez que el diminuto helicóptero tocó tierra intacto con un cargamento de personas en miniatura fue un poco más ruidosa de la cuenta. La cabeza de mi padre apareció de repente al otro lado de la ventana para comprobar si me había despertado, y me pilló mirándolo descaradamente.

Me metí de un salto en la cama, me tapé con la manta y me quedé quietísimo mientras los pasos pesados de mi padre se acercaban a mi habitación.

Golpeó la ventana con los nudillos: «Hace rato que tenías que estar dormido, enano. ¿Sigues despierto?».

Contuve el aliento.

De repente, abrió la ventana, alargó los brazos hacia mi dormitorio, me cogió (con la manta y todo) y me llevó a la sala de estar. Ocurrió tan rápido que ni siquiera toqué la moqueta con los pies.

Antes de darme cuenta, estaba sentado en el regazo de mi padre haciéndole de copiloto. Era demasiado pequeño y estaba demasiado emocionado para darme cuenta de que el *joystick* que me había dado no estaba conectado. Solo me importaba que iba volando al lado de mi padre.

2

EL MURO INVISIBLE

Elizabeth City es una pintoresca ciudad portuaria de medio tamaño, con un centro histórico relativamente intacto. Al igual que muchos otros primeros asentamientos estadounidenses, creció en torno al agua, en concreto, en torno a las orillas del río Pasquotank, cuyo nombre es una modulación en inglés de un término algonquino que significa «el lugar en el que se bifurca la corriente». El río baja desde la bahía de Chesapeake, atravesando la zona pantanosa de la frontera entre Virginia y Carolina del Norte, y desemboca en el estrecho de Albemarle, junto con el Chowan, el Perquimans y otros ríos más. Cuando me paro a pensar en qué otras direcciones podría haber tomado mi vida, se me viene a la cabeza esa cuenca: da igual el curso concreto que siga el agua desde su nacimiento, porque al final termina llegando al mismo destino.

Mi familia siempre ha estado vinculada al mar, sobre todo por parte de madre. La herencia le llega directamente de un Padre Peregrino: su primer ancestro por estas orillas fue John Alden, el barrilero del Mayflower. Alden se casó con una compañera de viaje llamada Priscilla Mullins, que tuvo el dudoso mérito de ser la única mujer soltera en edad casadera a bordo, y por tanto, la única mujer soltera en edad casadera de toda la primera generación de la colonia de Plymouth.

Sin embargo, el emparejamiento entre John y Priscilla en Acción de Gracias estuvo a punto de no pasar, debido a la intromisión del comandante en jefe de la colonia de Plymouth, Myles Standish. Su enamoramiento de Priscilla, y el rechazo de esta para terminar casándose con John, se convirtieron en la base de una obra literaria que estuvo presente en toda mi juventud: *El cortejo de Miles Standish*, de Henry Wadsworth Longfellow (descendiente también de los Alden-Mullins):

Nada se oía en la estancia más que la presurosa pluma del joven,
quien afanado escribía importantes epístolas para el Mayflower,
listo para zarpar al siguiente día, al otro, a lo sumo, ¡Dios mediante!
Camino a casa con las noticias de ese horrible invierno entero,
cartas escritas por Alden, repletas todas del nombre de Priscilla,
¡repletas del nombre y de la fama de la puritana dama Priscilla!

La hija de John y Priscilla, Elizabeth, fue el primer fruto de la estirpe de los peregrinos en Nueva Inglaterra. Mi madre, que también se llama Elizabeth, es su descendiente directa. Dado que el linaje se ha transmitido casi exclusivamente a través de las mujeres, los apellidos han cambiado con casi todas las generaciones: una Alden se convirtió en Pabodie al casarse, de ahí a Grinnell, a Stephens y luego a

Jocelin. Esos ancestros marineros míos bajaron por la costa navegando desde la actual Massachusetts hasta Connecticut y Nueva Jersey —surcando rutas comerciales y esquivando a piratas entre las Colonias y el Caribe— hasta que, con la Guerra de Independencia, la línea Jocelin se estableció en Carolina del Norte.

Amaziah Jocelin (escrito también Amasiah Josselyn, entre otras variantes) fue un corsario y héroe de guerra. Como capitán de la bricbarca The Firebrand, de diez cañones, le asignaron la defensa del cabo Fear. Tras la independencia de Estados Unidos, obtuvo un cargo en la Marina como oficial de suministros en el puerto de Wilmington, donde además fundó la primera cámara de comercio de la ciudad, a la que llamó (tiene su gracia) Oficina de Inteligencia. Los Joceline y sus descendientes —los Moore, Hall, Meyland, Howell, Steven, Reston y Stokley—, que conforman el resto de mi familia por parte de madre, lucharon en todas las guerras de la historia de mi país, desde la Guerra de Independencia y la Guerra Civil (en la que los parientes de Carolina batallaron junto a los confederados contra sus primos unionistas de Nueva Inglaterra) hasta las dos guerras mundiales. La mía es una familia que siempre ha respondido a la llamada del deber.

Mi abuelo materno es el contralmirante Edward J. Barrett, aunque yo lo llamo Pop. En el momento de mi nacimiento, era jefe adjunto en la división de ingeniería aeronáutica del cuartel general de la Guardia Costera en Washington D. C. Luego pasó a ostentar diversos cargos de mando en ingeniería y operaciones en distintos destinos, desde Governors Island, en la ciudad de Nueva York, hasta Key West, en Florida, donde fue director de la Joint Interagency Task Force East (una fuerza dirigida por la Guardia

Costera estadounidense, compuesta por varias agencias y naciones y dedicada a la interdicción del tráfico de estupefacientes en el Caribe). Yo no era consciente de lo alto que estaba subiendo mi Pop en rango, pero sí sabía que las ceremonias de bienvenida cuando ocupaba un nuevo cargo eran cada vez más elaboradas conforme pasaba el tiempo, con discursos más largos y tartas más grandes. Recuerdo el *souvenir* que me regaló el guardia de artillería en una de ellas: el casquillo de una bala de 40 mm, redondo, aún cálido y con olor a infierno en polvo, que acababan de disparar en una salva en honor de mi Pop.

Luego está mi padre, Lon, que cuando yo nací era suboficial en jefe del centro de formación técnica de aviación de la Guardia Costera en Elizabeth City, donde hacía trabajos de diseñador curricular e instructor de electrónica. Solía pasar tiempo fuera, mientras mi madre se quedaba en casa criándonos a mi hermana y a mí. Como forma de inculcarnos cierto sentido de responsabilidad, mi madre nos encargaba tareas. Para enseñarnos a leer, etiquetó todos los cajones de nuestros armarios con su contenido: CALCETINES, ROPA INTERIOR. Nos montaba en nuestra camioneta Red Flyer y nos llevaba a la biblioteca municipal, donde yo me iba directo a mi sección favorita, a la que llamaba «Supermachín». Siempre que mi madre me preguntaba si me interesaba alguna *supermachín* en concreto, yo me lanzaba disparado:

—Volquetes y apisonadoras y carretillas y grúas y...

—¿Y nada más, enano?

—Bueno, también hormigoneras y excavadoras y...

A mi madre le encantaba ponerme desafíos matemáticos. Cuando íbamos a comprar al K-Mart o al Winn-Dixie, me dejaba elegir libros y miniaturas de coches y camiones y me los compraba si era capaz de sumar mentalmente los precios de todo. Fue aumentándome la dificultad a lo largo de mi infancia: primero, me hacía calcular y redondear al entero más cercano; luego, pasé a tener que averiguar la cantidad exacta con céntimos; y después, me hacía calcular el 3 por ciento de esa cantidad y sumarlo al total. Ese último desafío me desconcertó, no tanto por la aritmética como por el motivo para hacerlo.

—¿Por qué?

—Se llama «impuesto». Siempre que compras algo, hay que pagarle el 3 por ciento al Gobierno.

—¿Y con eso qué hacen?

—¿Te gustan las carreteras, enano? ¿Te gustan los puentes? Pues el Gobierno usa ese dinero para arreglarlos. Ese dinero se usa para llenar la biblioteca de libros.

Cierto tiempo después, de pronto me dio miedo que mis habilidades matemáticas en ciernes me hubiesen fallado al ver que mis totales mentales no coincidían con los que mostraba la pantalla de la caja registradora. Sin embargo, mi madre tenía la explicación una vez más.

—Han subido el impuesto de venta. Ahora tienes que sumar el 4 por ciento.

—Entonces, ¿ahora llegarán todavía más libros a la biblioteca?

—Esperemos.

Mi abuela vivía a unas calles de nuestra casa, frente a la fábrica de Carolina Feed and Seed Mill y a un pacano altísimo. Después de estirarme la camiseta para confeccionar una cesta que llenaría con las nueces caídas del árbol, subía a su casa y me tiraba en la moqueta junto a las estanterías de libros, largas y bajas. Normalmente, me acompañaban una edición de las *Fábulas* de Esopo y la *Mitología* de

Bulfinch, quizá mi favorito. Hojeaba las páginas y solo me detenía para abrir unas nueces, mientras me empapaba de relatos sobre caballos voladores, laberintos intrincados y gorgonas con pelo de serpiente que convertían en piedra a los mortales. Me fascinaba Odiseo y me gustaban bastante Zeus, Apolo, Hermes y Atenea, aunque la deidad a la que más admiraba no podía ser otro que Hefesto: el feo dios del fuego, los volcanes, los herreros y los carpinteros, el dios de los reparadores. Me enorgullecía ser capaz de deletrear su nombre griego y de saber que su nombre romano, Vulcano, era el que usaban en *Star Trek* para llamar al planeta natal de Spock. La premisa básica del panteón grecorromano se me quedó grabada para siempre. Aquella panda de dioses y diosas estaba en la cima de alguna montaña, donde se pasaban la mayoría de su infinita existencia luchando entre ellos y espiando los asuntos de la humanidad. En ocasiones, cuando divisaban algo que les resultaba intrigante o molesto, se disfrazaban de corderos, cisnes o leones, y bajaban las pendientes del Olimpo para investigar y entrometerse en el asunto. Normalmente, cuando los inmortales buscaban imponer su voluntad e interferían en temas mortales, el desenlace era todo un desastre, y alguien moría ahogado, partido por un rayo o convertido en árbol.

Una de las veces, cogí una versión ilustrada de las leyendas del rey Arturo y sus caballeros, y de pronto me vi leyendo sobre otra montaña legendaria, pero en Gales. Se trataba de la fortaleza de un gigante tirano llamado Rhitta Gawr, que se negaba a aceptar que el tiempo de su reino había pasado y que en el futuro el mundo estaría dominado por reyes humanos, a los que consideraba diminutos y débiles. Decidido a mantenerse en el poder, Rhitta Gawr bajó de su cima y fue atacando reino tras reino, derrotando a sus ejércitos. Al final, logró vencer y matar a todos y cada uno de los reyes de Gales y de Escocia. Después de asesinarlos, les afeitó las barbas y las tejió todas juntas para hacerse una capa, que se colocó a modo de cruento trofeo. A continuación, decidió desafiar al rey más fuerte de Bretaña, Arturo, al que le dio una opción: podía afeitarse la barba él mismo y rendirse; si no, Rhitta Gawr lo decapitaría y le quitaría la barba con sus propias manos. Encolerizado ante tal muestra de arrogancia, Arturo salió camino de la fortaleza montañosa de Rhitta Gawr. El rey y el gigante se encontraron en el pico más alto y lucharon durante días, hasta que Arturo cayó gravemente herido. En cuanto Rhitta Gawr agarró al rey por el pelo y se dispuso a cortarle la cabeza, Arturo reunió una última dosis de fuerza y hundió su afamada espada en el ojo del gigante, que se desplomó, muerto. Arturo y sus caballeros se dispusieron entonces a colocar un túmulo funerario sobre el cadáver de Rhitta Gawr, pero antes de que hubiesen acabado su trabajo empezó a nevar. Cuando se marcharon, la capa de barbas del gigante, manchada de sangre, había adquirido una blancura perfecta.

La montaña se llamaba Snaw Dun, nombre que, según explicaba una nota, era el término en inglés antiguo para «lomo de nieve». Actualmente, el Snaw Dun se llama monte Snowdon. Se trata de un volcán extinto hace mucho, con unos 1.085 metros de altitud, y es la cumbre más alta de Gales. Recuerdo la sensación que tuve al encontrarme con mi apellido en aquel contexto (fue muy emocionante), y ese testimonio escrito arcaico supuso mi primera constatación palpable de que el mundo era más viejo que yo, incluso más viejo que mis padres. La asociación del apellido con las proezas heroicas de Arturo, Lancelot, Gawain, Percival, Tristán y los otros caballeros de la Mesa Redonda fue una fuente de orgullo... Hasta que me enteré de que esas proezas no eran históricas, sino legendarias.

Años después, con ayuda de mi madre, exploraría la biblioteca con la esperanza de separar lo mítico de lo real. Descubrí que el castillo de Stirling en Escocia había cambiado de nombre para llamarse castillo de Snowdon, en honor de esta victoria de Arturo, como parte de un intento de los escoceses por apuntalar su reclamación del trono de Inglaterra. Aprendí entonces que la realidad es casi siempre más liosa y menos atractiva de lo que nos gustaría que fuese, pero también, en cierto modo, suele ser más rica que los mitos.

Para cuando descubrí la verdad sobre Arturo, llevaba ya mucho tiempo obsesionado con otro tipo de historias distintas, o más bien con otra manera de contar historias. En la Navidad de 1989, apareció una Nintendo en casa. Me entregué a esa consola gris de dos tonalidades tan en cuerpo y alma que mi madre, alarmada, impuso una norma: solo podía alquilar un juego nuevo después de leerme un libro. Los juegos eran caros y, una vez que tuve dominados los que venían con la consola (un único cartucho con el Super Mario Bros. y el Duck Hunt), estaba ansioso de nuevos desafíos. El único impedimento era que, con seis años, no podía leer con la misma rapidez con la que me acababa un juego. Había llegado el momento de otro de mis hackeos de neófito. Empecé a llegar a casa de la biblioteca con libros cada vez más cortos, y libros con un montón de imágenes. Aparecía con enciclopedias visuales de inventos, llenas de disparatados dibujos de velocípedos y dirigibles, y cómics que, hasta mucho después, no me di cuenta de que eran versiones abreviadas para niños de Julio Verne y H. G. Wells.

Mi auténtica escuela fue la NES, la Nintendo Entertainment System de ocho bits, tan cutre y tan genial a la vez. Con The Legend of Zelda aprendí que el mundo existe para explorarlo; con el Mega Man entendí que mis enemigos tienen mucho que enseñarme; y con el Duck Hunt, bueno, el Duck Hunt me enseñó que, aunque alguien se ría de tus fracasos, eso no quiere decir que tengas que pegarles un tiro en la cara. Sin embargo, al final fue el Super Mario Bros. el que me enseñó la que quizá siga siendo la lección más importante de mi vida. Hablo completamente en serio, y pido que se me tome en serio. El Super Mario Bros., la edición 1.0, probablemente sea la gran obra maestra de los juegos de desplazamiento lateral de todos los tiempos. Cuando el juego comienza, Mario está en el extremo izquierdo de la legendaria pantalla de inicio y solo puede ir en una dirección: solo puede moverse hacia la derecha, dado que el escenario nuevo y los enemigos van llegando por ese lado. Mario avanza por ocho mundos de cuatro niveles cada uno, regidos todos ellos por limitaciones temporales, hasta que llega ante el malvado Bowser y libera a la cautiva princesa Toadstool. A lo largo de treinta y dos niveles, Mario existe delante de lo que, en la jerga de los videojuegos, se llama «un muro invisible», que no le permite retroceder. No hay vuelta atrás, solo avance: para Mario y Luigi, para mí, y para todos vosotros. La vida solo se mueve en un sentido, en el sentido que marca el tiempo, y da igual lo lejos que consigamos llegar, porque ese muro invisible siempre estará justo detrás de nosotros, separándonos del pasado, obligándonos a ir hacia lo desconocido. Un niño pequeño criado en una ciudad pequeña de Carolina del

Norte en la década de 1980 tiene que encontrarle el sentido a la mortalidad en alguna parte, ¿por qué no en dos hermanos fontaneros, inmigrantes italianos, hambrientos de setas de alcantarilla?

Un día, el cartucho del Super Mario Bros., muy gastado ya, no cargaba, por muchas veces que le soplase. Eso era lo que había que hacer entonces, o lo que nos enseñaron que había que hacer: tenías que soplar en el borde abierto del cartucho para quitarle el polvo, la basurilla y los pelos de las mascotas que solían acumularse. Sin embargo, por mucho que soplaba —en el cartucho, y también en la ranura para cartuchos de la propia consola—, la pantalla de la televisión seguía llena de manchas y ondas que no eran nada tranquilizadoras.

En retrospectiva, la causa seguramente fuese algún fallo en la conexión de pines de la Nintendo, pero mi yo de siete años ni siquiera sabía lo que era una conexión de pines, así que me sentía frustrado y desesperado. Y lo peor de todo: mi padre acababa de irse de viaje con la Guardia Costera y tardaría dos semanas en volver para ayudarme a arreglarlo. En vista de que no conocía ningún truco ni tubería que permitiesen deformar el tiempo al estilo Mario para hacer que esas semanas pasaran más rápido, tomé la determinación de arreglarlo yo solo. Si me salía bien, sabía que mi padre se quedaría impresionado. Fui al garaje en busca de su caja de herramientas de metal gris.

Decidí que para averiguar lo que le pasaba a aquella cosa primero tenía que desmontarla. Básicamente, me limité a copiar, o a intentar copiar, los movimientos que mi padre hacía siempre que se sentaba ante la mesa de la cocina a arreglar el reproductor de vídeo o de cintas de casete, los dos aparatos domésticos que, a mi juicio, más se parecían a la consola Nintendo. Tardé más o menos una hora en desmantelar la consola, con mis manitas descoordinadas y pequeñas tratando de hacer girar un destornillador plano en unos tornillos de estrella, pero al final lo conseguí.

Por fuera, la consola tenía un tono gris monocromático y apagado, pero por dentro era una maraña de colores. Parecía que de la placa de circuito, verde como la hierba, sobresaliese todo un arcoíris de cables y destellos de plata y oro. Apreté unas cuantas cosas por ahí, aflojé unas cuantas por allá (más o menos al azar) y soplé por todas partes. Después de eso, lo limpié todo con una servilleta de papel. Luego, tuve que soplar otra vez en la placa de circuito para retirar los trocitos de papel que se habían metido en lo que ahora sé que eran los pines.

Cuando acabé de limpiar y reparar, llegó el momento de volver a montarlo todo. Es posible que Treasure, nuestro labrador golden, se tragara uno de los diminutos tornillos, o a lo mejor se perdió en la moqueta o debajo del sofá. Aparte, no debí de poner todas las piezas tal y como las había encontrado, porque no encajaban bien dentro de la carcasa de la consola. La tapa de la carcasa no paraba de abrirse, así que me tuve que poner a empujar las piezas, como cuando intentas cerrar una maleta sobrecargada. Al final, la tapa encajó en su sitio, aunque solo de un lado. El otro lado abultaba, y ponerlo en su sitio únicamente servía para que sobresaliese el lado contrario. Me pasé un buen rato repitiendo la misma maniobra, hasta que al fin me rendí y volví a enchufar la unidad.

Le di al botón de encender... Y nada. Le di al botón de reiniciar... Y nada. La consola no tenía más botones. Antes de mis labores de reparación, la luz situada junto a los botones había permanecido encendida, con un color rojo fundido y brillante, pero hasta eso había muerto. La consola estaba ahí, torcida e inservible, y me sobrevino un aluvión de culpa y terror.

Mi padre no iba a estar nada orgulloso de mí cuando volviese a casa de su viaje con la Guardia Costera: iba a saltarme en la cabeza como un Goomba. Sin embargo, no era su enfado lo que temía tanto como su decepción. Para sus compañeros, mi padre era un experto ingeniero de sistemas electrónicos especializado en aviónica. Para mí, era un científico loco doméstico que trataba de arreglarlo todo por su cuenta: tomas de corriente, lavavajillas, calentadores de agua y unidades de aire acondicionado. Yo le había hecho de ayudante siempre que me había dejado, y en el proceso acabé conociendo tanto los placeres físicos del trabajo manual como los placeres intelectuales de la mecánica básica, además de los principios fundamentales de la electrónica: las diferencias entre voltaje y corriente, entre potencia y resistencia... Los trabajos que emprendíamos juntos terminaban o bien en un exitoso acto de reparación, o en una maldición, en cuyo caso mi padre lanzaba la pieza insalvable del mecanismo al otro lado de la habitación, a la caja de las «cosas que no están enteras». Nunca lo juzgué por esos fracasos. Siempre me impresionaba demasiado la osadía que tenía de arriesgarse a intentarlo.

Para gran sorpresa mía, cuando mi padre volvió a casa y descubrió lo que había hecho con la NES, no se enfadó. Tampoco se alegró precisamente, pero tuvo paciencia. Me explicó que entender el porqué y el cómo salen mal las cosas era tan importante como entender qué pieza había fallado: descubrir el porqué y el cómo te ayuda a evitar que en el futuro se repita el mismo fallo de funcionamiento. Fue señalándome todas las partes de la consola, una a una, explicándome no solo lo que eran, sino lo que hacían y cómo interactuaban con los demás elementos para contribuir al correcto funcionamiento del mecanismo. Solo analizando un mecanismo a través de sus partes individuales podrías determinar si su diseño era el más eficaz para desempeñar su tarea. Si la respuesta era que sí, pero el funcionamiento fallaba, entonces te ponías a arreglarlo. Pero si era que no, debías hacer modificaciones para mejorar el mecanismo en sí. Ese era el único protocolo correcto para una tarea de reparación, según mi padre, y no había más elección. En realidad, era nuestra responsabilidad básica ante la tecnología.

Al igual que todas las lecciones de mi padre, esa también tenía su aplicación más allá de nuestra tarea inmediata. En última instancia, se integraba en el principio de autosuficiencia, y mi padre insistía mucho en que Estados Unidos se había olvidado de ese principio en algún momento entre su infancia y la mía. Para entonces, en nuestro país, el coste de sustituir una máquina rota por un modelo más nuevo solía ser inferior al coste de llevarla a un experto a que la reparase, que a su vez solía ser inferior al coste de buscar las partes y averiguar cómo arreglar la máquina uno mismo. Este hecho por sí solo prácticamente garantizaba una tiranía tecnológica, que se vio perpetuada por la tecnología en sí, pero también por la ignorancia de quienes la usaban a diario y pese a todo no eran capaces de entenderla. Negarnos a conocer el funcionamiento y el mantenimiento básicos de los equipos de los que dependíamos suponía aceptar pasivamente dicha tiranía y sus condiciones: cuando tu equipo funcione bien, tú funcionarás bien, pero cuando se rompa, te romperás con él. Serán tus posesiones las que te posean a ti.

Al parecer, solo me había cargado una junta de soldadura, nada más, pero para descubrir exactamente cuál era, mi padre quería utilizar un equipo de medición especial al que tenía acceso en su laboratorio de la base de la Guardia Costera. Supongo que podría haberse traído a casa el equipo de medición, pero por algún motivo optó por llevarme a mí a su trabajo. Creo que solo quería enseñarme su laboratorio. Había decidido que su hijo estaba listo para eso.

Pero no lo estaba. Nunca había ido a un sitio tan impresionante. Ni punto de comparación con la biblioteca, ni con la tienda Radio Shack del Lynnhaven Mall. Lo que más recuerdo son las pantallas. El laboratorio en sí tenía una iluminación tenue y estaba vacío, con el patrón estándar de blanco y beis de las construcciones del Gobierno, pero ya antes de que mi padre encendiese las luces no pude evitar quedarme embelesado con el palpitante brillo del verde eléctrico. «¿Por qué este sitio tiene tantas televisiones?» Eso fue lo primero que pensé, seguido rápidamente de: «¿Y por qué están todas puestas en el mismo canal?». Mi padre me explicó que no eran televisiones, sino ordenadores, y aunque yo había oído esa palabra antes, no sabía lo que significaba. Creo que al principio di por hecho que las pantallas (los monitores) eran los ordenadores en sí.

Procedió a enseñármelos uno a uno, y trató de explicarme lo que hacían: este procesaba las señales de radar, aquel enviaba transmisiones de radio y el de allí simulaba los sistemas electrónicos de las aeronaves. No voy a fingir que entendí ni la mitad de lo que me dijo. Esos ordenadores eran más avanzados que casi todo lo que se usaba en aquella época en el sector privado, y mucho más que casi todo lo que yo me había imaginado. Por supuesto, las unidades de procesamiento tardaban 5 minutos en arrancar, las pantallas solo mostraban un color y no tenían altavoces para los efectos de sonido ni la música. Sin embargo, esas limitaciones no hacían más que darles seriedad.

Mi padre me sentó en una silla y la subió hasta ponerme casi a la altura de la mesa y de la mole de plástico rectangular que había encima. Por primera vez en mi vida, me vi delante de un teclado. Mi padre nunca me había dejado teclear en su Commodore 64, y mi tiempo delante de una pantalla había estado restringido a las consolas de videojuegos con mandos especiales. Sin embargo, aquellos ordenadores eran máquinas profesionales de uso general, no dispositivos de juego, y yo no entendía cómo hacerlos funcionar. No había mando, ni *joystick*, ni pistola; la única interfaz era ese trozo plano de plástico lleno de filas de teclas impresas con letras y números. Además, las letras estaban dispuestas en un orden distinto del que me habían enseñado en el colegio. La primera no era la A, sino la Q, seguida por W, E, R, T e Y. Al menos, los números sí estaban en el mismo orden en el que los había aprendido.

Mi padre me contó que cada una de las teclas tenía un uso concreto —todas las letras y todos los números—, y que las distintas combinaciones también tenían sus propios usos. Y, como ocurría con los botones de un mando o *joystick*, si sabías averiguar las combinaciones correctas, podías hacer milagros. Para demostrármelo, alargó los brazos por encima de mí, tecleó un comando y pulsó la tecla Intro. En la pantalla apareció algo que ahora sé que se llama «editor de texto». A continuación, mi padre cogió un *post-it* y un bolígrafo, anotó unas letras y unos números y me dijo que los teclease exactamente así mientras él se iba a reparar la Nintendo rota.

En cuanto se marchó, empecé a reproducir sus garabatos en la pantalla picando las teclas con los dedos. Como zurdo al que habían criado para ser diestro, de inmediato descubrí que aquel era el método más natural de escribir que había conocido.

10 INPUT "¿CÓMO TE LLAMAS?"; NOMBRE$
20 PRINT "HOLA, " + NOMBRE$ + "!"

Puede parecer facilísimo, menos para un niño pequeño, y eso era yo: un niño pequeño con unos dedos regordetes y rechonchos que ni siquiera sabía lo que eran las comillas, y menos que había que dejar pulsada la tecla de mayúsculas para poder escribirlas. Después de mucho ensayo y mucho error, por fin logré acabar la línea. Pulsé Intro y, en un abrir y cerrar de ojos, el ordenador me hizo una pregunta: ¿CÓMO TE LLAMAS?.

Estaba fascinado. En el *post-it* no venía lo que se suponía que tenía que hacer a continuación, así que decidí responder y pulsé otra vez mi nuevo amigo, el Intro. De repente, de la nada, apareció escrito en la pantalla: HOLA, EDDIE!, en un color verde radioactivo que flotaba sobre la negritud.

Esa fue mi introducción a la programación y a la informática en general: una lección que me enseñó que esas máquinas hacen lo que hacen porque alguien les dice que lo hagan, de una manera muy especial y muy minuciosa; y ese alguien puede ser incluso un niño de siete años.

Casi de inmediato, comprendí las limitaciones de los sistemas de videojuegos. Eran agobiantes en comparación con los sistemas informáticos. Nintendo, Atari, Sega... Todos te confinaban a niveles y mundos por los que podías avanzar, que incluso podías derrotar, pero nunca cambiar. La consola Nintendo reparada volvió a la sala de estar, donde mi padre y yo competíamos echando partidas al Mario Kart, al Double Dragon y al Street Fighter. A esas alturas, era notablemente mejor que él en todos esos juegos (la primera actividad a la que demostré ser más adepto que mi padre), pero a cada tanto lo dejaba ganar. No quería que pensara que era un desagradecido.

No soy un programador nato, y nunca he considerado que esa tarea se me diese especialmente bien. Sin embargo, durante los diez años que siguieron más o menos, me hice lo bastante bueno para resultar peligroso. Todavía hoy lo veo como un proceso mágico: teclear comandos en todos esos lenguajes extraños que el procesador luego traduce a una experiencia disponible no solo para mí, sino para todo el mundo. Me fascinaba pensar que un solo programador pudiese codificar algo universal, algo que no estaba atado a ninguna ley, norma ni regulación, más allá de las que en esencia podían reducirse a la causa y el efecto. Existía una relación puramente lógica entre la entrada y la salida. Si mi entrada tenía un error, la salida mostraría un error; si mi entrada era perfecta, la salida del ordenador también lo sería. Nunca antes había experimentado nada tan congruente y justo, tan inequívocamente imparcial. Un ordenador esperaría para siempre a recibir mi comando, pero lo procesaría en cuanto yo pulsara Intro, sin hacerme preguntas. Ningún profesor había sido nunca tan paciente, y aun así tan receptivo. En ningún otro sitio había tenido esa sensación tan intensa de controlar las cosas (desde luego, en el colegio no, y ni siquiera en casa). El hecho de que una serie de comandos perfectamente escritos ejecutasen a la perfección las mismas operaciones una y otra vez terminaría pareciéndome —a mí y a muchos otros niños del milenio que mostraban inteligencia y dotes para la tecnología— la gran verdad inmutable y salvadora de mi generación.

3

UN CHAVAL DE LA BELTWAY

Acababa de cumplir nueve años cuando mi familia se mudó de Carolina del Norte a Maryland. Para mi sorpresa, vi que mi apellido me había precedido. «Snowden» era algo omnipresente en el condado de Anne Arundel en el que nos habíamos instalado, aunque tardé un tiempo en enterarme de por qué.

Richard Snowden era un comandante británico que llegó a la provincia de Maryland en 1658 con la idea de que la garantía de libertad religiosa concedida por lord Baltimore a católicos y protestantes se extendería también a los cuáqueros. En 1674, a Richard se le unió su hermano John, que había aceptado salir de Yorkshire para reducir su sentencia de prisión por predicar la fe cuáquera. Cuando el barco de William Penn, el Welcome, remontó el río Delaware en 1682, John fue uno de los pocos europeos en salir a saludarlo.[*]

[*] William Penn (1644-1718) fue un filósofo y empresario inglés que llegó a Estados Unidos en el Welcome. Fundó una colonia a la que llamaron Provincia de Pensilvania y que terminaría conformando los estados de Pensilvania y Delaware. En calidad de cuáquero, Penn promovió los principios de la igualdad y las libertades individuales que tendrían gran peso en la futura Constitución estadounidense. *(N. de la T.)*

Tres de los nietos de John terminaron sirviendo en el Ejército Continental durante la Guerra de Independencia. Dado que los cuáqueros son pacifistas, los tres sufrieron la reprobación de la comunidad por decidir unirse a la lucha por la independencia, pero sus conciencias les habían exigido replantearse el pacifismo. William Snowden, mi ancestro paterno directo, sirvió como capitán, fue hecho prisionero por los británicos en la batalla de Fort Washington en Nueva York y murió bajo custodia en una de las famosas cárceles de las fábricas azucareras de Manhattan. (Según cuenta la leyenda, los británicos mataban a sus prisioneros de guerra obligándolos a comer gachas mezcladas con vidrio molido.) Su esposa, Elizabeth née Moor, fue una preciada consejera del general Washington y la madre de otro John Snowden, un político, historiador y editor de periódico de Pennsylvania cuyos descendientes se dispersaron al sur para establecerse entre los terrenos en Maryland de sus primos Snowden.

El condado de Anne Arundel abarca casi las 800 hectáreas enteras de bosque que el rey Carlos II cedió a la familia de Richard Snowden en 1686. Entre las empresas que fundaron los Snowden allí se encuentran Patuxent Iron Works, una de las forjas más importantes de los Estados Unidos coloniales y principal fabricante de balas para cañones y otras armas; y Snowden Plantation, una granja y lechería administrada por los nietos de Richard Snowden. Tras servir en la heroica línea de Maryland del Ejército Continental, los Snowden regresaron a la plantación y —haciendo la mayor gala posible de los principios de la independencia— abolieron la práctica de la esclavitud en la familia, con lo que liberaron a sus doscientos esclavos africanos casi un siglo antes de la Guerra Civil.

Actualmente, las antiguas tierras de cultivo de los Snowden están atravesadas por una carretera, la Snowden River Parkway, un tramo bullicioso y comercial de cuatro carriles, lleno de restaurantes de alta gama y concesionarios de coches. Cerca pasa la Route 32/Patuxent Freeway, que lleva directamente a la base militar de Fort George G. Meade, la segunda más grande del país y sede central de la NSA. A decir verdad, la base de Fort Meade está construida sobre unos terrenos propiedad en otros tiempos de mis primos Snowden, que el Gobierno estadounidense les compró (según cuentan unos) o les expropió (según otros).

Yo no sabía nada de esta historia por aquel entonces, y mis padres bromeaban diciendo que el Estado de Maryland cambiaba los nombres de los letreros cada vez que se mudaba alguien nuevo. A ellos les resultaba divertido, pero para mí era espeluznante. Pese a que el condado de Anne Arundel está a poco más de 400 kilómetros de Elizabeth City por la carretera I-95, a mí me parecía otro planeta. Habíamos cambiado la orilla frondosa de un río por una acera de cemento, y un colegio en el que ya era un niño popular y con éxito académico por otro en el que se reían constantemente de mí por llevar gafas, no interesarme nada los deportes y, sobre todo, tener otro acento: un acento sureño, arrastrado y muy marcado, que me valió entre mis nuevos compañeros de clase el apodo de «retrasado».

Me volví tan sensible con mi acento que dejé de hablar en clase y empecé a practicar solo en casa hasta que conseguí sonar «normal»; o, al menos, hasta que logré dejar de pronunciar el nombre del escenario de mi humillación como «la clase de Inglá» y dejar de decir que me había cortado el dedo con un «papal». Entretanto, el tiempo que me duró ese miedo a hablar con libertad desembocó en un hundimiento de mis notas, así que algunos de mis profesores decidieron que había que hacerme un test de cociente intelectual para diagnosticar lo que creían que era un déficit de aprendizaje. Cuando salió mi puntuación, no recuerdo haber recibido ninguna disculpa, solo un montón de «tareas de refuerzo» adicionales. A decir verdad, los mismos profesores que habían dudado de mi capacidad para aprender empezaron a discrepar con mi renovado interés por hablar en alto.

Mi casa nueva estaba en la Beltway, que tradicionalmente siempre había sido la carretera interestatal 495 —la autovía que rodea Washington D. C.—, pero ahora ha pasado a designar el gigantesco radio de comunidades dormitorio que no para de crecer en torno a la capital del país, y que se extiende al norte hasta Baltimore (Maryland) y al sur hasta Quantico (Virginia). Casi todos los habitantes de esos barrios periféricos trabajan para el Gobierno estadounidense o para una de las empresas que hacen negocios con él. Hablando claro, no hay más motivos para estar ahí.

Nosotros vivíamos en Crofton (Maryland), a mitad de camino entre Annapolis y Washington D. C., en el extremo oeste del condado de Anne Arundel, donde las urbanizaciones residenciales siguen todas el estilo federalista de viviendas con revestimiento de vinilo y tienen nombres pintorescos a la antigua usanza, en la línea de Villa Crofton, Caballerizas Crofton, La Reserva o Las Carreras. El propio Crofton es una comunidad diseñada exprofeso que encaja perfectamente en las curvas descritas por el Club de Campo Crofton. Sobre el mapa, a lo que más se asemeja es a un cerebro humano, con calles enredadas, retorcidas y plegadas unas sobre otras como las rugosidades y surcos del córtex cerebral. Nuestra calle era Knights Bridge Turn, una curva amplia y apacible de casas construidas en niveles escalonados, con accesos anchos y garajes de dos plazas; la nuestra en concreto estaba a siete casas de una punta de la curva y a siete de la otra: justo en la mitad. Me regalaron una bicicleta Huffy de diez velocidades, y con ella, también una ruta de reparto del *The Capital,* un venerable periódico publicado en Annapolis cuya distribución diaria se hacía angustiosamente errática, sobre todo en verano, y sobre todo entre las carreteras Crofton Parkway y Route 450, que, al pasar por nuestro barrio, llevaba un nombre distinto: Defense Highway.

Para mis padres, aquella fue una época emocionante. Crofton suponía un ascenso para ellos, tanto económico como social. Las calles estaban bordeadas por árboles y casi no había delincuencia, y la población multicultural, multirracial y multilingüe —reflejo de la diversidad de los cuerpos diplomáticos y la comunidad de inteligencia de la Beltway— tenía un buen nivel de dinero y de educación. Nuestro patio trasero era básicamente un campo de golf, con pistas de tenis al doblar la esquina, seguidas por una piscina de tamaño olímpico. En lo que a conexiones con el trabajo se refiere, Crofton también era ideal. Mi padre tardaba solo 40 minutos en llegar a su nuevo puesto como comandante en jefe en la División de Ingeniería Aeronáutica del cuartel general de la Guardia Costera, que por entonces se encontraba en el cabo Buzzards, en el sur de Washington D. C., junto a la base de Fort Lesley J. McNair. Y mi madre estaba solo a unos 20 minutos de su nuevo trabajo en la NSA, cuya futurista y cuadrada sede central, rematada con radomos y enfundada en cobre para sellar las señales de comunicación, conforma el corazón de Fort Meade.

No me cansaré de insistir, para los forasteros: tener ese tipo de empleos era lo normal. Los vecinos de nuestra izquierda trabajaban para el Ministerio de Defensa; los de la derecha, para el Ministerio de Energía y para el Ministerio de Comercio. Durante un tiempo, casi todas las niñas del colegio que me gustaban tenían a su padre en el FBI. Fort Meade no era más que el sitio en el que trabajaba mi madre, junto con otros 125.000 empleados aproximadamente, de los que unos 40.000 residían en la propia base, y muchos de ellos, con sus familias. La base albergaba más de 115 agencias gubernamentales, junto a fuerzas de las cinco divisiones del Ejército. Por ponerlo en perspectiva, en el condado de Anne Arundel, con una población de más de medio millón de personas, una de cada ochocientas trabaja para la oficina de correos, una de cada treinta trabaja para el sistema de educación pública, y una de cada cuatro trabaja o sirve en un negocio, agencia o sector vinculado a Fort Meade. La base tiene sus propias oficinas de correos, escuelas y departamentos de policía y bomberos. Los niños de la zona, hijos de militares y de civiles por igual, iban en masa a la base todos los días a recibir clases de golf, tenis y natación. Aunque nosotros vivíamos fuera de la base, mi madre utilizaba el economato como tienda de abastecimiento, para comprar productos a granel. Aprovechaba además el Post Exchange que había en la base, donde se surtía de ropa adecuada —y, lo más importante, libre de impuestos—, que se nos quedaba chica constantemente a mi hermana y a mí. Quizá sea mejor que los lectores no criados en ese entorno piensen en Fort Meade y sus alrededores (toda la Beltway, en realidad) como en una enorme colonia industrial, de las que están destinadas al éxito o a la ruina. La monocultura de aquel lugar tiene mucho en común con la de Silicon Valley, por ejemplo, salvo porque el producto de la Beltway no es la tecnología, sino el propio Gobierno.

Debería añadir que mis dos padres tenían habilitaciones de grado secreto, aunque mi madre además había pasado un polígrafo de alcance completo, un control de seguridad de nivel superior al que no están sujetos los miembros del Ejército. Lo gracioso es que mi madre era lo más opuesto que hay a una espía. Trabajaba de empleada en una asociación independiente de seguros y prestaciones que ofrecía sus servicios a los trabajadores de la NSA (básicamente, gestionaba planes de pensiones para los espías). Aun así, para procesar formularios de pensiones, a mi madre la tuvieron que investigar como si fuese a tirarse en paracaídas sobre una selva para participar en un golpe de Estado.

La trayectoria profesional de mi padre sigue siendo bastante opaca para mí, y en realidad mi desconocimiento en este sentido no es nada anómalo. En el mundo en el que me crie, nadie hablaba sobre su trabajo, ni con los niños ni con otros adultos. Es cierto que muchos de los adultos que me rodeaban tenían prohibido por ley hablar del trabajo, incluso con sus familias, pero en mi cabeza hay una explicación más precisa que reside en la naturaleza técnica de sus tareas y en la insistencia del Gobierno en la compartimentación. En el ámbito de la tecnología, la gente raras veces es consciente —si es que alguien lo es— de las ulteriores aplicaciones o implicaciones políticas que puedan tener los proyectos que se le han asignado. Por otro lado, el trabajo que consume a esas personas suele requerir un conocimiento tan especializado que sacarlo a colación en mitad de una barbacoa anularía automáticamente la invitación para la siguiente, porque a nadie le va a interesar.

Viéndolo en retrospectiva, quizá sea eso lo que nos ha traído aquí.

4

YANQUI *ONLINE*

Fue al poco de mudarnos a Crofton cuando mi padre trajo a casa nuestro primer ordenador de mesa, un Compaq Presario 425, con un precio de venta de 1.399 dólares, aunque comprado con descuento de militar. Al principio, y para gran disgusto de mi madre, se instaló en mitad de la mesa del comedor. Desde que apareció, el ordenador y yo fuimos inseparables. Si antes ya me mostraba reacio a salir y darle patadas a un balón, ahora la sola idea de hacerlo pasó a parecerme ridícula. No había ningún espacio ahí fuera mayor de lo que podía encontrar dentro de ese PC clon macizo y gris, con lo que en la época parecían una increíblemente rápida CPU Intel 485 de 25 megahercios y un inagotable disco duro de 200 megabytes. Además, atención: tenía un monitor en color. (Un monitor en color de 8 bits, para ser exactos, lo que significa que podía mostrar hasta 256 colores distintos; nuestros dispositivos actuales muestran del orden de millones.)

Ese Compaq se convirtió en mi compañero inseparable: mi segundo hermano, mi primer amor. Entró en mi vida justo en la edad en la que estaba descubriendo un yo independiente y los múltiples mundos que pueden existir de manera simultánea dentro de este mundo. Fue un proceso de exploración tan emocionante que me hizo dar por sentadas la existencia de la familia y la vida que ya tenía, e incluso desatenderlas, al menos durante un tiempo. Otra forma de decirlo es que estaba experimentando los primeros ramalazos de la adolescencia. No obstante, se trataba de una adolescencia tecnologizada, y los tremendos cambios que se produjeron en mí, en cierto modo, se estaban produciendo en todas partes, en todos.

Mis padres me llamaban a gritos para que terminara de prepararme para el colegio, pero yo no los escuchaba. Me llamaban a gritos para que me lavase las manos para cenar, pero fingía no escucharlos. Y siempre que me recordaban que el ordenador era compartido y no un equipo personal mío, cedía mi sitio con tal reticencia que cuando mi padre, mi madre o mi hermana ocupaban su lugar tenían que mandarme fuera de la habitación directamente para que no me quedase asomado por encima de sus hombros, de mal humor, dándoles consejos: enseñando a mi hermana macros y atajos en el procesador de texto mientras ella escribía un artículo de investigación, o dándoles a mis padres trucos para las hojas de cálculo mientras intentaban hacer las declaraciones de impuestos.

Procuraba acelerar sus tareas para poder volver a las mías, que eran mucho más importantes, como jugar al Loom. Dado que la tecnología había avanzado, los juegos con palas de pimpón y helicópteros (de esos con los que mi padre había jugado en la para entonces superanticuada Commodore) habían perdido terreno a favor de los que tenían en cuenta que en el corazón de todo usuario de ordenador había un lector de libros, un ser con el deseo no solo de disfrutar de las sensaciones, sino también de la historia que se contaba. Los rudimentarios juegos de Nintendo, Atari y Sega de mi infancia, con argumentos en la línea de rescatar al presidente de Estados Unidos de los ninjas (ejemplo real), daban paso ya a reinvenciones de los cuentos antiguos que yo había hojeado tumbado en la moqueta de la casa de mi abuela.

El Loom (o «telar») iba sobre una sociedad de tejedores cuyos ancianos —con los nombres de las Moiras griegas, Cloto, Láquesis y Átropos— crean un telar secreto que domina el mundo o, según el guion del juego, que va hilando «sutiles patrones influyentes en el tejido mismo de la realidad». De repente, un chaval descubre el poder del telar y lo obligan a exiliarse, y entonces todo entra en una espiral de caos, hasta que el mundo decide que una máquina secreta del destino, después de todo, quizá no sea tan buena idea.

Increíble, vaya. Aunque claro, es solo un juego.

Aun así, ni siquiera a mi temprana edad se me escapó que la máquina que daba nombre al juego era una especie de símbolo del ordenador en el que estaba jugando. Los hilos del telar tenían los colores del arcoíris, parecidos a los coloridos cables internos del ordenador, y el hilo gris solitario que predecía un futuro incierto era como el cable telefónico largo y gris que salía de detrás del ordenador y lo conectaba al amplísimo mundo de más allá. Ahí estaba para mí la auténtica magia: con solo ese cable, la tarjeta de ampliación del Compaq, un módem y un teléfono que funcionase, podía llamar y conectarme a algo nuevo que se llamaba «internet».

Los lectores nacidos ya en el nuevo milenio quizá no entiendan tanto alboroto, pero, en serio, aquello fue un puñetero milagro. Ahora mismo, la conectividad es algo que se presupone. *Smartphones*, portátiles, ordenadores de mesa... Todo está conectado, siempre. ¿Conectado a qué exactamente? ¿Cómo? Da igual. Basta con darle al icono que nuestros parientes mayores llaman «el botón de internet» y, boom, ahí están: las noticias, pizza a domicilio, música en *streaming* y vídeos en *streaming*, o eso que solíamos llamar «televisión» y «películas». Pero en mis tiempos ir al colegio se hacía tan cuesta arriba como volver: en aquella época, teníamos que conectar el módem directamente a la pared, con nuestras manitas de hombretón de doce años.

No digo que yo supiera mucho de lo que era internet, o de cómo me conectaba exactamente, pero sí entendía el milagro que entrañaba. Y es que en aquellos días, cuando le decías al ordenador que se conectase, ponías en marcha todo un proceso durante el que aquel aparato se ponía a pitar y silbar como si hubiese un atasco de serpientes, y después de eso (que podía durar eternidades, o al menos, minutos enteros), si levantabas el auricular de cualquier otro teléfono de la misma línea, escuchabas a los ordenadores hablar, pero de verdad. En realidad, no entendías lo que estaban diciéndose entre ellos, claro, porque hablaban en un lenguaje de máquinas que transmitía hasta 14.000 símbolos por segundo. Aun así, incluso esa incomprensión indicaba de un modo asombrosamente claro que las llamadas telefónicas ya no eran solo cosa de hermanas mayores adolescentes.

El acceso a internet y el surgimiento de la red fueron el Big Bang o la explosión precámbrica de mi generación. Alteraron de manera irrevocable el curso de mi vida, y de las vidas de todos. Desde los doce años o así, traté de pasar conectado a internet todo el tiempo que estaba despierto. Cuando no podía, me centraba en planear la siguiente sesión. Internet era mi santuario; la red se convirtió en mi parque infantil, mi casa del árbol, mi fortaleza, mi aula sin paredes. Me hice más sedentario, si cabía. Me puse más pálido, si cabía. Poco a poco, dejé de dormir de noche y, en vez de eso, dormía de día en el colegio. Mis notas iban cuesta abajo y sin frenos.

De todos modos, ese revés académico no me preocupaba, y a mis padres puede que tampoco. Después de todo, la educación que estaba obteniendo en internet parecía mejor, e incluso más práctica para mis futuras perspectivas profesionales, que todo lo que el colegio me pudiera ofrecer. Al menos, eso era lo que no paraba de decirles a mi madre y a mi padre.

Mi curiosidad parecía tan enorme como el propio internet: un espacio ilimitado que crecía de manera exponencial, incorporando páginas web día tras día, hora tras hora, minuto tras minuto, sobre temas de los que no sabía nada, de los que nunca había oído hablar; pero en cuanto oía algo sobre ellos, desarrollaba un deseo insaciable por entenderlos con todo detalle, dejando poco lugar al descanso, a las comidas o incluso al baño. Mi apetito no se limitaba a temas tecnológicos serios como saber arreglar una unidad de CD-ROM, claro. También pasaba un montón de tiempo en sitios web de videojuegos buscando códigos de trucos en modo dios para el Doom y el Quake. Por lo general, sin embargo, me sentía tan abrumado con la mera cantidad de información que tenía a mi disposición de inmediato que no estoy seguro de que supiera distinguir dónde acababa un tema y empezaba el siguiente. Un curso intensivo para aprender a fabricar mi propio ordenador me llevaba a un curso intensivo sobre arquitectura de procesador, con incursiones paralelas a informaciones sobre artes marciales, armas, coches deportivos y (exclusiva total) porno más o menos blando y más o menos gótico.

A veces tenía la sensación de que necesitaba saberlo todo y no iba a desconectarme hasta conseguirlo. Era como estar en una carrera contra la tecnología, igual que los chavales adolescentes de mi entorno, que competían entre ellos por ver quién crecía más o a quién le salía vello en la cara primero. En el colegio, estaba rodeado por niños —algunos, de países extranjeros— que solo intentaban encajar e invertían unos esfuerzos enormes por parecer guais, por ir a la moda. Sin embargo, tener la gorra No Fear más moderna y saber cómo doblarle la visera era un juego de niños (lo era, al pie de la letra) en comparación con lo que yo estaba haciendo. Me resultaba tan increíblemente exigente seguirles el ritmo a todos esos sitios web y tutoriales de aprendizaje que empezó a sentarme mal que mis padres me obligasen a apartarme del ordenador de noche cuando tenía clase al día siguiente (esa era su respuesta a algún boletín de notas especialmente bajo o a algún castigo impuesto en el colegio). No podía soportar que me revocasen mis privilegios, angustiado ante la idea de todo el material que no dejaba de aparecer mientras yo estaba desconectado y que me estaba perdiendo. Después de repetidas advertencias parentales y amenazas de no dejarme salir de mi habitación, al final cedía e imprimía el documento que estuviese leyendo en ese momento, para llevarme a la cama las páginas impresas con matrices de punto. Seguía estudiando en papel hasta que mis padres se acostaban, y entonces salía de puntillas a la oscuridad, con cuidado de que no chirriase la puerta ni crujieran las tablas del suelo en las escaleras. Dejaba las luces apagadas y, guiándome por el brillo del salvapantallas, despertaba al ordenador y me metía en internet, con las almohadas de mi cama pegadas a la máquina para amortiguar el sonido de marcación del módem y el silbido cada vez más intenso de la conexión.

¿Cómo explicarle todo esto a quien no lo vivió? Mis lectores más jóvenes, con sus estándares más jóvenes, quizá piensen que ese internet incipiente era demasiado lento, que esa red naciente era demasiado fea y nada entretenida. Pero no es cierto. Por entonces, estar *online* era otra vida, y para la mayoría de la gente, una vida independiente y distinta a la real. Lo virtual y lo real aún no se habían fusionado. Dependía de cada usuario individual determinar por su cuenta dónde acababa uno y empezaba el otro.

Precisamente eso era lo que resultaba tan inspirador: la libertad de imaginar algo completamente nuevo, la libertad de empezar de cero. Lo que a la red 1.0 le faltaba en facilidad de uso y sensibilidad de diseño, por mucho que fuese, lo compensaba de sobra con su incitación a la experimentación y a la originalidad expresiva, y poniendo el énfasis en la primacía creativa del individuo. Por ejemplo, el típico sitio web de GeoCities podía tener su fondo intermitente verde y azul, con un texto en blanco moviéndose en mitad como un faldón (¡¡¡Lee ESTO primero!!!) y encima el .gif de un hámster bailongo, y sin embargo, para mí, todas esas particularidades y tics parcheados de la producción *amateur* indicaban sin más que la inteligencia que dirigía ese sitio era humana, y única. Los profesores de informática e ingenieros de sistemas, los filólogos ingleses pluriempleados y los economistas políticos que trabajaban atontados desde el sillón de cualquier sótano, todos ellos estaban encantados de compartir sus investigaciones y sus creencias, y no a cambio de una recompensa económica, sino solo por ganar adeptos a sus causas. Y daba igual que esas causas fuesen PC o Mac, las dietas macrobióticas o la abolición de la pena de muerte: a mí me interesaba todo. Me interesaba porque se trataba de gente entusiasmada. Con muchas de esas personas desconocidas y brillantes podías incluso ponerte en contacto, y responderían encantadas a las preguntas que les mandases a través de los formularios («haz clic en este hipervínculo o cópialo y pégalo en tu navegador») y direcciones de correo electrónico (@usenix.org, @frontier.net) que daban en sus sitios web.

Conforme se acercó el nuevo milenio, el mundo *online* se fue centralizando y consolidando cada vez más. Gobiernos y empresas por igual aceleraron sus intentos por intervenir en lo que siempre había sido una relación fundamentalmente entre pares. Sin embargo, durante un breve y bonito periodo de tiempo (un periodo que, afortunadamente para mí, coincidió con mi adolescencia), internet fue en gran medida algo hecho de, por y para la gente. Su finalidad era ilustrar, no monetizar, y se administraba más bien con un conjunto provisional de normas colectivas en constante cambio que mediante contratos de condiciones de servicio explotadores y de aplicación global. Aún hoy, considero el internet de la década de 1990 como la anarquía más agradable y exitosa que he vivido.

Los BBS (*bulletin-board system* o sistema de tablón de anuncios) basados en web me mantenían especialmente ocupado. En un BBS, podías elegir un nombre de usuario y escribir cualquier mensaje que quisieras publicar, añadiéndolo a algún debate de grupo ya abierto o creando uno nuevo. Todos y cada uno de los mensajes que respondiesen al tuyo se organizaban por hilos; basta imaginarse la cadena de *emails* más larga en la que se pueda participar, pero pública. Había además aplicaciones de chateo —como el Internet Relay Chat— que ofrecían una versión de esa misma experiencia con mensajes instantáneos y satisfacción inmediata. En dichas aplicaciones, se podía debatir sobre cualquier tema en tiempo real, o al menos tan en tiempo real como lo son una conversación telefónica, la radio en directo o el telediario.

La mayoría de mis mensajes y chats buscaban respuestas a preguntas que me planteaba sobre cómo fabricar mi propio ordenador, y las respuestas recibidas eran tan consideradas y exhaustivas, tan generosas y amables, que actualmente serían inconcebibles. Mi histérica consulta sobre por qué un conjunto de chips para el que había estado ahorrando mi paga no parecía ser compatible con la placa base que ya me habían regalado por Navidad suscitó una explicación de dos mil palabras llenas de consejos de un informático profesional en ejercicio que vivía en la otra punta del país. No era una respuesta sacada de ningún manual: la había redactado expresamente para mí, para solucionar mis problemas paso a paso, hasta que pudiera arreglarlos. Yo tenía doce años y mi interlocutor era un adulto desconocido de muy lejos, que aun así me trató como un igual porque yo había mostrado respeto por la tecnología. Atribuyo esta cortesía, tan ausente en nuestras actuales reacciones en las redes sociales, a lo alto que estaba entonces el listón de acceso. Después de todo, las únicas personas que participaban en esos tablones era gente que podía estar allí (y que quería estar con todas sus ganas), es decir, que tenía las competencias y la pasión necesarias, porque el internet de la década de 1990 no estaba a solo un clic. Tan solo iniciar sesión suponía un esfuerzo considerable.

En una ocasión, un BBS del que era miembro intentó coordinar reuniones informales en carne y hueso para congregar a sus usuarios frecuentes por todo el país: en Washington D. C., en Nueva York, en el Consumer Electronics Show de Las Vegas... Después de que me presionaran bastante para asistir (y con la promesa de estrafalarias noches de comida y bebida), terminé por decirle a todo el mundo mi edad. Tenía miedo de que alguno de mis interlocutores dejase de interactuar conmigo, pero, en vez de eso, lo que hicieron fue darme aún más ánimos si cabía. Me mandaban noticias de la feria de electrónica de Las Vegas e imágenes del catálogo; un tío se ofreció a enviarme por correo postal, sin coste ninguno, piezas de ordenadores de segunda mano.

A los usuarios de los BBS les dije mi edad, sí, pero nunca mi nombre, porque uno de los mayores placeres de esas plataformas radicaba en no tener que ser quien eras de verdad. Podías ser cualquiera. Los rasgos de anonimia y pseudonimia equiparaban todas las relaciones y corregían sus desequilibrios. Podía esconderme bajo cualquier identificador, o *nick*, y convertirme de repente en una versión más mayor, alta y varonil de mí mismo. Podía incluso tener varias identidades, posibilidad que aprovechaba para preguntar las que yo creía que eran mis dudas más de novato en los que me parecían los tablones más de novatos, cambiando siempre de identidad. Mis habilidades informáticas mejoraban con tanta rapidez que, en vez de enorgullecerme de mis progresos, me avergonzaba de mi ignorancia previa y quería distanciarme de ella. Quería disociar mis personalidades. Me decía a mí mismo que nin0_r4t4 había sido un imbécil, «él», por haber consultado lo de la compatibilidad del conjunto de chips, tanto tiempo atrás, el miércoles anterior.

Pese a todo ese espíritu cooperativo y colectivista de una cultura libre, no voy a fingir que no hubiese una rivalidad despiadada o que la población (casi sin excepción, varones heterosexuales cargados de hormonas) no estallase a veces en peleas crueles y mezquinas. Sin embargo, al no existir nombres reales, la gente que afirmaba odiarte no era gente de verdad. No sabían nada de ti más allá de lo que planteabas en esos foros, y de cómo lo hacías. Si —más bien, cuando— uno de tus planteamientos desencadenaba la ira *online*, podías limitarte a abandonar ese nombre en pantalla y ponerte otra máscara, bajo cuya cubierta tenías incluso la posibilidad de unirte a la melé mimética y machacar a tu repudiado avatar como si fuera un desconocido. No sabéis el alivio y el placer que suponía eso a veces.

En la década de 1990, internet aún no había caído víctima de la mayor injusticia en la historia digital: el movimiento protagonizado por Gobiernos y empresas para vincular, lo más íntimamente posible, el personaje *online* de un usuario con su identidad jurídica *offline*. Antes, un niño podía conectarse un día y soltar cualquier tontería muy gorda sin tener que rendir cuentas por ello al día siguiente. Quizá no parezca el entorno más sano imaginable en el que crecer, pero es precisamente el único entorno en el que es posible crecer. Con esto quiero decir que las oportunidades de disociación que nos dio el primer internet fomentaron en mí, y en la gente de mi generación, la capacidad de cambiar nuestras opiniones más enraizadas, en vez de limitarnos a ahondar en ellas y defenderlas cuando alguien las ponía en entredicho. Dicha capacidad de reinvención suponía no tener que cerrarnos de mente y elegir un bando, ni cerrar filas por miedo a hacer un daño irreparable a nuestra reputación. Los errores que se castigaban con rapidez, pero se rectificaban con igual rapidez, permitían avanzar a la comunidad y también al «infractor». Para mí, y para muchos, eso significaba libertad.

Os animo a imaginar que todas las mañanas pudiéramos levantarnos y elegir un nombre nuevo y una cara nueva con los que nos conocería el resto del mundo; a imaginar que escogemos una voz nueva y palabras nuevas para usarla como si «el botón de internet» fuese en realidad un botón de reinicio para nuestras vidas. En el nuevo milenio, la tecnología de internet se dirigiría a unos fines muy distintos a ese: se encaminó a imponer la fidelidad a la memoria, la uniformidad identitaria y, por tanto, la conformidad ideológica. Pero por entonces, al menos durante un tiempo, internet nos protegió olvidando nuestras transgresiones y perdonando nuestros pecados.

No obstante, mis primeros encuentros más significativos con la autopresentación *online* no fueron en los BBS, sino en un reino más fantástico: las tierras pseudofeudales y las mazmorras de los videojuegos de rol, en concreto, de los MMORPG (*massively multiplayer online role-playing game* o videojuego de rol multijugador masivo *online*). Para jugar al Ultima Online, mi MMORPG favorito, tenía que crear y asumir una identidad alternativa, o *alt*. Podía elegir, por ejemplo, ser un mago o un guerrero, un chapucero o un ladrón, y alternar entre esos *alts* con una libertad que me resultaba increíble en la vida *offline*, cuyas instituciones tienden a considerar sospechosa cualquier mutabilidad.

Deambulaba por el paisaje del Ultima encarnado en uno de mis *alts* e interactuaba con los *alts* de otros. Cuando conocía a esos otros *alts* al colaborar con ellos en ciertas misiones, a veces me daba cuenta de que ya me había encontrado a sus usuarios, pero con otras identidades, y ellos, a su vez, seguramente se diesen cuenta de lo mismo con respecto a mí. Leían mis mensajes y adivinaban, por alguna expresión típica que usara o una misión en concreto que sugiriese, que yo (que en esos momentos era Shrike, una mujer caballero, por ejemplo) también era, o había sido, un bardo que se hacía llamar Corwin y un herrero llamado Belgarion. A veces, disfrutaba de esas interacciones para charlar, pero con mayor frecuencia trataba a esos *alts* de manera competitiva, midiendo mi éxito según mi capacidad para identificar a otros usuarios por sus *alts* más veces que ellos a mí. La competición para ver si lograba desenmascarar a otros sin ser desenmascarado me exigía ir con cuidado para no caer en patrones de mensajes que pudieran dejarme al descubierto, y al mismo tiempo entablar conversaciones con otros y estar atento a las posibles formas en las que pudieran desvelar sus verdaderas identidades sin darse cuenta.

Aunque los *alts* del Ultima eran diversos en cuanto a los nombres, en esencia quedaban aplanados por la naturaleza de sus personajes, que estaban definidos hasta el punto de resultar incluso arquetípicos, tan integrados dentro del orden social establecido del juego que jugar con ellos a veces era como cumplir un deber cívico. Después de un día en el colegio o en un trabajo que quizá resultase inútil e ingrato, podía parecerte que estabas prestando un servicio útil cuando te pasabas la noche haciendo de curandero o pastor, ofreciendo tu ayuda como alquimista o mago. La relativa estabilidad del universo del Ultima —esto es, su desarrollo continuado de acuerdo con unas leyes y códigos de conducta definidos— garantizaba que todos los *alts* tuvieran tareas concretas acordes a sus personajes, y que serían juzgados según su capacidad, o su voluntad, para llevarlas a cabo y cumplir con las expectativas sociales de su función.

Me apasionaban esos juegos y las vidas alternativas que me permitían vivir, aunque esa pasión no era tan liberadora, que digamos, para los demás miembros de mi familia. Todo el mundo sabe que los juegos, en especial los de multijugador masivo, consumen tiempo, y yo pasaba tantas horas jugando al Ultima que nuestras facturas telefónicas empezaron a alcanzar cifras desorbitadas y no había manera de que entrase ni una sola llamada a la casa. La línea siempre estaba ocupada. Mi hermana, para entonces ya bien entrada en la adolescencia, enfureció al descubrir que mi vida *online* la había hecho perderse un cotilleo crucial del instituto. Sin embargo, no tardó mucho en averiguar que lo único que tenía que hacer para vengarse era descolgar el teléfono, acto que interrumpía la conexión a internet. El silbido del módem se detenía, y antes de que mi hermana llegase a oír siquiera un tono normal de marcación, yo ya iba bajando las escaleras y gritando a pleno pulmón.

Si te interrumpen mientras estás leyendo las noticias *online*, por ejemplo, siempre puedes volver y seguir por donde te habías quedado. Pero si te interrumpen cuando estás jugando a un juego que no puedes poner en pausa ni guardar, porque hay cientos de miles de personas más jugando al mismo tiempo, estás perdido. Podías estar perfectamente en la cima del mundo, ser un legendario asesino de dragones con tu propio castillo y todo un ejército, que tras solo 30 segundos de CONEXIÓN INTERRUMPIDA volverías a conectarte a una pantalla gris oscuro con un cruel epitafio: ESTÁS MUERTO.

Me da un poco de vergüenza ahora mismo habérmelo tomado todo tan en serio, pero no puedo obviar el hecho de que, en aquellos momentos, sentía que mi hermana estaba intentando destrozarme la vida; en especial, cuando se aseguraba de cruzar la mirada conmigo y sonreírme antes de levantar el auricular de la planta de abajo, no porque quisiera hacer una llamada de teléfono, sino simple y llanamente porque quería recordarme quién mandaba. Nuestros padres acabaron tan hartos de nuestras peleas a gritos que hicieron algo atípicamente indulgente: cambiaron el plan de facturación por minutos a un plan de acceso ilimitado a internet con tarifa plana e instalaron una segunda línea telefónica.

Y la paz reinó en nuestra morada.

5

HACKEO

Todos los adolescentes son hackers. No les queda más remedio, aunque solo sea porque sus circunstancias vitales resultan insostenibles. Creen que son adultos, pero los adultos los consideran niños.

Si podéis, recordad vuestra adolescencia. También vosotros erais hackers, dispuestos a hacer lo que fuese por eludir la supervisión parental. Básicamente, estabais hartos de que os tratasen como niños chicos.

Recordad lo que sentíais cuando alguien mayor y más grande intentaba controlaros, como si la edad y el tamaño fuesen equivalentes a autoridad. En un momento u otro, vuestros padres, profesores, entrenadores, monitores y curas se aprovechaban de su posición para invadir vuestra vida privada, imponer sus expectativas sobre vuestro futuro y obligaros a aceptar estándares del pasado. Siempre que esos adultos sustituían sus propias esperanzas, sueños y deseos por los vuestros, lo hacían, aseguraban ellos, «por tu bien» o «pensando solo en lo mejor para ti». Y aunque a veces era verdad, todos recordamos esas otras ocasiones en las que no, cuando «porque yo lo digo» no era suficiente y «algún día me lo agradecerás» sonaba a discurso vacío. Si habéis sido adolescentes, seguro que habéis estado en el lado receptor de alguno de esos clichés y, por tanto, en el lado perdedor de un desequilibrio de poder.

Crecer es darse cuenta de hasta qué punto tu existencia ha estado regida por sistemas de reglas, directrices vagas y normas cada vez más insoportables que se te han impuesto sin tu consentimiento y que están sujetas a modificación en cualquier momento. Había incluso normas que no conocías hasta que no las habías infringido.

Si os parecíais a mí en algo, seguro que os escandalizabais con todo eso.

Si os parecíais a mí en algo, seguro que erais miopes y flacos y, en cuanto a edad, acababais de incorporar un segundo dígito cuando empezasteis a preocuparos por la política.

En el colegio, nos contaron que en el sistema político estadounidense los ciudadanos dan su consentimiento mediante el sufragio para que los gobiernen sus iguales. Eso es la democracia. Pero la democracia desde luego no estaba instaurada en mi clase de Historia de Estados Unidos, en la que, si mis compañeros y yo hubiésemos tenido el voto, el señor Martin se habría quedado sin trabajo. Por el contrario, el señor Martin establecía las normas para la clase de Historia de Estados Unidos; la señora Evans, para la de Inglés; el señor Sweeny, para la de Ciencias; y el señor Stockton, para la de Matemáticas. Y todos esos profesores cambiaban constantemente las normas para beneficiarse ellos y exprimir al máximo su poder. Si un profesor no quería que fueses al baño, mejor que te aguantases. Si un profesor prometía una excursión a la Smithsonian Institution, pero luego la cancelaba por una infracción imaginaria, no daba ni una explicación, aparte de citar su enorme autoridad y el mantenimiento del orden debido. Ya entonces me daba cuenta de que cualquier oposición a ese sistema era complicada, y no menos porque conseguir que las normas cambiasen para servir a los intereses de la mayoría suponía persuadir a los hacedores de esas normas de que se colocaran en una decidida posición de desventaja. En última instancia, ese es el gran fallo o defecto de diseño que va intencionadamente integrado en todo sistema, tanto político como informático: la gente que hace las normas no tiene ningún incentivo para actuar contra sí misma.

Lo que me convenció de que el colegio, al menos, era un sistema ilegítimo fue el hecho de que no reconociese ningún disentimiento legítimo. Podía defender mi causa hasta quedarme sin voz, o podía limitarme a aceptar el hecho de que nunca tendría voz, para empezar.

No obstante, la benevolente tiranía del colegio, como todas las tiranías, tiene una duración limitada. En cierto momento, que te nieguen tu capacidad de actuar te autoriza a resistir, aunque la adolescencia se caracteriza entre otras cosas por confundir resistencia con escapismo o incluso violencia. En mi caso, las salidas más comunes para un adolescente rebelde no servían, porque era demasiado guay para recurrir al vandalismo y no lo suficiente para drogarme. (Sigo sin haberme emborrachado nunca ni haber fumado un cigarro.) En vez de eso, empecé a hackear, cosa que sigue siendo la forma más sana, saludable y educativa que conozco para que un niño reafirme su autonomía y se dirija a los adultos en igualdad de términos.

Como a la mayoría de mis compañeros de clase, a mí tampoco me gustaban las normas, pero tenía miedo de infringirlas. Sabía cómo funcionaba el sistema: si le corregías un error a un profesor, te caía una amonestación; si te enfrentabas al profesor cuando no admitía su error, te caía un castigo; si alguien copiaba de ti en un examen, aunque no le hubieses dejado hacerlo expresamente, también te caía un castigo, y al copión, una expulsión. Este es el origen de cualquier hackeo: hacerse consciente de un vínculo sistémico entre una entrada y una salida, entre la causa y el efecto. Porque hackear no es una actividad propia solo de la informática, sino que existe allí donde hay normas. Hackear un sistema requiere conocer sus normas mejor que la gente que lo ha creado o que lo gestiona, y vulnerar la distancia que exista entre el funcionamiento que esa gente haya pretendido darle al sistema y el funcionamiento que muestra el sistema de verdad, o que alguien puede hacer que muestre. Cuando un hacker aprovecha esos usos no intencionados, no está infringiendo las normas, sino más bien desacreditándolas.

Los humanos están fabricados para reconocer patrones. Todas las decisiones que tomamos se basan en un conjunto de suposiciones, tanto empíricas como lógicas, extraídas inconscientemente y desarrolladas conscientemente. Utilizamos esas suposiciones para evaluar las posibles consecuencias de cada una de las opciones, y llamamos «inteligencia» a la capacidad de hacer todo eso con rapidez y precisión. Sin embargo, incluso el más listo de nosotros dependerá de suposiciones que nunca hemos puesto a prueba, y por eso las decisiones que tomamos a menudo tienen errores. Quien tenga más información, o piense más rápido o con más precisión que nosotros, podrá aprovechar esos errores para crear consecuencias que no habíamos esperado. Esta naturaleza igualitaria —da igual quién seas, solo importa cómo razones— es la que convierte el hackeo en un método de lo más fiable para tratar con las típicas figuras de autoridad que están tan convencidas de la rectitud de su sistema que ni se les pasa por la cabeza ponerlo a prueba.

En el colegio no aprendí nada de esto, claro. Lo aprendí en internet. La red me dio la posibilidad de ahondar en todos los temas que me interesaban y en todos los vínculos que los unían, sin la limitación del ritmo que seguían mis compañeros de clase y profesores. Por el contrario, cuanto más tiempo pasaba en internet, más sentía como extraescolares las tareas de la escuela.

El verano en el que cumplí trece años decidí no volver al colegio, o al menos reducir notablemente mis obligaciones como estudiante, aunque no estaba muy seguro de cómo apañármelas. Todos los planes que se me ocurrían podían salirme rana. Si me pillaban saltándome alguna clase, mis padres me retirarían mis privilegios con el ordenador; si decidía dejar de estudiar, enterrarían mi cadáver en lo más hondo del bosque y les dirían a los vecinos que me había escapado. Tenía que encontrar una brecha que hackear... Y entonces, el primer día del nuevo curso, la vi. En realidad, me la pusieron en bandeja.

Al inicio de cada clase, los profesores pasaban su programa para el curso, en el que se detallaba el material que darían, las lecturas obligatorias y el calendario de exámenes, pruebas y trabajos. Junto con eso, nos daban sus políticas de calificación, es decir, la explicación de cómo calculaban las notas, de la máxima a la mínima. Nunca me había encontrado con una información así. Los números y las letras eran como una extraña ecuación que sugería una solución a mi problema.

Ese día, después de clase, me senté con los programas de las asignaturas e hice los cálculos para averiguar qué aspectos podía ignorar sin más en cada una de ellas y confiar aun así en aprobarlas todas. Pongamos como ejemplo Historia de Estados Unidos. Según el programa, las pruebas valían un 25 por ciento; los exámenes, un 35 por ciento; los trabajos de trimestre, un 15 por ciento; las tareas para casa, un 15 por ciento; y la participación en clase —la categoría más subjetiva de todo lo sujeto a algún análisis—, un 10 por ciento. Dado que, por lo general, se me daban bien las pruebas y los exámenes sin tener que estudiar demasiado, podía contar con tener ahí una reserva fiable de puntos sin invertir mucho tiempo. Los trabajos y las tareas de casa eran por el contrario los que más tiempo consumían: imposiciones de escaso valor y alto coste sobre el «tiempo para mí».

Lo que me decían todos esos números era que, si no hacía ninguna tarea, pero era un as en todo lo demás, acabaría obteniendo una puntuación acumulativa de 85, es decir, un notable. Si no hacía ninguna tarea ni los trabajos de trimestre, pero era un as en todo lo demás, acabaría obteniendo una puntuación acumulativa de 70, o un bien bajo. El 10 por ciento que correspondía a la participación en clase sería como un colchón. Aunque el profesor me pusiera un cero en eso (por interpretar mi participación como interrupción), aún podía conseguir un 65, es decir, un suficiente bajo. Aprobado.

Los sistemas de mis profesores tenían errores irreparables. Sus instrucciones para conseguir la nota más alta podían utilizarse como instrucciones para conseguir la mayor libertad: la clave para evitar hacer lo que no me gustaba hacer y aun así pasar de curso.

En cuanto lo averigüé, dejé de hacer las tareas que mandaban para casa. Todos los días eran pura felicidad, esa felicidad que le está vetada a toda persona lo bastante mayor para trabajar y pagar impuestos, hasta que el señor Stockton me preguntó delante de toda la clase por qué no le había entregado los últimos cinco o seis encargos para casa que había mandado. Desprovisto de la astucia que da la edad —y olvidándome un instante de que descubrir mi truco suponía renunciar a una ventaja—, le expuse mi ecuación al profesor de Matemáticas y me quedé tan tranquilo. La risa de mis compañeros de clase duró solo un momento, hasta que se pusieron a hacer garabatos para calcular si ellos también podían permitirse una vida sin tareas escolares.

«Muy listo, Eddie», dijo el señor Stockton, y pasó al siguiente tema con una sonrisa.

Fui el niño más inteligente del colegio... Hasta unas 24 horas después, cuando el señor Stockton nos repartió su nuevo programa. En él se afirmaba que todo alumno al que le faltasen por entregar seis o más tareas al final del trimestre recibiría un suspenso automático.

Muy listo, señor Stockton.

Entonces, el profesor me llevó aparte al terminar la clase y me dijo: «Deberías usar ese cerebro que tienes no para averiguar cómo evitar hacer los trabajos, sino para averiguar cómo hacerlos lo mejor posible. Tienes mucho potencial, Ed. Pero creo que no te das cuenta de que las notas que obtengas aquí van a perseguirte el resto de tu vida. Tienes que empezar a pensar en tu expediente».

Liberado de los grilletes de las tareas escolares, al menos de forma provisional, y por tanto, con más tiempo que perder, me dispuse a practicar también el hackeo convencional, es decir, el informático. Y así mejoraron mis dotes en la materia. En la librería hojeaba revistillas de hackers mal fotocopiadas y encuadernadas con grapas, con nombres como *2600* y *Phrack*, para empaparme de sus técnicas y, de camino, me empapaba también de sus políticas antiautoritarias.

Yo me encontraba en la base del tótem de la tecnología, era un n00b, un *script kiddie* que trabajaba con herramientas que no entendía, que funcionaban según unos principios que se me escapaban. La gente todavía me pregunta por qué, cuando por fin conseguí ciertas aptitudes, no corrí a vaciar cuentas bancarias o a robar números de tarjetas de crédito. La respuesta sincera es que era demasiado joven y tonto para saber siquiera que eso se podía hacer, y mucho menos para saber lo que hacer luego con el botín robado. Todo lo que quería, lo que necesitaba, ya lo tenía gratis. Por el contrario, lo que hice fue averiguar maneras sencillas de hackear algunos juegos, para conseguir vidas extra y poder hacer cosas como ver a través de las paredes. Además, por entonces no había mucho dinero en internet, al menos no para los niveles actuales. Lo más cerca de robar que había estado alguien que yo conociese, o algo que hubiera leído, era el *phreaking*, o las llamadas telefónicas gratis.

Si le hubiésemos preguntado a alguno de los grandes hackers de aquella época por qué, por ejemplo, hackeaban un importante sitio web de noticias solo para sustituir los titulares por un GIF loco que reivindicaba las aptitudes del Barón von Hackerface y que no iba a durar ahí ni media hora, la respuesta habría sido similar a lo que dijo aquel montañero cuando le preguntaron sus motivos para escalar el Everest: «Porque está ahí». La mayoría de los hackers, sobre todo los jóvenes, no tiene como finalidad el lucro o el poder, sino explorar los límites de su talento y cualquier oportunidad de demostrar que lo imposible es posible.

Yo era joven, y pese a que tenía una curiosidad genuina, también veo en retrospectiva que esa curiosidad revelaba mucho desde un punto de vista psicológico, en el sentido de que algunos de mis primeros intentos de hackeo estaban orientados a aplacar mis neurosis. Cuanto más sabía sobre la fragilidad de la seguridad informática, más me preocupaban las consecuencias de confiar en la máquina equivocada. De adolescente, el primer hackeo con el que me busqué problemas estuvo relacionado con un temor que de repente no me dejaba pensar en otra cosa: la amenaza de un holocausto nuclear total que asolara la tierra.

Había estado leyendo un artículo sobre la historia del programa nuclear estadounidense y, antes de darme cuenta, con solo un par de clics, me vi en el sitio web del Los Alamos National Laboratory, el centro de investigación nuclear del país. Así es como funciona internet: te entra la curiosidad y tus dedos piensan por ti. Pero, de pronto, aluciné en colores, y con razón: me di cuenta de que el sitio web de la institución de desarrollo armamentístico y de investigación científica más grande e importante de Estados Unidos tenía un vacío de seguridad flagrante. Esa vulnerabilidad era básicamente la versión virtual de una puerta sin pestillo: una estructura de directorios abierta.

Me explico. Imaginemos que nos envían un vínculo para descargar un archivo .pdf que está almacenado en su propia página, dentro de un sitio web de varias páginas. La URL del archivo sería algo como sitioweb.com/archivos/pdfs/nombrearchivo.pdf. Dado que la estructura de una URL se deriva directamente de la estructura de directorios, cada parte de esa URL representa una «rama» distinta del «árbol» de directorios. En el ejemplo, dentro del directorio de sitioweb.com hay una carpeta de archivos, dentro de la cual hay una subcarpeta con archivos PDF, en la que está el nombrearchivo.pdf específico que queremos descargar. Actualmente, la mayoría de los sitios web limitará nuestra visita a ese archivo en concreto y mantendrá las estructuras de directorios cerradas, privadas. Pero en aquellos tiempos de los dinosaurios, incluso sitios web muy importantes estaban creados y gestionados por gente nueva en el mundo de la tecnología, que a menudo dejaba las estructuras de directorios abiertas de par en par, con lo que, si truncabas la URL del archivo (si la cambiabas sin más a algo como sitioweb.com/archivos), podías acceder a todos los archivos guardados en ese sitio, fuesen de PDF o no, y también a los que no estaban necesariamente destinados a visitantes. Ese era el caso del sitio de Los Alamos.

En la comunidad de hackers, en esto básicamente consiste Mi Primer Hackeo: en un proceso de cruce de lo más rudimentario que se denomina «recorrer directorios». Y eso fue lo que yo hice: recorrer lo más rápido que pude el camino desde el archivo a la subcarpeta, y de ahí a la carpeta del nivel superior y de vuelta, como un auténtico adolescente suelto por los directorios principales. A la media hora de haber leído un artículo sobre la amenaza de las armas nucleares, me había topado con un tesoro de archivos destinados únicamente a los trabajadores del laboratorio que tuviesen habilitaciones de seguridad.

Desde luego, los documentos a los que logré acceder tampoco es que fueran los planos secretos para construir un dispositivo nuclear en mi garaje. (En cualquier caso, no puedo decir que ese tipo de planos no estén disponibles en diez o doce sitios web de «bricolaje».) Lo que me encontré iba más en la línea de circulares internas confidenciales y alguna que otra información personal de los empleados. Aun así, en calidad de persona repentinamente muy preocupada por ver aparecer nubes de hongo en el horizonte, y también —y sobre todo— en calidad de hijo de padres militares, hice lo que pensé que se suponía que debía hacer: decírselo a un adulto. Envié un *email* al administrador de la web del laboratorio para explicarle la vulnerabilidad y me senté a esperar una respuesta que no llegó.

Todos los días, después de clase, visitaba el sitio web para comprobar si la estructura de directorios había cambiado, pero no: nada cambiaba, salvo mi capacidad de asombro e indignación. Al final, cogí el teléfono, la segunda línea de mi casa, y llamé al número de información general que aparecía al final del sitio web del laboratorio.

Respondió una operadora, y en ese mismo momento, empecé a tartamudear. No creo que llegase siquiera a acabar la frase «estructura de directorios» antes de que se me quebrase la voz. La operadora me interrumpió con un seco «Un momento, por favor», y antes de que pudiera darle las gracias, me había transferido a un contestador.

Para cuando oí la señal, había recuperado un mínimo de confianza y, con una laringe más estable, dejé un mensaje. Lo único que recuerdo ahora de ese mensaje fue cómo lo terminé: con alivio, repitiendo mi nombre y mi número de teléfono. Creo que incluso deletreé mi apellido, como hacía a veces mi padre, usando el alfabeto fonético militar: «Sierra November Oscar Whiskey Delta Echo November». Luego colgué y seguí con mi vida, que durante una semana consistió casi exclusivamente en comprobar el sitio web de Los Alamos.

Actualmente, dadas las capacidades de la ciberinteligencia del Gobierno, cualquiera que entrase en los servidores de Los Alamos unas cuantas docenas de veces al día casi seguro que se convertía en una persona de interés. Pero en aquellos tiempos, yo no era más que una persona interesada. No lo entendía... ¿Es que no le importaba a nadie?

Pasaron semanas (y para un adolescente, las semanas pueden parecer meses) hasta que una noche, justo antes de cenar, sonó el teléfono. Lo cogió mi madre, que estaba en la cocina haciendo la cena.

Desde el salón, sentado delante del ordenador, oí que era para mí.

—Sí, eh, está aquí. —Una pausa—. ¿De parte de quién?

Me di la vuelta en la silla y vi a mi madre cerniéndose sobre mí, con el teléfono sujeto contra el pecho. No tenía ni un matiz de color en la cara. Estaba temblando.

Su susurro mostraba un tono afligido de urgencia que no le había oído antes, y que me aterrorizó:

—¿Qué has hecho?

De haberlo sabido, se lo habría dicho. En vez de eso, le pregunté:

—¿Quién es?

—Los Alamos, el laboratorio nuclear.

—Ay, por fin.

Le quité el teléfono de las manos y la senté.

—¿Sí?

Al otro lado de la línea había un amable representante de TI de Los Alamos que no dejaba de llamarme señor Snowden. Me dio las gracias por comunicar el problema y me informó de que acababan de arreglarlo. Me contuve para no preguntarle por qué habían tardado tanto. Me contuve, en realidad, para no echar mano del ordenador y comprobar el sitio de inmediato.

Mi madre no me había quitado los ojos de encima. Estaba tratando de componer la conversación, pero solo podía oír un lado. Levanté el pulgar para que supiera que todo iba bien y, para tranquilizarla aún más, fingí una voz profunda nada convincente de persona mayor y seria, y le expliqué en tono formal al representante del TI lo que él ya sabía: cómo había encontrado el problema de cruce de directorio, cómo lo había comunicado y cómo no había recibido ninguna respuesta hasta ese momento. Terminé con un:

—Le agradezco de verdad que me lo haya comunicado. Espero no haber causado ningún problema.

—En absoluto —respondió el representante de TI, y luego me preguntó a qué me dedicaba.

—A nada, básicamente.

Me preguntó si estaba buscando trabajo.

—Durante el curso escolar ando bastante ocupado, pero hay muchas vacaciones y los veranos los tengo libres —le dije.

Fue entonces cuando a aquel hombre se le apagó la bombilla y se dio cuenta de que estaba hablando con un adolescente.

—Bueno, chaval, ya sabes dónde encontrarme. No dejes de buscarme cuando cumplas los dieciocho. Ahora, pásame con la encantadora señora con la que he hablado antes.

Le di el teléfono a mi ansiosa madre, que volvió a una cocina cada vez más llena de humo: la cena se había quemado, aunque diría que el representante de TI le soltó suficientes elogios sobre mí para que el castigo que me imaginé que iba a caerme se disipara por la ventana.

6

NO COMPLETADO

No recuerdo el instituto muy bien, porque me pasé casi todo el tiempo dormido para compensar mis noches de insomnio delante del ordenador. En el Arundel High School, a la mayoría de mis profesores no le importaba mi pequeña costumbre de echar la siesta, así que me dejaba tranquilo siempre que no roncase, aunque había unos pocos tristes y crueles que se creían con el deber de despertarme (haciendo crujir una tiza en la pizarra o golpeando los borradores) para pillarme infraganti: «¿Y usted qué opina, Snowden?».

Yo levantaba entonces la cabeza del pupitre, me enderezaba en la silla y, mientras mis compañeros intentaban contener la risa, tenía que responder.

Lo cierto es que me encantaban esos momentos, eran de los mayores desafíos que me ofrecía el instituto. Me encantaba que me pusieran en un apuro, atontado y aturdido como estaba, con treinta pares de ojos y oídos pendientes de mí, esperando que fallase, mientras yo buscaba alguna pista en la pizarra medio vacía. Si pensaba lo bastante rápido para salir con una respuesta buena, me convertía en leyenda. Pero si era demasiado lento, siempre podía soltar una broma; nunca es tarde para una broma. En el peor de los casos, me ponía a balbucir y mis compañeros pensaban que era estúpido. Me daba igual. Siempre hay que dejar que la gente te subestime. Porque cuando la gente no sabe valorar tu inteligencia ni tus capacidades lo único que hace es señalar sus propias vulnerabilidades: las brechas que muestran en su capacidad de juicio y que tienen que seguir abiertas para que tú puedas cruzarlas a lomos de un caballo en llamas y poner las cosas en su sitio con tu espada justiciera.

Creo que de adolescente estaba demasiado cautivado por la idea de que las cuestiones más importantes de la vida eran binarias, es decir, que una respuesta era siempre correcta y las demás, incorrectas. Diría que estaba hechizado por el modelo de la programación informática, cuyas cuestiones solo pueden responderse con dos opciones: 1 o 0, esto es, la versión del sí o no, del verdadero o falso, expresada en código de máquinas. Incluso las preguntas de mis pruebas y exámenes podían enfocarse con la lógica de opuestos propia de lo binario. Si no reconocía de inmediato una de las posibles respuestas como correcta, podía intentar reducir mis opciones mediante un proceso de eliminación, buscando términos como «siempre» o «nunca» y descartando excepciones que invalidasen la respuesta.

No obstante, hacia el final de mi primer año en el instituto, me enfrenté a un tipo de encargo escolar muy distinto, a una pregunta que no podía responderse marcando casillas con un lápiz del 2, sino solo mediante la retórica. Se trataba de oraciones completas en párrafos completos. Resumiendo, fue un trabajo de Inglés en el que me pedían «Redactar un texto autobiográfico en no menos de mil palabras». Unos desconocidos me ordenaban que divulgase mis pensamientos sobre quizá el único tema del que no tenía ningún pensamiento: el tema era yo, fuese quien fuese yo. Sencillamente, no pude hacerlo. Me quedé bloqueado. No entregué nada y me pusieron un «No completado».

Mi problema, como el propio trabajo, era personal. No podía «redactar un texto autobiográfico» porque mi vida entonces era demasiado confusa. La razón era que mi familia se estaba viniendo abajo. Mis padres se estaban divorciando. Todo ocurrió muy rápido. Mi padre se mudó y mi madre puso en venta la casa de Crofton, antes de mudarse con mi hermana y conmigo a un piso y luego a un bloque de apartamentos en una urbanización de la vecina Ellicott City. He tenido amigos que me han dicho que no te haces adulto de verdad hasta que no entierras a un padre o tú mismo te haces padre. Pero lo que nadie te cuenta nunca es que para los niños de cierta edad el divorcio es como si esas dos cosas ocurriesen a la vez. De repente, los iconos invulnerables de tu infancia desaparecen. En su lugar, queda una persona que está incluso más perdida que tú (cuando queda), repleta de llanto y de ira, que te suplica que le asegures que todo va a salir bien. Pero no es así, al menos no durante un tiempo.

Mientras la custodia y el régimen de visitas se decidían en los tribunales, mi hermana se lanzó a mandar solicitudes para entrar en la universidad, la admitieron y empezó a contar los días que le quedaban para marcharse a la Universidad de Carolina del Norte, en Wilmington. Perderla significaba perder mi vínculo más cercano con lo que había sido nuestra familia.

Reaccioné encerrándome en mí mismo. Puse todo mi empeño y me obligué a ser otra persona, un cambiante que se iba poniendo máscaras distintas según lo que necesitase en cada momento la gente que me importaba. Con mi familia, me mostraba fiable y sincero. Con mis amigos, alegre y despreocupado. Pero cuando estaba solo, me sentía apagado, incluso taciturno, preocupado constantemente por ser una carga. Me obsesionaban todas las excursiones a Carolina del Norte de las que me había quejado, las Navidades que había arruinado llevando malas notas a casa, las veces que me había negado a salir de internet y hacer mis tareas. Todas las tonterías infantiles que había hecho me pasaban por la mente como las imágenes de la escena de un crimen, pruebas claras de que yo era el responsable de lo que había ocurrido.

Traté de quitarme la culpa de encima obviando mis emociones y fingiendo ser autosuficiente, hasta que proyecté una especie de adultez prematura. Dejé de decir que estaba «jugando» con el ordenador para afirmar que estaba «trabajando». Solo cambiar los términos, sin haber modificado ni por asomo lo que hacía, marcaba una diferencia en cuanto a la percepción que los demás (e incluso yo mismo) tenían de mí.

Dejé de referirme a mí como Eddie. Desde entonces fui Ed. Me compré mi primer teléfono móvil, que llevaba enganchado al cinturón del pantalón como un hombre hecho y derecho.

La inesperada bendición asociada al trauma —esto es, la oportunidad de reinventarme— me enseñó a apreciar el mundo más allá de las cuatro paredes de mi casa. Me sorprendió descubrir que cuanta más distancia ponía entre mi persona y los dos adultos que más me querían, más cerca me encontraba de otras personas, que me trataban como a un igual. Mentores que me enseñaron a navegar, me entrenaron para pelear, me prepararon para hablar en público y me dieron la confianza necesaria para ponerme sobre un escenario: todos ellos contribuyeron a mi crianza.

Sin embargo, al inicio de mi segundo año en el instituto, empecé a cansarme mucho y a quedarme más dormido de lo usual, no ya solo en clase, sino incluso delante del ordenador. Me despertaba en mitad de la noche en una posición más o menos erguida, con la pantalla llena de galimatías enfrente de mí porque me había quedado frito encima del teclado. Al poco, me empezaron a doler las articulaciones, se me inflamaron los nódulos, se me amarilleó el blanco de los ojos y me sentía demasiado cansado para salir de la cama, incluso después de haber dormido 12 horas o más de un tirón.

Después de que me sacaran más sangre de la que hubiese imaginado que tenía en el cuerpo, me acabaron diagnosticando mononucleosis infecciosa. Era una enfermedad muy debilitante y muy humillante para mí; y no menos porque, por lo general, se contraía mediante lo que mis compañeros de clase llamaban «tener tema», y con quince años el único tema que había tenido yo era el de los ordenadores. El instituto quedó por completo en el olvido, se me amontonaron las faltas de asistencia, y ni siquiera eso me hacía feliz. Ni siquiera una dieta estricta de helado me hacía feliz. Apenas tenía energías para hacer otra cosa que jugar a los juegos que mis padres me regalaban: cada uno por su parte, en un intento por traerme el juego más guay, el más nuevo, como compitiendo por animarme o por mitigar su culpa por el divorcio. Cuando ya no fui capaz siquiera de manejar un *joystick*, me empecé a preguntar por qué seguía vivo. A veces, me despertaba sin reconocer qué había a mi alrededor. Tardaba un rato en averiguar si la penumbra significaba que estaba en el apartamento de mi madre o en el estudio de mi padre, y no recordaba que me hubiesen llevado del uno al otro. Todos los días eran iguales.

Vivía en una nebulosa. Recuerdo haber leído *La conciencia de un hacker* (o el *Manifiesto Hacker*), *Snow Crash* de Neal Stephenson, montones de cosas de J. R. R. Tolkien, y quedarme dormido en mitad de algún capítulo, para luego confundir personajes y tramas, hasta que me ponía a soñar que Gollum estaba junto a mi cama lloriqueando: «Amo, amo, la información quiere ser libre».

Pese a haberme resignado a los sueños febriles que tenía cuando dormía, la auténtica pesadilla era pensar en ponerme al día con las tareas del instituto. Tras perderme unos cuatro meses de clases, recibí una carta del Arundel High School por correo postal en la que me comunicaban que tendría que repetir segundo. Diría que me quedé estupefacto, pero nada más leer la carta me di cuenta de que ya sabía que eso era inevitable, y que lo había estado temiendo desde hacía semanas. La perspectiva de volver al instituto, y encima repetir esos trimestres, me resultaba inimaginable, así que estaba dispuesto a hacer lo que fuese para evitarlo.

Justo cuando mi enfermedad glandular había evolucionado para convertirse en una depresión con todas las letras, recibir aquella noticia me hizo salir del bajón. De repente, volvía a estar en pie y usaba más ropa aparte del pijama. De repente, me conectaba a internet y al teléfono, en busca de los límites del sistema, en busca de una brecha que hackear. Después de investigar un poco y de rellenar muchos formularios, la solución apareció en mi bandeja de entrada: me habían aceptado en la universidad. Aparentemente, no hacía falta el título de secundaria para solicitar el acceso.

El Anne Arundel Community College (AACC) era una institución local, no tan venerable como la universidad de mi hermana, por supuesto, pero me servía. Lo importante era que fuese una universidad acreditada. Les llevé la oferta de admisión a los directores del instituto que, con una mezcla curiosa y poco disimulada de resignación y regocijo, aceptaron permitir que me matriculase en el AACC. Asistiría a las clases de la universidad dos días por semana, que era lo máximo que podía soportar para mantenerme en pie y en activo. Dado que iba a recibir clases por encima de mi nivel, no tendría que sufrir el año que me había perdido. Simplemente, me lo saltaría.

El AACC estaba a unos 25 minutos de mi casa, y las primeras veces que conduje hasta allí fueron un peligro; acababa de sacarme el carné de conducir y apenas me mantenía despierto al volante. Iba a clase y luego volvía directo a casa, a dormir. Era la persona más joven en todas las asignaturas, e incluso quizá la más joven de la universidad. En consecuencia, y según el momento, les parecía una novedad —casi como una mascota— o una presencia desconcertante, lo que, unido al hecho de que todavía me estaba recuperando, significaba que no alternaba mucho con la gente. Además, como el AACC era una universidad sin residencia para estudiantes, la vida del campus no era nada activa. De todas maneras, el anonimato de la universidad me iba bien, igual que las clases, muchas de las cuales eran sin duda más interesantes que las que recibí dormido en el Arundel High School.

Antes de seguir avanzando y dejar para siempre el instituto, debo señalar que todavía tengo pendiente el trabajo de Inglés, el que me marcaron como «No completado». Mi texto autobiográfico. Cuanto más mayor me hago, más me pesa, y aun así, escribirlo no se me hace más fácil.

El hecho es que nadie con una biografía como la mía termina nunca de estar cómodo con las autobiografías. Es complicado haber pasado tanto tiempo de mi vida intentando evitar la identificación y de repente dar un giro de 180° y compartir «revelaciones personales» en un libro. La Intelligence Community trata de inculcar en sus trabajadores un anonimato de base, una especie de personalidad de página en blanco sobre la que escribir secretos y grabar el arte de la impostura. Tú mismo te entrenas para pasar desapercibido, para que tu aspecto y tu voz sean como los de cualquier otro. Vives en la casa más normal, conduces el coche más normal, llevas la misma ropa normal que todo el mundo. La diferencia es que lo haces a propósito: la normalidad, lo común y corriente, es tu tapadera. Esa es la perversa recompensa por tener una carrera de autonegación que no aporta ninguna gloria pública: la gloria privada no llega mientras estás trabajando, sino después, cuando puedes volver a mezclarte con otras personas y lograr convencerlas de que eres una de ellas.

Aunque existe un montón de términos más populares y seguro que más precisos desde un punto de vista psicológico para este tipo de división de la identidad, yo suelo imaginármela como una encriptación humana. Como en cualquier otro proceso de encriptación, el material original (tu identidad nuclear) sigue existiendo, pero solo en una forma bloqueada y cifrada. La ecuación que permite este cifrado guarda una proporción sencilla: cuanto más sabes sobre otras personas, menos sabes sobre ti mismo. Pasado un tiempo, quizá olvides qué cosas te gustan y cuáles no. Puedes perder tus opiniones políticas, junto con cualquier respeto que hubieses tenido por el proceso político. Todo queda subsumido por el trabajo, que comienza con una negación de la personalidad y acaba con una negación de la conciencia. «La misión, primero.»

Cierta versión de lo anterior me sirvió durante años para explicar mi devoción por la privacidad y mi incapacidad o indisposición para entrar en el terreno personal. No me he dado cuenta hasta ahora, cuando llevo fuera de la Intelligence Community casi tanto tiempo como pasé dentro, pero esa explicación no basta, ni de lejos. Después de todo, cuando dejé el trabajo de Inglés sin entregar no era ningún espía (ni siquiera me afeitaba). Por el contrario, era un niño que llevaba ya un tiempo practicando el arte del espionaje, en parte al experimentar *online* con las identidades de los videojuegos, pero más que nada al convivir con el silencio y las mentiras que siguieron al divorcio de mis padres.

Con esa ruptura, nos convertimos en una familia de guardadores de secretos, expertos en el subterfugio y la ocultación. Mis padres se ocultaban secretos el uno al otro, y también nos los ocultaban a mi hermana y a mí. Mi hermana y yo terminamos guardando nuestros propios secretos cuando uno de nosotros se quedaba con nuestro padre a pasar el fin de semana, y el otro, con nuestra madre. Una de las pruebas más complicadas a las que tiene que enfrentarse el hijo de un divorcio es el interrogatorio que un progenitor le hace sobre la nueva vida del otro.

Mi madre pasaba mucho tiempo fuera, de regreso en el mercado de las citas. Mi padre hacía lo que podía por llenar el vacío, pero a veces se ponía furioso por lo prolongado y caro que era el proceso del divorcio. Cuando eso ocurría, me daba la sensación de que nos habíamos cambiado los papeles y era yo el que tenía que mostrarme asertivo y hacerle frente, razonar con él.

Resulta doloroso escribir esto, aunque no tanto porque me duela recordar los acontecimientos de aquel periodo como porque en ningún modo esos hechos reflejan la decencia intrínseca de mis padres, el modo en el que, por puro amor a sus hijos, al final fueron capaces de enterrar sus diferencias, de reconciliarse con respeto y de prosperar por separado, en paz.

Este tipo de cambio es constante, común y humano. Sin embargo, un texto autobiográfico es estático, el documento fijo de una persona que fluye sin cesar. Por este motivo, el mejor relato que alguien puede dar sobre sí mismo no es una redacción, sino una promesa: un compromiso con los principios que cree valiosos, y con la imagen de la persona en la que espera convertirse.

Me matriculé en la universidad para ahorrarme tiempo después de haber sufrido un revés no porque pretendiese continuar con una educación superior. No obstante, me hice la promesa de sacarme al menos el título de secundaria. Fue un fin de semana cuando al fin cumplí esa promesa y me planté con el coche en un instituto público cerca de Baltimore a hacer el que sería mi último examen para el Estado de Maryland: el examen para obtener el título de General Education Development, que el Gobierno estadounidense reconoce como el equivalente estándar a un diploma de secundaria.

Recuerdo salir de ese examen sintiéndome más liviano que nunca, tras completar los dos años de escolaridad que aún le debía al Estado con tan solo hacer un examen de dos días. Aquello se parecía a hackear una brecha del sistema, pero era más que eso: era yo siendo fiel a mi palabra.

Con dieciséis años ya vivía prácticamente solo. Mi madre estaba entregada por completo a su trabajo, así que a menudo tenía el apartamento para mí. Me puse mis propios horarios, me cocinaba y me hacía la colada. Era responsable de todo, menos de pagar las facturas.

Tenía un Honda Civic de 1992 y lo llevaba por todo el estado, escuchando una cadena alternativa *indie*, la 99.1 WHFS —«Ahora, atiende» era una de sus coletillas—, porque esa emisora la ponía todo el mundo. No se me daba muy bien ser normal, pero lo intentaba.

Mi vida se convirtió en un circuito que describía la ruta entre mi casa, la universidad y mis amigos, sobre todo un grupo nuevo al que conocí en clase de Japonés. No estoy muy seguro de cuánto tardamos en darnos cuenta de que nos íbamos a convertir en una pandilla, pero ya en el segundo trimestre asistíamos a clase para vernos tanto como para aprender el idioma. Por cierto, esa es la mejor manera de «parecer normal»: rodearse de gente igual de rara que tú, si no más. Muchos de estos amigos eran aspirantes a artistas y diseñadores gráficos obsesionados con el *anime*, o la animación japonesa, muy polémico por entonces. Al estrecharse nuestra amistad, me fui familiarizando cada vez más con los géneros del *anime*, hasta que acabé recitando de carrerilla opiniones relativamente informadas sobre una nueva biblioteca de experiencias compartidas, con títulos como *La tumba de las luciérnagas, Utena, la chica revolucionaria, Neon Genesis Evangelion, Cowboy Bebop, La visión de Escaflowne, Rurouni Kenshin, Nausicaä del Valle del Viento, Trigun, Slayers* (o *Reena y Gaudy*) y mi favorita, *Ghost in the Shell.*

Entre esos nuevos amigos había una mujer mayor, mucho mayor, situada en la cómoda adultez de los veinticinco años. La llamaré Mae. Era una especie de ídolo para el resto de nosotros, en calidad de artista con obras publicadas y ávida practicante del *cosplay.* Aparte de ser mi compañera de conversación en clase de Japonés, me quedé impresionado cuando me enteré de que tenía un exitoso negocio de diseño web al que llamaré Industrias Ardilleras, en honor de los falangeros del azúcar que Mae tenía de mascotas y que de vez en cuando sacaba de paseo en una bolsa morada de fieltro, de las del whisky Crown Royal.

Y esta es la historia de cómo me convertí en autónomo: empecé a trabajar como diseñador web para la chica que había conocido en clase. Mae, o su empresa, supongo, me contrató bajo cuerda con un entonces generoso sueldo de 30 dólares la hora, en efectivo. El truco estaba en las horas que me pagaba de verdad.

Desde luego, Mae podía haberme pagado en sonrisas, porque yo estaba pillado por ella, enamorado hasta las trancas. Y aunque no se me daba especialmente bien ocultarlo, no estoy seguro de que a Mae le importase, porque nunca le entregaba nada fuera de plazo ni desaprovechaba la más mínima oportunidad de hacerle un favor. Además, aprendía rápido. En una empresa de dos personas tienes que ser capaz de hacerlo todo. Pese a que podía hacer mi trabajo para Industrias Ardilleras en cualquier parte —y lo hacía (al fin y al cabo, para eso está el trabajo *online*)—, Mae prefería que fuese a la oficina, es decir, a su casa, una casa de dos plantas que compartía con su marido, un tipo cuidado e inteligente al que llamaré Norm.

Sí, Mae estaba casada. Y lo que es más: la casa en la que vivía con Norm se encontraba en el interior de la base, en el extremo suroeste de Fort Meade, donde Norm trabajaba como lingüista de las Fuerzas Aéreas destinado en la NSA. No sé decir si era legal llevar un negocio desde casa cuando tu casa era propiedad federal y estaba en unas instalaciones militares, pero como adolescente encaprichado de una mujer casada que además era mi jefa tampoco iba a insistir mucho en la corrección y el decoro, precisamente.

Ahora mismo roza lo inconcebible, pero en aquella época casi cualquiera podía acceder a Fort Meade. No estaba todo lleno de balizas, barricadas y controles envueltos en alambre de espino. Yo entraba sin más con mi Civic del 92 en la base militar que albergaba la agencia de inteligencia más secreta del mundo, con la radio puesta, sin tener que pararme en la puerta y enseñar una identificación. Era como cualquiera de los fines de semana en los que nos reuníamos una cuarta parte de la clase de japonés en casa de Mae, un sitio pequeño detrás de la sede central de la NSA, a ver *anime* y hacer cómics. Así funcionaban las cosas en aquellos tiempos pasados, cuando «Estamos en un país libre, ¿no?» era una frase que oías en todos los patios de colegio y series de la tele.

Los días laborables, me presentaba en casa de Mae por la mañana, aparcaba en su callejón sin salida después de que Norm se marchara a la NSA y pasaba el día allí, hasta justo antes de que Norm regresara. En las ocasiones en las que Norm y yo nos solapamos por casualidad durante los aproximadamente dos años que estuve trabajando para su esposa, Norm se mostró, en líneas generales, amable y generoso conmigo. Al principio, di por sentado que no era consciente de mi encaprichamiento con Mae, o que me veía con tan poquísimas posibilidades como seductor que no le importaba dejarme a solas con su esposa. Pero un día, cuando nos cruzamos por casualidad (él se iba, yo llegaba), mencionó educadamente el detalle de que guardaba un arma en la mesita de noche.

Industrias Ardilleras (que en realidad éramos solo Mae y yo) representaba un ejemplo bastante típico de pequeña empresa surgida en un sótano en torno al boom del puntocom, de esas que competían por los restos antes de que todo se fuese a pique. Su funcionamiento consistía en que una empresa importante (un fabricante de coches, por ejemplo) contrataba a una gran agencia de publicidad o empresa de relaciones públicas para crear su sitio web y darle un revulsivo a su presencia en internet. La empresa importante no sabía nada de creación de sitios web, y la agencia de publicidad o la empresa de relaciones públicas solo sabía un poquito más: lo suficiente para colgar una oferta de trabajo en busca de un diseñador web en uno de los portales de empleo autónomo que proliferaban por entonces.

En aquella época, pujaban por esos trabajos negocios formados por padre y madre (o, en este caso, por mujer mayor casada y joven soltero), y la competencia era tan feroz que los presupuestos bajaban a niveles ridículos. Cuando además quitabas el pellizco que el contratista ganador de la puja tenía que pagarle al portal de empleo, el dinero obtenido apenas le daba a un adulto para sobrevivir, mucho menos a una familia entera. Por encima de la falta de recompensa económica, existía una humillante falta de reconocimiento: los autónomos raras veces podían mencionar qué proyectos habían hecho, porque la agencia de publicidad o la empresa de relaciones públicas afirmaría haberlo desarrollado al completo con su plantilla.

Con Mae de jefa llegué a conocer bien el mundo, sobre todo el mundo empresarial. Era una persona extraordinariamente astuta, que trabajaba el doble que sus colegas para hacerse un hueco en una industria básicamente masculina entonces, en la que, cliente sí, cliente no, te apretaban las tuercas para sacarte el trabajo gratis. Esa cultura de la explotación ocasional incentivaba entre los autónomos la búsqueda de vías para hackear el sistema, y Mae tenía talento para manejar sus relaciones de forma que lograba puentear a los portales de empleo. Procuraba eliminar a los intermediarios y terceros y tratar directamente con los clientes más grandes posibles. Se le daba de maravilla, sobre todo desde que mi ayuda con la parte técnica le permitía centrarse exclusivamente en el negocio y en el arte. Les sacó partido a sus dotes ilustradoras para diseñar logos y empezó a ofrecer servicios básicos de personalización de marca. Con respecto a mi trabajo, los métodos y codificaciones eran lo bastante simples para entenderlos al vuelo, y aunque a veces resultaban horriblemente repetitivos, no me quejaba. Incluso las tareas más cutres con el Notepad++ las recibía encantado. Es increíble lo que uno hace por amor, sobre todo cuando es un amor no correspondido.

No puedo evitar preguntarme si durante todo ese tiempo Mae fue plenamente consciente de mis sentimientos hacia ella y se limitó a sacarles el máximo beneficio personal. En cualquier caso, si fui una víctima, lo fui de manera voluntaria, y la época que pasé con ella de jefa me dejó en una situación mejor.

Aun así, después de un año más o menos trabajando con Industrias Ardilleras, me di cuenta de que tenía que ponerme a planificar mi futuro. Cada vez era más complicado obviar las certificaciones profesionales de la industria para el sector de la tecnología de la información (TI). En la mayoría de las ofertas de empleo y contratos para trabajos de nivel superior, empezaban a exigir que los solicitantes tuviesen una acreditación oficial de alguna de las grandes empresas tecnológicas, como IBM o Cisco, en lo relativo al uso y mantenimiento de sus productos. Al menos, esa era la idea básica de un anuncio de la radio que no dejaba de escuchar. Un día, al volver a casa del trabajo después de haber oído el anuncio por enésima vez, me puse a marcar de repente el número 1-800 y me apunté al curso de certificación de Microsoft que ofrecía el Computer Career Institute en la Universidad Johns Hopkins. Desde el vergonzosamente elevado coste del curso hasta su ubicación en un «campus satélite», en vez de en la universidad principal, todo apestaba a timo, pero no me importó. Se trataba de una transacción pura y dura, gracias a la cual Microsoft aplicaba un impuesto a la creciente demanda de personal de TI, los directores de recursos humanos fingían que una hoja de papel carísima permitía diferenciar a profesionales fiables de charlatanes indecentes, y don nadies como yo poníamos las palabras «John Hopkins» en nuestros currículums y saltábamos a las primeras posiciones de la cola de contrataciones.

Las credenciales de certificación se adoptaban como estándar de la industria casi con la misma rapidez con la que la industria las inventaba. Una certificación A+ significaba que podías encargarte del mantenimiento y de la reparación de ordenadores. Una certificación Net+ quería decir que eras capaz de ocuparte de ciertas tareas básicas de conexión de redes. No obstante, eso eran solo vías para acabar siendo el encargado del soporte técnico. Los mejores documentos se agrupaban bajo la rúbrica de la serie Microsoft Certified Professional. Estaban el nivel básico, el MCP (Microsoft Certified Professional o profesional certificado por Microsoft); el MCSA más experto (Microsoft Certified Systems Administrator o administrador de sistemas certificado por Microsoft); y el máximo documento impreso en credibilidad técnica, el MCSE (Microsoft Certified Systems Engineer o ingeniero de sistemas certificado por Microsoft). Este último era la medalla de oro: el sustento garantizado. En el último eslabón de la cadena más baja, el salario inicial de un MCSE era de 40.000 dólares al año, una suma que —en el cambio de milenio y con diecisiete años— me parecía asombrosa. Pero ¿por qué no? Microsoft cotizaba a más de 100 dólares la acción y a Bill Gates acababan de nombrarlo el hombre más rico del mundo.

En términos de conocimientos técnicos, la certificación MCSE no era la más fácil de conseguir, aunque tampoco había que ser lo que la mayoría de los hackers con amor propio consideraba un genio unicornio. En términos de tiempo y dinero, se trataba de una inversión considerable. Tuve que hacer cuatro pruebas independientes, que costaban 150 dólares cada una, y pagar unos 18.000 dólares de matrícula a Hopkins por el paquete completo de clases de preparación, que —fiel a mi esencia— no di enteras; opté por ir directo a las pruebas cuando creí que sabía lo suficiente. Por desgracia, Hopkins no devolvía el dinero.

Cuando los plazos empezaron a acechar el préstamo de la matrícula, me surgió una razón más práctica para pasar tiempo con Mae: el dinero. Le pedí que me aumentase las horas. Aceptó y me dijo que a partir de entonces llegase a las 9.00, una hora atrozmente temprana, sobre todo para un autónomo. Y eso fue lo que me hizo llegar tarde un martes.

Iba acelerando por la Route 32 bajo un bonito cielo azul Microsoft, intentando que no me pillasen los radares de velocidad. Con un poco de suerte, llegaría a casa de Mae antes de las 9.30. Llevaba la ventanilla bajada y movía la mano con el viento; parecía un buen día. Tenía puesto un programa de radio de actualidad, con el volumen alto, y estaba esperando a que llegase la hora de las noticias para cambiar y oír la información del tráfico.

Justo cuando iba a coger el atajo por Camine Road para llegar a Fort Meade, saltó una noticia de última hora sobre un accidente de avión en la ciudad de Nueva York.

Mae salió a la puerta y la seguí escaleras arriba, desde el recibidor en penumbra hasta la estrecha oficina, situada junto a su dormitorio. No había mucha cosa allí: solo dos mesas de trabajo una junto a la otra, una mesa de dibujo para sus creaciones y una jaula para sus ardillas. Aunque me notaba un poco distraído por la noticia, había que trabajar. Me obligué a centrarme en la tarea que tenía entre manos. Estaba abriendo los archivos del proyecto en un editor de texto sencillo (escribíamos el código de los sitios web a mano) cuando sonó el teléfono.

Mae lo cogió.

—¿Qué? ¿En serio?

Estábamos sentados muy cerca, así que oía la voz del marido, que gritaba.

Mae adoptó una expresión de alarma y abrió un sitio web de noticias en el ordenador. La única televisión de la casa estaba abajo. Mientras leía la información que daba la web sobre un avión que había impactado contra una de las Torres Gemelas del World Trade Center, Mae dijo:

—Vale. Joder. Vale. —Y colgó antes de dirigirse a mí—. Un segundo avión ha chocado contra la otra torre.

Hasta ese momento, había pensado que se trataba de un accidente.

—Norm cree que van a cerrar la base —siguió Mae.

—¿Cómo? ¿Cerrar las puertas? ¿En serio?

Acababa de comprender las dimensiones de lo que había pasado. Estaba pensando en mi trayecto a casa.

—Me ha dicho Norm que deberías irte. No quiere que te quedes atrapado aquí.

Suspiré y guardé el trabajo que apenas había empezado. Cuando me puse en pie para marcharme, volvió a sonar el teléfono, y esa vez la conversación fue aún más corta. Mae estaba pálida.

—No te lo vas a creer.

Pandemonio, caos: nuestras formas de terror más antiguas. Ambas hacen referencia a un colapso del orden y al pánico que llena rápidamente el vacío. Mientras viva, siempre recordaré el camino de vuelta por Canine Road —la carretera que pasaba por la sede central de la NSA— después del ataque contra el Pentágono. La locura salía a chorros por las torres de cristal negro de la agencia: una marea de gritos, móviles sonando y motores de coches que rugían en los aparcamientos y luchaban por salir a la carretera. En el momento del peor ataque terrorista de la historia de Estados Unidos, el personal de la NSA, la principal agencia de inteligencia de señales de la Intelligence Community estadounidense, estaba abandonando sus trabajos a miles, y yo me vi barrido por aquella inundación.

El director de la NSA, Michael Hayden, dio orden de

evacuación antes de que la mayoría del país supiera siquiera lo que había ocurrido. Posteriormente, la NSA y la CIA (que también evacuó a todo el mundo de su sede el 11-S, salvo a un equipo de personal mínimo) justificarían su comportamiento con la preocupación de que alguna de las agencias pudiera ser posiblemente, quizá, a lo mejor, el objetivo del cuarto y último avión secuestrado, el vuelo 93 de United Airlines, en vez de, pongamos, la Casa Blanca o el Capitolio.

Yo desde luego no estaba pensando ni por asomo en los siguientes objetivos posibles mientras avanzaba a paso de tortuga por aquel embotellamiento, con todo el mundo intentando sacar sus coches del mismo aparcamiento a la vez. No pensaba en nada de eso. Lo que hacía era seguir la corriente con absoluta obediencia, en lo que ahora recuerdo como un momento aglutinante: un clamor de cláxones (creo que nunca antes había oído un claxon en una instalación militar estadounidense) y radios desincronizadas soltando a gritos la noticia de la caída de la torre sur, mientras los conductores manejaban el volante con las rodillas y pulsaban febrilmente el botón de remarcación de sus móviles. Todavía puedo sentirlo: el vacío en tiempo presente cada vez que mi llamada encallaba en una red móvil sobrecargada, y la constatación gradual de que, desconectado del mundo y estancado en aquella caravana, no era más que un pasajero, pese a ocupar el asiento del conductor.

Los semáforos de Canine Road cedieron el paso a los humanos: la policía especial de la NSA acudió a dirigir el tráfico. En las horas, días, semanas subsiguientes, a esa policía la acompañaron convoyes de Humvees con ametralladoras en el techo, que custodiaban nuevas barricadas y controles. Muchas de esas nuevas medidas de seguridad se hicieron permanentes, complementadas además por rollos infinitos de alambre de espino e instalaciones masivas de cámaras de seguridad. Con toda esa seguridad, se me complicó mucho regresar a la base y pasar junto a la NSA. Hasta el día en el que me contrataron allí.

Todos esos arreos de lo que se terminaría llamando la Guerra contra el Terror no fueron el único motivo por el que dejé a Mae después del 11-S, pero desde luego desempeñaron un papel importante. Los acontecimientos de aquel día la dejaron conmocionada. Al tiempo, ya no trabajábamos juntos y nos distanciamos. Hablaba con ella a veces y descubría que mis sentimientos habían cambiado, que yo mismo había cambiado. Para cuando Mae dejó a Norm y se mudó a California, ya era una extraña para mí. Se oponía demasiado a la guerra.

Intentad recordar el mayor acontecimiento familiar en el que hayáis estado, quizá una reunión de toda la familia. ¿Cuánta gente había? ¿Treinta, cincuenta? Aunque todas esas personas juntas conformen vuestra familia, seguramente no hayáis tenido de verdad la oportunidad de conocerlas a todas y cada una de ellas. El número de Dunbar, el famoso cálculo de cuántas relaciones significativas podemos mantener en la vida, es solo 150. Ahora, pensad en el colegio y el instituto. ¿Cuántas personas estaban en vuestra clase en el cole y cuántas en el instituto? ¿Cuántas de ellas eran amigas y cuántas solo conocidas, y a cuántas más conocíais de cara? Para quienes hayáis estudiado en Estados Unidos, pongamos unas mil personas. Sin duda, es una cifra que supera los límites de lo que llamaríais «vuestra gente», aunque hayáis podido sentir cierto vínculo con todas ellas.

Casi tres mil personas murieron el 11-S. Imaginad a todas las personas a las que queréis, a las que conocéis, cuyo nombre o cara os suena... E imaginad que desaparecen. Imaginad las casas vacías. El colegio vacío, las aulas vacías. Toda esa gente con la que convivíais, las personas que se unían para crear el tejido de vuestros días, ya no está. Los acontecimientos del 11-S crearon vacíos. Vacíos en familias, en comunidades. Vacíos en la tierra.

Ahora, reflexionad sobre lo siguiente: más de un millón de personas han muerto en el desarrollo de la respuesta de Estados Unidos a ese día.

Las dos décadas transcurridas desde el 11-S han sido una letanía de destrucción estadounidense por medio de la autodestrucción estadounidense, con la promulgación de políticas secretas, leyes secretas, tribunales secretos y guerras secretas, cuyo traumatizante impacto, cuya mera existencia, el Gobierno de Estados Unidos se ha encargado repetidamente de clasificar, negar, desmentir y tergiversar. Tras pasar casi la mitad de ese periodo como empleado de la Intelligence Community estadounidense y más o menos la otra mitad en el exilio, sé mejor que la mayoría con qué frecuencia se equivocan las agencias. Y también sé cómo la recopilación y el análisis de información de inteligencia puede conformar la generación de desinformación y propaganda, para usarlas contra los aliados de Estados Unidos con igual frecuencia que contra sus enemigos (y, a veces, contra sus propios ciudadanos). Aun así, incluso a sabiendas de todo eso, sigo luchando por aceptar la pura magnitud y velocidad del cambio: de pasar de ser unos Estados Unidos que buscaban definirse según un respeto por la disidencia calculado y performativo a convertirse en un Estado de seguridad cuya policía militarizada exige obediencia y saca las armas para dar la orden de sumisión total que se oye ahora en todas las ciudades: «No te resistas».

Por este motivo, siempre que intento entender cómo se han desarrollado las dos últimas décadas, regreso a ese mes de septiembre, a ese día cero y a sus secuelas inmediatas.

Volver a ese otoño significa acercarse a una verdad más oscura que las mentiras que vincularon a los talibanes con Al Qaeda e hicieron aparecer por arte de magia el acopio imaginario de armas de destrucción masiva de Saddam Hussein; significa, en última instancia, enfrentarse al hecho de que la carnicería y los abusos que marcaron mi temprana edad adulta nacieron no solo en el brazo ejecutor y las agencias de inteligencia, sino también en los corazones y cabezas de todos los estadounidenses, yo incluido.

Recuerdo escapar de una multitud de espías sumidos en el pánico que huían de Fort Meade mientras la torre norte caía. Una vez que estuve en la autovía, traté de conducir con una mano mientras con la otra iba pulsando botones, llamando a mi familia indiscriminadamente sin conseguir hablar con nadie. Por fin, logré ponerme en contacto con mi madre, que en aquel momento de su carrera había abandonado la NSA y estaba trabajando de secretaria en los juzgados federales de Baltimore. Al menos, a ellos todavía no los estaban evacuando.

La voz de mi madre me asustó, y de repente lo único que me importaba en el mundo era tranquilizarla.

—No pasa nada. Estoy saliendo de la base. No hay nadie en Nueva York, ¿verdad?

—No... No lo sé. No logro dar con la abuela.

—¿Pop está en Washington?

—Por lo que sé, podría estar en el Pentágono.

Me quedé sin aliento. En 2001, Pop ya se había retirado de la Guardia Costera y era oficial de alto rango en el FBI, donde trabajaba como uno de los directores de la división de aviación. Eso significaba que pasaba mucho tiempo en muchos edificios federales de todo Washington D. C. y alrededores.

Antes de que lograse reunir unas palabras de consuelo, mi madre volvió a hablar:

—Está llamando alguien por la otra línea. A lo mejor es la abuela. Te dejo.

Cuando vi que no volvía a llamarme, marqué el número de mi madre infinitas veces, pero no pude comunicarme con ella, así que me fui a casa a esperar, sentado delante de la televisión encendida mientras no dejaba de actualizar sitios web de noticias en el ordenador. Nuestro nuevo módem por cable demostró rápido ser más resistente que todos esos satélites de telecomunicaciones y torres de móviles que caían por todo el país.

El regreso de mi madre de Baltimore fue un camino arduo entre un tráfico en crisis. Llegó bañada en lágrimas, aunque habíamos sido de los afortunados. Pop estaba bien.

La siguiente vez que vimos a la abuela y a Pop, estuvimos hablando mucho sobre los planes para Navidad y Año Nuevo, pero no mencionamos ni una vez el Pentágono ni las torres.

Mi padre, por el contrario, sí me contó su 11-S de manera muy gráfica. Estaba en el cuartel general de la Guardia Costera cuando los aviones se estrellaron. Salió de las oficinas de la Dirección de operaciones junto a otros tres oficiales compañeros suyos en busca de una sala de conferencias con una pantalla para ver la cobertura de la noticia. Un joven oficial pasó corriendo junto a ellos por el pasillo y les dijo: «Acaban de bombardear el Pentágono». Al ver las expresiones de incredulidad de sus colegas, el joven oficial insistió: «Hablo en serio. Acaban de bombardear el Pentágono». Mi padre corrió a asomarse a un ventanal que le permitía mirar a la otra orilla del Potomac, donde alcanzó a ver unas dos quintas partes del Pentágono y unas espirales de nubes de humo denso y negro.

Cuantas más veces contaba mi padre ese recuerdo, más intriga me causaba la frase: «Acaban de bombardear el Pentágono». Siempre que la decía, recuerdo que pensaba: «¿Acaban? ¿Quiénes?».

De inmediato, Estados Unidos dividió el mundo en «nosotros» y «ellos», y toda la gente estaba con «nosotros» o contra «nosotros», tal y como dijo el presidente Bush en su memorable discurso mientras aún ardían los escombros. Los vecinos de mi barrio colocaron banderas nuevas de Estados Unidos, como para demostrar el bando que habían elegido. La gente se aprovisionó de vasos de cartón rojos, blancos y azules y los metió en los huecos de las telas metálicas de todos los pasos elevados de todas las carreteras que separaban la casa de mi madre de la de mi padre, formando frases como AGUANTAMOS UNIDOS y SIEMPRE JUNTOS NO OLVIDAMOS.

Tenía la costumbre de llegarme de vez en cuando a un campo de tiro, y en aquella época, junto a los objetivos de siempre —las dianas y siluetas planas—, aparecieron efigies de hombres con tocados árabes. Las armas que habían caído en el olvido durante años bajo el cristal polvoriento de las vitrinas estaban entonces marcadas con el cartel de VENDIDA. Los estadounidenses hicieron además cola para comprar móviles, con la esperanza de dar o recibir un aviso previo del próximo ataque, o al menos tener la posibilidad de despedirse desde un vuelo secuestrado.

Casi cien mil espías regresaron a su trabajo en las agencias sabiendo que habían fracasado en su principal tarea: proteger Estados Unidos. Es fácil imaginar la culpa con la que cargaban. Tenían la misma ira que el resto, pero además se sentían culpables. La evaluación de sus errores podía esperar. Lo que más importaba en aquel momento era redimirse. Entretanto, sus jefes estaban ocupados haciendo campañas para conseguir presupuestos y poderes extraordinarios, usando la amenaza del terror para expandir sus competencias y mandatos más allá de la imaginación no solo del pueblo, sino también de quienes sellaban las autorizaciones.

El 12 de septiembre fue el primer día de una nueva era que Estados Unidos afrontó con una resolución unificada, fortalecido por una sensación resucitada de patriotismo y por la buena voluntad y la solidaridad del mundo entero. En retrospectiva, mi país podría haber aprovechado esa oportunidad para hacer mucho. Podría haber tratado el terror no como el fenómeno teológico que pretendía ser, sino como el crimen que era. Podría haber utilizado ese excepcional momento de solidaridad para reforzar los valores democráticos y cultivar la capacidad de resistencia en una población mundial que ya estaba conectada.

Pero, en vez de eso, fue a la guerra.

De lo que más me arrepiento en la vida es de mi apoyo reflexivo e incondicional a esa decisión. Estaba indignado, sí, pero eso fue solo el primer paso de un proceso por el que mi corazón derrotó completamente a mi juicio racional. Acepté todas las afirmaciones vendidas por los medios de comunicación como hechos absolutos, y las repetía como si me pagasen por ello. Quería ser un libertador. Quería liberar a los oprimidos. Abracé la verdad fabricada y lo hice por el bien del Estado, que confundí con el bien del país, movido por mi pasión. Era como si cualquier opinión política que me hubiese formado hasta entonces se hubiera hundido: el espíritu hacker antiinstitucional del que me había imbuido en internet y el patriotismo apolítico que había heredado de mis padres se borraron de mi sistema, y parecía que me habían reiniciado como un instrumento voluntario de venganza. La parte más dura de la humillación es reconocer lo fácil que resultó esta transformación, y lo dispuesto que estuve a recibirla con los brazos abiertos.

Quería formar parte de algo, o eso creo. Antes del 11-S, siempre me había mostrado ambivalente ante el servicio a un país porque me parecía un sinsentido, o algo aburrido sin más. Toda la gente que conocía que había servido a mi país lo había hecho en el orden mundial posterior a la Guerra Fría, entre la caída del Muro de Berlín y los ataques de 2001. En ese periodo de tiempo, que coincidió con mi juventud, Estados Unidos no tenía enemigos. El país en el que me crie era la única superpotencia mundial, y todo parecía prosperidad y estabilidad (al menos a mí, y a la gente como yo, nos lo parecía). No había fronteras nuevas que conquistar ni grandes problemas cívicos que resolver, salvo *online*. Los ataques del 11-S cambiaron todo eso. Al fin, había una batalla.

No obstante, mis opciones me dejaron consternado. Pensaba que el mejor servicio que podía prestar a mi país estaba tras un terminal, pero ocupar un empleo normal en TI me parecía un puesto demasiado cómodo y seguro para ese nuevo mundo de conflicto asimétrico. Esperaba poder hacer algo como lo que se ve en las películas o en la televisión: esas escenas de un hacker luchando contra otro, con paneles de luces de diagnóstico llenos de alertas de virus, siguiendo el rastro de algún enemigo y desbaratando sus planes. Por desgracia para mí, las principales agencias que hacían esas cosas (la NSA, la CIA) habían redactado sus requisitos hacía medio siglo y por lo general exigían tener un título universitario tradicional, lo que significaba que, aunque la industria tecnológica considerase aceptables mis créditos del AACC y mi certificación de MCSE, el Gobierno, no. Sin embargo, cuanto más leía por internet, más me daba cuenta de que el mundo posterior al 11-S era un mundo de excepciones. Las agencias estaban creciendo tanto y tan rápidamente, sobre todo en materia de tecnología, que a veces exoneraban del requisito de la titulación a los militares veteranos. Fue entonces cuando decidí alistarme.

Habrá quien piense que mi decisión tenía sentido, o que era inevitable, en vista del expediente de servicio de mi familia. Pero no lo tenía, y no lo era. Al alistarme, me rebelé contra ese firme legado en la misma medida que lo confirmé. El motivo de esta afirmación es que, después de hablar con reclutadores de todas las divisiones, decidí entrar en el Ejército, a cuyos dirigentes algunos miembros de mi familia de guardias costeros siempre habían considerado los locos de las Fuerzas Armadas estadounidenses.

Cuando se lo conté a mi madre, se pasó días llorando. A mi padre supe que no debía contárselo; ya me había dejado muy claro en varias discusiones hipotéticas sobre el tema que en el Ejército desperdiciaría mi talento técnico. Tenía veinte años. Sabía bien lo que estaba haciendo.

El día que me marché, le escribí una carta a mi padre (a mano, no impresa) para explicarle mi decisión y se la metí por debajo de la puerta de su piso. La terminaba con una afirmación que aún me hace torcer el gesto: «Lo siento, papá, pero esto es vital para mi crecimiento personal.»

9

RAYOS X

Me alisté en el Ejército para dar de mí todo lo que podía, de acuerdo con lo que decía su eslogan, y también porque aquello no era la Guardia Costera. No me vino mal sacar una puntuación lo bastante alta en los exámenes de ingreso para tener la oportunidad de salir de la instrucción como sargento de Fuerzas Especiales, siguiendo una trayectoria que los reclutadores llamaban Rayos X18 y que estaba diseñada para engrosar las filas de las unidades pequeñas y flexibles que se ocupaban de las batallas más duras en las guerras cada vez más oscuras y dispares de Estados Unidos. El programa Rayos X18 suponía un incentivo considerable. Antes del 11-S, lo normal era que hubiese tenido que estar ya dentro del Ejército para que me diesen la opción de asistir a los increíblemente exigentes cursos de cualificación de las Fuerzas Especiales. El funcionamiento del nuevo sistema consistía en analizar primero a los futuros soldados, identificar a los que tenían los niveles más altos en cuanto a forma física, inteligencia y capacidad de aprendizaje de idiomas (es decir, los que tenían posibilidades de completar el programa), y utilizar los alicientes de un adiestramiento especial y un rápido aumento de rango para reclutar a candidatos prometedores que de otro modo podrían irse a destinos distintos. Me había currado un par de meses de agotadoras carreras para prepararme (estaba en una forma buenísima, pero siempre había odiado correr) antes de recibir la llamada de mi reclutador para decirme que habían autorizado mi documentación: estaba dentro, lo había conseguido. Era el primer candidato al que ese reclutador inscribía en el programa, y pude notar el orgullo y la alegría en su voz cuando me contó que, después de la instrucción, probablemente me convertiría en sargento de comunicaciones, ingeniería o inteligencia de las Fuerzas Especiales.

Probablemente.

Pero primero tenía que pasar por el adiestramiento básico, en Fort Benning, Georgia.

Fui sentado al lado del mismo tío todo el camino hasta llegar allí, de un autobús a un avión y a otro autobús, desde Maryland hasta Georgia. Era un culturista enorme, inflado, de entre 100 y 120 kilos de peso. Hablaba sin parar, y su conversación pasaba de describir cómo le iba a dar un guantazo en la cara al sargento de instrucción si le soltaba alguna impertinencia a recomendarme los ciclos de esteroides que debía tomar para aumentar mi masa corporal lo más eficazmente posible. Creo que no se paró a respirar hasta que no llegamos a Fort Benning, a la zona de instrucción de Sand Hill (que pensándolo en retrospectiva, y pese a llamarse «monte de arena», no parecía ser un sitio muy arenoso, la verdad).

Los sargentos de instrucción nos recibieron con una ira fulminante y nos pusieron motes basados en nuestras primeras infracciones y errores graves, como bajar del autobús con una camiseta de dibujos florales y colores brillantes, o tener un nombre que podía modificarse ligeramente para convertirse en algo más gracioso. Así, yo no tardé en ser Snowflake («copo de nieve»), y mi compañero de asiento, Daisy («margarita»), y lo único que pudo hacer al respecto fue apretar los dientes —nadie allí se atrevía a apretar los puños— y ponerse a echar humo.

En cuanto los sargentos de instrucción se dieron cuenta de que Daisy y yo ya nos conocíamos, y de que yo era el más canijo del pelotón, con 1,80 de altura y 56 kilos, y Daisy, el más gordo, decidieron entretenerse poniéndonos en pareja todo lo posible. Todavía recuerdo el «carga al compañero», un ejercicio en el que tenías que cruzar un campo de fútbol con tu compañero supuestamente herido a cuestas usando varios métodos distintos, como «el agarre de cuello», «el bombero» y uno especialmente cómico, «la boda». Cuando me tocó cargar con Daisy, ni se me veía bajo su mole. Parecía que Daisy iba flotando, aunque yo estaba debajo de él, sudando y maldiciendo, esforzándome por transportar aquel culo gigante al otro lado de la línea de gol antes de caerme en redondo. Al acabar yo, Daisy se ponía en pie riéndose, me echaba a su cuello como una toalla húmeda y salía brincando como un niño por el bosque.

Siempre estábamos sucios y doloridos, pero a las pocas semanas me encontraba físicamente mejor que nunca. Mi complexión ligera, que al principio pareció una maldición, pronto se convirtió en una ventaja, porque muchos de los ejercicios que hacíamos consistían en usar nuestro propio cuerpo. Daisy no podía trepar por una cuerda, que yo subía a toda prisa cual ardilla. Él luchaba por levantar su increíble mole por encima de la barra el mínimo de flexiones posibles, mientras que yo podía hacer el doble con un solo brazo. Él apenas lograba hacer un puñado de flexiones de suelo sin echarse a sudar, y yo las hacía dando palmadas, o apoyándome con el pulgar. Cuando llegaban las pruebas de flexiones en barra de 2 minutos, a mí me paraban antes de tiempo por haber alcanzado la puntuación máxima.

Íbamos a todas partes marchando o corriendo. Corríamos constantemente. Kilómetros antes del rancho, kilómetros después del rancho, por carreteras y campos, y por la propia pista, mientras el sargento de instrucción marcaba el paso:

Al desierto fui
a los terroristas vi
un machete saqué
la pistola también.

Izquierda, derecha, izquierda, derecha, ¡muere!
¡Si nos buscas la boca ya sabes dónde te metes!

A las cuevas fui
a los terroristas vi
una granada saqué
y dentro la tiré.

Izquierda, derecha, izquierda, derecha, ¡muere!
¡Si nos buscas la boca ya sabes dónde te metes!

Correr en formación de unidad, marcando así el paso... Te sosiega, te saca de ti mismo, se te llenan los oídos con el alboroto de docenas de hombres que son el eco de tus propios gritos, y estás obligado a fijar los ojos en las pisadas de quien corre delante de ti. Al cabo de un rato, dejas de pensar, te limitas a contar y el cerebro se te disuelve entre las tropas, mientras vas midiendo con tus pasos un kilómetro tras otro. Diría que se trataba de una experiencia calmada y serena si no hubiese sido por el entumecimiento. Diría que me sentía en paz si no me hubiera cansado tanto. Eso era justo lo que pretendía el Ejército. El sargento de instrucción se quedó sin su guantazo no tanto por miedo como por agotamiento: no valía la pena el esfuerzo. El Ejército crea a sus combatientes sacándoles el espíritu combativo a base de adiestramiento, hasta que se vuelven demasiado débiles para que les importe nada, o para hacer algo distinto a obedecer.

Solo de noche, en los barracones, podíamos darnos cierto respiro, que nos teníamos que ganar poniéndonos firmes delante de los catres, recitando el credo del soldado y luego cantando el himno nacional. A Daisy siempre se le olvidaba la letra. Además, estaba sordo como una tapia.

Algunos se quedaban despiertos hasta tarde hablando de lo que iban a hacerle a Bin Laden cuando lo encontrasen, porque todos estaban seguros de que iban a dar con él. La mayoría de sus fantasías iba por la línea de la decapitación, la castración o los camellos cachondos. Yo, por mi parte, soñaba con correr no por el paisaje frondoso y margoso de Georgia, sino por el desierto.

En algún momento de la tercera o cuarta semana, salimos a hacer unas maniobras de navegación terrestre, que es cuando tu pelotón se mete en el bosque y camina por un terreno abigarrado hasta unas coordenadas predeterminadas, trepando por peñascos y vadeando arroyos, con un mapa y una brújula nada más, sin GPS ni tecnología digital ninguna. Ya habíamos hecho versiones de esas maniobras antes, pero nunca con todo el equipo, cargados con un petate repleto de más de 20 kilos de material. Y lo peor: las botas recias que el Ejército me había proporcionado me quedaban tan anchas que iba flotando dentro de ellas. Noté que los dedos se me llenaban de ampollas nada más salir, atravesando el campo a zancadas.

Llegada la mitad de las maniobras, yo iba de punta, así que, con cierta dificultad, me subí a un árbol que alguna tormenta había derribado y que estaba arqueado sobre el sendero, más o menos a la altura del pecho, para proyectar un acimut y comprobar nuestra orientación. Tras confirmar que íbamos bien de rumbo, quise bajarme de un salto, pero cuando ya tenía un pie estirado vi una serpiente enroscada justo debajo de mí. No soy ningún naturalista precisamente, así que no sé qué especie de serpiente era, pero la verdad era que no me importaba. Los niños de Carolina del Norte se crían con la idea de que todas las serpientes son letales y yo no iba a empezar a poner eso en duda en aquel momento.

En vez de eso, me puse a intentar caminar por el aire. Amplié la zancada del pie estirado, una vez, dos, retorciéndome para salvar la distancia adicional, y de repente me di cuenta de que me estaba cayendo. Cuando di con los pies en el suelo, a cierta distancia de la serpiente, me subió un fuego por las piernas más doloroso que cualquier mordedura de víbora que hubiese podido imaginar. Unos cuantos pasos tambaleantes que tuve que dar para recuperar el equilibrio me confirmaron que algo no iba bien. Nada nada bien. Sentía un dolor atroz, pero no podía parar, porque estaba en el Ejército, y el ejército estaba en mitad del bosque. Reuní toda mi capacidad de determinación, aparté el dolor y me centré sencillamente en mantener un ritmo constante —izquierda, derecha, izquierda, derecha—, confiando en que ese mismo ritmo me distrajese.

Conforme avanzaba se me hacía más complicado caminar, y aunque logré soportarlo y acabar, solo lo hice porque no tenía elección. Para cuando estuve de vuelta en los barracones, notaba las piernas entumecidas. Mi catre, o litera, era el de arriba, y me costó mucho subirme. Tuve que agarrarme a las barras, impulsar el torso como si saliese de una piscina y tirar de la mitad inferior del cuerpo.

A la mañana siguiente, me arrancó de un sueño intermitente el traqueteo metálico de un cubo de basura rodando por el suelo de la compañía: el toque de diana que significaba que alguien no había hecho su trabajo de manera satisfactoria para el sargento de instrucción. Me levanté automáticamente, me eché en el borde de la cama y salté al suelo. Cuando aterricé, me cedieron las piernas. Se desmoronaron y me caí. Era como si directamente no las tuviese.

Traté de levantarme agarrándome de la litera de abajo y probando de nuevo la maniobra de empujarme con los brazos, pero en cuanto moví las piernas todos los músculos del cuerpo se me agarrotaron y me hundí al instante.

Entretanto, se había reunido una multitud a mi alrededor, con risas que pasaron a gestos de preocupación y luego al silencio cuando se acercó el sargento de instrucción. «¿A ti qué te pasa, reventado? Levántate de mi suelo antes de que te convierta en una loseta más de por vida.» Al ver el destello de agonía en mi cara cuando, de inmediato y con total imprudencia, luché por responder a sus órdenes, me puso la mano en el pecho para detenerme. «¡Daisy! Coge a Snowflake y bájalo al banquillo.» Entonces, se agachó sobre mí, como si no quisiera que el resto lo escuchase ser amable, y me dijo en voz baja y áspera: «En cuanto abra, soldado, vas dando *cojetadas* y plantas el culo en Enfermería», que es donde el Ejército envía a sus heridos a que los maltraten los profesionales sanitarios.

Sufrir algún daño físico en el Ejército es un estigma

enorme, en gran medida porque el Ejército se ocupa de que sus soldados se sientan invencibles, pero también porque le gusta protegerse ante acusaciones de mala praxis. Por eso, a casi todas las víctimas de algún daño durante la instrucción las tratan como quejicas o, peor, como enfermos fingidos.

Después de bajarme al banquillo, Daisy tuvo que irse. Él no estaba herido, y quienes sí lo estábamos debíamos permanecer separados del resto. Éramos los intocables, los leprosos, los soldados que no podían hacer el adiestramiento por cualquier motivo, desde esguinces, laceraciones y quemaduras hasta tobillos rotos y mordeduras de araña gravemente necrosadas. Mis nuevos compañeros de batalla pertenecerían desde entonces a ese banquillo de la vergüenza. Un compañero de batalla es la persona que, por política, va a todas partes contigo, igual que tú vas con ella a todos lados, por si se diese la remotísima posibilidad de que os quedarais solos alguno de los dos. Estar solo puede llevar a pensar, y pensar puede dar problemas al Ejército.

El compañero de batalla que me asignaron era un tipo listo y guapo, antiguo modelo de catálogo, en plan Capitán América, que se había hecho daño en la cadera una semana antes, pero no había querido acudir a Enfermería hasta que el dolor no se le hizo insoportable y lo dejó casi tan rengo como a mí. Ninguno de los dos teníamos ganas de hablar, así que avanzamos con nuestras muletas en un lúgubre silencio: izquierda, derecha, izquierda, derecha, pero lentamente. En el hospital, me hicieron una radiografía y me dijeron que tenía fracturas de tibia bilaterales; se trata de unas fracturas por sobrecarga, unas fisuras en la superficie de los huesos que pueden hacerse profundas con el tiempo y presionar de tal manera que rompen el hueso hasta la médula. Lo único que podía hacer para que mis piernas se curaran era bajarme de mis pies y olvidarme de ellos. Fue con esas órdenes con las que me despacharon de la consulta para que me llevasen de vuelta junto al batallón.

El problema era que no podía irme todavía, porque no podía marcharme sin mi compañero de batalla, que había entrado detrás de mí a que le hicieran una radiografía y no había vuelto. Di por sentado que lo seguían examinando, así que esperé. Y esperé. Pasaron horas. Dediqué el tiempo a leer periódicos y revistas, un lujo impensable para alguien que está en instrucción básica.

Apareció una enfermera y me dijo que tenía a mi sargento de instrucción al teléfono. Para cuando llegué con las muletas a coger la llamada, el sargento estaba furioso.

—Snowflake, ¿qué? ¿Disfrutando de tus lecturitas? Podías pedir un pudín para tomártelo mientras tanto, y algún número de la Cosmo para las chavalas. ¿Por qué cojones no habéis salido todavía de ahí, cachos de mierda?

—*Sarento* —en Georgia todo el mundo pronunciaba «sargento» comiéndose la mitad de las letras, y mi acento sureño había resurgido estando allí—, estoy esperando todavía a mi compañero de batalla, *sarento*.

—¿Y dónde cojones está ese, Snowflake?

—*Sarento*, no lo sé. Entró en la consulta y todavía no ha salido, *sarento*.

No se quedó nada contento con la respuesta, así que bramó gritando aún más:

—Levanta el puto culo lisiado que tienes y ve a buscarlo, joder.

Me levanté y me acerqué cojeando al mostrador de admisión a preguntar. Me dijeron que a mi compañero de batalla lo estaban operando.

No fue hasta casi la noche, después de una lluvia de llamadas del sargento de instrucción, cuando me enteré de lo que había ocurrido. Mi compañero de batalla llevaba una semana paseándose con la cadera rota, según parecía, y si no lo operaban de inmediato para volverla a ensamblar, podía quedar incapacitado de por vida. No sabían si los nervios se habrían dañado, porque los huesos rotos estaban afilados como cuchillos.

Me devolvieron a Fort Benning solo, de regreso al banquillo. Cualquiera que pasara más de tres o cuatro días en el banquillo corría seriamente el riesgo de que lo «reciclasen», es decir, que lo obligasen a empezar la instrucción básica desde el principio, o peor, que lo transfiriesen a la Unidad Médica y lo mandaran a casa. Lo que había en aquel banquillo eran tíos que habían soñado con estar en el Ejército toda la vida, tíos para quienes el Ejército había sido su única manera de salir de familias crueles y carreras profesionales acabadas, y que en esos momentos tenían que enfrentarse a la perspectiva de fracasar y regresar a la vida civil con daños irreparables.

Éramos los descartes, la guardia del infierno, heridos pero no incapacitados, sin otro deber más que estar sentados en un banquillo delante de una pared de ladrillo 12 horas al día. Por nuestras heridas nos habían juzgado no aptos para el Ejército y debíamos pagar por ello mediante la separación y la rehuida, como si los sargentos de instrucción temiesen que contaminásemos a los demás con nuestra debilidad o con las ideas que se nos habían ocurrido estando en aquel banquillo. Nos castigaban más allá del dolor de las propias heridas, excluyéndonos de pequeñas alegrías, como ver los fuegos artificiales del 4 de Julio. En vez de eso, tuvimos que montar la «guardia antiincendios» esa noche en los barracones vacíos, tarea que implicaba vigilar para asegurarnos de que el edificio vacío no se quemaba.

Hacíamos guardia por parejas en cada turno, y ahí estaba yo, fingiendo ser útil con mis muletas en plena oscuridad, junto a mi compañero. Era un chaval de dieciocho años, dulce y sencillo, fornido, con una herida dudosa, quizá autoinfligida. Según me dijo, nunca debía haberse alistado, ya de entrada. Los fuegos artificiales estallaban a lo lejos mientras él me contaba el gran error que había cometido y lo horriblemente solo que estaba: cuánto echaba de menos a sus padres, su casa, la granja familiar en algún lugar de los montes Apalaches...

Comprendía bien su situación, aunque no había mucho que yo pudiese hacer más que mandarlo a hablar con el capellán. Traté de ofrecerle consejo, aguanta, muchacho, quizá todo vaya mejor cuando te acostumbres. Pero entonces colocó su mole delante de mí y, de un modo encantadoramente infantil, me dijo muy tajante que iba a desertar —un delito en el ámbito militar— y me preguntó si se lo iba a contar a alguien. Fue entonces cuando me di cuenta de que llevaba encima su bolsa de lavandería. Me estaba diciendo que iba a desertar en ese preciso momento.

No sabía bien cómo manejar aquella situación, aparte de intentar hacerle entrar en razón. Le advertí de que desertar era una mala idea, de que acabaría con una orden de arresto y cualquier poli del país podría pillarlo en cualquier momento, de por vida. Pero el chaval se limitó a negar con la cabeza. Allí donde vivía, en mitad de las montañas, ni siquiera había polis, me dijo. Aquella era su última oportunidad de ser libre, me dijo.

Entendí entonces que estaba más que decidido. Tenía mucha más movilidad que yo y era un tipo grande. Si echaba a correr, no podría darle caza; si intentaba detenerlo, me partiría por la mitad. Mi única opción era denunciarlo, pero si lo hacía, me penalizarían por haber dejado que la conversación llegase tan lejos sin pedir refuerzos ni pegarle con una muleta.

Me cabreé. Me di cuenta de que le estaba gritando. ¿Por qué no se esperaba a que yo me fuese a las letrinas para echar a correr? ¿Por qué me estaba poniendo a mí en esa situación?

—Tú eres el único aquí que escucha a la gente —me dijo en voz baja.

Y rompió a llorar. Lo más triste de esa noche es que lo creí. En una compañía de doscientas cincuenta personas, aquel muchacho estaba solo. Nos quedamos allí en silencio mientras los fuegos artificiales explotaban y estallaban a lo lejos.

—Tengo que ir a las letrinas —dije después de soltar un suspiro—. Voy a tardar un rato.

Me alejé cojeando y no miré atrás.

Fue la última vez que lo vi. Creo que me di cuenta, en aquel preciso momento, de que yo tampoco ansiaba estar en el Ejército.

Mi siguiente cita con el médico fue una mera confirmación.

El médico era un sureño alto y canijo de actitud irónica. Después de examinarme y hacerme una serie de radiografías, me aseguró que no estaba en condiciones para continuar con mi compañía. La siguiente fase de la instrucción era en el aire. «Muchacho, como saltes sobre esas piernas, se te van a hacer papilla», me dijo.

Me quedé abatido. Si no acababa la instrucción básica a tiempo, perdería mi plaza en la X18, lo que significaba que me reasignarían según las necesidades del Ejército. Podían hacer conmigo lo que quisieran: soldado de infantería, mecánico, oficinista, pelador de patatas o —mi mayor pesadilla— informático en el servicio de soporte técnico del Ejército.

El médico debió de verme lo alicaído que estaba, porque se aclaró la garganta y me dio una alternativa: podía reciclarme y probar suerte con la reasignación, o estaba también la posibilidad de que él redactase una nota para excluirme del servicio por lo que llamaban una «inhabilitación administrativa». Me explicó que se trataba de un tipo especial de despido, que no era ni honroso ni deshonroso, y que solo estaba previsto para casos de reclutas que habían servido menos de seis meses. Era una ruptura limpia, más similar a una anulación que a un divorcio, y de tramitación rápida.

Admito que la idea me atrajo. En el fondo, pensaba incluso que podía ser una especie de recompensa del karma por la compasión que había mostrado hacia el chaval de los Apalaches que había desertado. El médico me dejó pensarlo, y cuando regresó una hora después acepté su oferta.

Al poco tiempo me transfirieron a la Unidad Médica, en la que me dijeron que para que se hiciese efectiva la inhabilitación administrativa debía firmar una declaración que asegurase que me encontraba perfectamente, que mis huesos estaban curados. Mi firma era un requisito, aunque me la presentaron como una mera formalidad. Solo unos garabatos y podría marcharme.

Mientras tenía la declaración en una mano y el bolígrafo en la otra, se me dibujó una sonrisa de complicidad en la cara. Reconocí la brecha en aquel sistema: lo que creía que había sido una oferta amable y generosa de parte de un bondadoso médico militar a un debilitado recluta era en realidad la forma que tenía el Gobierno para eludir su responsabilidad y evitar una solicitud de incapacidad. Según las normas militares, si recibía un alta médica, el Gobierno tendría que pagar las facturas de cualquier problema derivado de mis heridas, cualquier tratamiento o terapia que requiriese. El alta administrativa dejaba toda esa carga sobre mis hombros, así que mi libertad dependía de mi disposición a asumir esa carga.

Firmé y me marché ese mismo día, con unas muletas que el Ejército me permitió quedarme.

10

HABILITADO Y ENAMORADO

No recuerdo exactamente cuándo, en mitad de mi convalecencia, empecé a pensar de nuevo con claridad. Primero tuvo que disminuir el dolor, luego, poco a poco, menguó también la depresión, y después de semanas de despertarme sin ningún objetivo vital más que ver el reloj marcar las horas, empecé lentamente a prestar atención a lo que todo el mundo a mi alrededor me decía: todavía era joven y tenía un futuro por delante. No obstante, solo lo sentí de verdad cuando por fin fui capaz de ponerme en pie y caminar por mí mismo. Esa era una de las miles de cosas que, igual que el amor de mi familia, había dado por sentadas hasta entonces, sin más.

Cuando hice mis primeras incursiones en el patio del bloque de mi madre, me di cuenta de que había algo más que había dado por sentado: mi talento para entender la tecnología.

Pido disculpas si parezco un gilipollas, pero no encuentro otra manera de decir esto: siempre me he sentido tan cómodo con los ordenadores que no me tomaba muy en serio mis capacidades, y no quería que me elogiasen por ellas ni tener éxito gracias a ellas. Por el contrario, quería que me elogiasen y tener éxito por algo distinto, algo que fuese más complicado para mí. Quería demostrar que no era solamente un cerebro enlatado. También tenía corazón y músculos.

Eso explicaba mi temporada en el Ejército. Durante el transcurso de mi convalecencia, llegué a entender además que, aunque esa experiencia hubiese herido mi orgullo, había aumentado mi confianza. Era más fuerte y me sentía más agradecido que temeroso ante el dolor por haberme hecho mejor persona. La vida más allá del alambre de espino se estaba allanando. En el cómputo final, lo único que el Ejército se había cobrado en mí había sido el pelo, que me había vuelto a crecer, y una cojera, que se me estaba curando.

Me sentía preparado para hacer frente a la realidad: si seguía notando la urgencia de servir a mi país, y en buena medida así era, tendría que hacerlo con mi cabeza y mis manos, es decir, con la informática. Eso, y solo eso, equivaldría a darle a mi país lo mejor de mí. Aunque no era un veterano precisamente, haber pasado la inspección militar solo podía aumentar mis posibilidades de trabajar en una agencia de inteligencia, que era donde mis talentos se demandarían más y, quizá, se enfrentarían a mayores desafíos.

Así fue como me reconcilié con lo que, viéndolo en retrospectiva, era inevitable: la necesidad de tener una habilitación de seguridad. En líneas generales, existen tres grados de habilitación: Confidencial, Reservado y Secreto, ordenados de menor a mayor. El grado secreto puede ampliarse con una autorización de Información Clasificada Compartimentada, creando así el codiciado acceso TS/SCI (Top Secret/Sensitive Compartmented Information) que se exige para ocupar puestos en las agencias más destacadas: la CIA y la NSA. La habilitación TS/SCI era de lejos la más complicada de obtener, pero también la que abría la mayoría de las puertas. Por eso, volví al Anne Arundel Community College mientras buscaba trabajos con los que avalar mi solicitud para someterme a la rigurosa SSBI (Single Scope Background Investigation o investigación personal de ámbito único), necesaria para obtener dicha habilitación. Dado que el proceso de aprobación de una TS/SCI puede durar un año o más, se lo recomiendo encarecidamente a cualquiera que se esté recuperando de algún daño físico. Lo único que hay que hacer es rellenar algunos documentos, y luego sentarse con los pies en alto y tratar de no cometer demasiados delitos mientras el Gobierno federal emite su veredicto. El resto, después de todo, no está en tu mano.

Sobre el papel, yo era un candidato perfecto. Había nacido en una familia dedicada a servir a su país, en la que casi todos los adultos contaban con algún grado de habilitación de seguridad; yo mismo había intentado alistarme y luchar por mi país, hasta que un desafortunado accidente me había postrado. No tenía antecedentes penales, ni consumía drogas. Mi única deuda económica era el préstamo de estudios para la certificación de Microsoft, y no había faltado a un solo pago.

Por supuesto, nada de eso me impedía estar nervioso.

Iba y venía de mis clases en el AACC mientras la Oficina Nacional de Investigaciones Personales hurgaba en casi todos los aspectos de mi vida y entrevistaba a casi todas las personas que conocía: mis padres, el resto de mi familia, mis compañeros de clase y mis amigos. Repasaron mis expedientes académicos, llenos de máculas, y seguro que hablaron con algunos de mis profesores. Tenía la impresión de que incluso habían hablado con Mae y Norm, y con un chaval con el que trabajé un verano en un puesto de helados Sno-Cone de un parque temático, el Six Flags America. El objetivo de todo ese análisis de mi pasado no era solo descubrir qué había hecho mal, sino también qué cosas podían comprometerme o ser fuente de chantajes. Lo más importante para la Intelligence Community no es que estés limpio al cien por cien; si fuera así, no contratarían a nadie. Por el contrario, lo que cuenta es que muestres una honradez robótica, que no estés escondiendo por ahí secretos sucios que algún poder enemigo pueda usar en tu contra, y por tanto, en contra de la agencia.

Ese hecho, desde luego, me hacía pararme a pensar. Mientras estaba atrapado en mitad del tráfico, todos los momentos de mi vida de los que me arrepentía me daban vueltas y vueltas en la cabeza. Nada de lo que se me ocurría habría provocado ni el más mínimo arqueo de cejas en los investigadores, acostumbrados como están a descubrir que al típico analista madurito de un laboratorio de ideas cualquiera le gusta llevar pañales y recibir latigazos de abuelas embutidas en cueros. Aun así, el proceso en sí generaba un estado de paranoia, porque no es necesario ser ningún fetichista en la sombra para haber hecho cosas que te avergüencen y tener miedo de que los desconocidos puedan malinterpretarte si esas cosas salen a la luz. Con todo esto quiero decir que me crie en internet, por Dios bendito. Quien no haya metido algo vergonzoso u ordinario en ese cuadro de búsqueda es porque no ha pasado mucho tiempo *online*... Aunque no era la pornografía lo que me preocupaba. Todo el mundo ve porno. Un mensaje para quienes estéis ahora mismo negando con la cabeza: no os preocupéis, vuestro secreto está a salvo conmigo. Mis preocupaciones eran más personales, o eso me parecía: la infinita cinta transportadora de chorradas patrióticas que había soltado, y las opiniones misantrópicas aún más estúpidas que había dejado por ahí, durante mi época de crecimiento en internet. Concretamente, me preocupaban mis historiales de chats y las publicaciones en foros, todos los comentarios sumamente imbéciles que había esparcido por un sinfín de sitios web de juegos y hackers. Escribir con pseudónimo había significado escribir con total libertad, pero también sin pensar, con mucha frecuencia. Y dado que un aspecto crucial de la cultura del primer internet consistía en competir con otros por decir la cosa más incendiaria, yo nunca había dudado en defender, pongamos, el bombardeo de un país que gravara con impuestos los videojuegos, o el encierro en campos de reeducación de la gente a la que no le gustase el *anime*. Nadie en esos sitios web se tomaba en serio nada de aquello, y mucho menos yo.

Cuando volví a leer esas publicaciones, me morí de vergüenza. La mitad de las cosas que había dicho ni siquiera las pensaba en aquel tiempo; solo quería llamar la atención, aunque no me veía con muchas posibilidades de poder explicárselo al señor canoso con gafas de carey que se asomara tras una carpeta gigante con la etiqueta EXPEDIENTE PERMANENTE. La otra mitad, las cosas que creo que sí pensaba entonces, eran incluso peores, porque yo ya no tenía nada que ver con ese niño. Había crecido. No solo no reconocía esa voz como mía, sino que a esas alturas me oponía activamente a las opiniones excitadas y hormonales que había vertido aquel yo. Descubrí que quería discutir con un fantasma. Quería pelearme con ese yo imbécil, pueril y despreocupadamente cruel que ya no existía. No podía soportar la idea de que me acechase para siempre, pero no sabía cuál era la mejor manera de expresar mi arrepentimiento y poner cierta distancia entre él y yo, ni siquiera sabía si debía intentar hacerlo. Me resultaba atroz estar tan inextricable y tecnológicamente atado a un pasado del que me arrepentía por completo, pero que apenas recordaba.

Quizá este sea el problema más común de mi generación, la primera que se crio en internet. Fuimos capaces de descubrir y explorar nuestras identidades casi sin supervisión ninguna, sin apenas pensar en el hecho de que nuestros impulsivos comentarios y charlas profanas se conservarían de manera perpetua, y que a lo mejor algún día se esperaba de nosotros que respondiésemos ante todo eso. Estoy seguro de que cualquiera que haya tenido conexión a internet antes que un trabajo podrá entenderlo; seguramente, todas las personas en esa situación han escrito alguna vez una publicación que les avergüenza, o un mensaje o *email* por el que las despedirían de sus trabajos.

No obstante, yo me encontraba en una situación algo distinta, pues la mayoría de los paneles de mensajes de mis tiempos te permitían borrar las publicaciones viejas. Con solo unir una diminuta secuencia (ni siquiera necesitaba un programa real), todas mis publicaciones desaparecerían en menos de una hora. Habría sido lo más sencillo del mundo. Me planteé en serio hacerlo.

Pero, al final, no pude. Había algo que me lo impedía. Sencillamente, no me parecía bien. Eliminar mis publicaciones de la faz de la tierra no era ilegal, y ni siquiera me habría incapacitado para obtener una habilitación de seguridad si alguien lo hubiese descubierto. Y aun así, la perspectiva de hacerlo me perturbaba. Solo habría servido para reforzar uno de los preceptos más corrosivos de la vida en internet: que a nadie se le permite cometer el más mínimo error, y que cualquiera que lo haga deberá responder por ese error para siempre. Lo que me importaba no era tanto la integridad del registro escrito como la integridad de mi alma. No quería vivir en un mundo en el que todos tuviésemos que fingir ser perfectos, porque ese sería un mundo en el que no habría sitio para mí ni para mis amigos. Borrar esos comentarios habría sido borrar quién era yo, de dónde venía y adónde había llegado. Negar a mi yo más joven habría supuesto negar la validez de mi yo actual.

Decidí dejar los comentarios ahí y aprender a vivir con ellos. Decidí incluso que la auténtica lealtad a esa actitud me exigiría seguir publicando comentarios. Con el tiempo, también he superado esas nuevas opiniones vertidas entonces, pero mi impulso inicial continúa inquebrantable, aunque solo sea porque supuso un paso importante en mi madurez. No podemos borrar las cosas que nos avergüenzan, ni los modos en los que nos avergonzamos a nosotros mismos, en internet. Lo único que podemos hacer es controlar nuestra reacción: si vamos a permitir que el pasado nos oprima, o por el contrario vamos a aceptar las lecciones de ese pasado, a crecer y a seguir adelante.

De las cosas que se me ocurrieron durante aquel periodo ocioso pero formativo, esto fue lo primero que podría calificarse de «principio», y aunque luego resultaría no ser nada fácil, he procurado vivir conforme a él.

Por increíble que parezca, las únicas huellas de mi existencia presentes en internet cuyas reiteraciones nunca me han causado más que una leve sensación de vergüenza han sido mis perfiles en sitios web para ligar. Sospecho que se debe a que me veía en la obligación de crearlos con la expectativa de que su contenido tuviese peso de verdad, dado que el fin último de la empresa era que a alguien de la Vida

Real le interesaran de verdad esos perfiles y, por extensión, le interesase yo.

Me había registrado en un sitio web llamado HotOrNot. com, que era la más popular de las páginas de calificación que había a principios del milenio, como RateMyFace y AmIHot. (Sus funciones más eficaces las combinaría después un joven Mark Zuckerberg en un sitio web llamado FaceMash, que luego se convirtió en Facebook.) HotOrNot debía esa mayor popularidad entre los sitios web de calificación pre-Facebook a un motivo muy simple: era el mejor de los pocos que incluían un componente de citas.

Básicamente, el funcionamiento consistía en que los usuarios se votasen las fotos unos a otros: esta persona está buena (Hot) o no (Not). Los usuarios registrados, como yo, disfrutaban de una función adicional que te permitía ponerte en contacto con otro usuario registrado, cuando coincidía que los dos calificabais la foto del otro como Hot y hacíais clic en la opción de conoceros (el botón Meet Me). Por este proceso banal e insensible fue como conocí a Lindsay Mills, mi compañera y el amor de mi vida.

Al mirar ahora las fotos, me sorprende ver que la Lindsay de diecinueve años era desgarbada, patosa y encantadoramente tímida. Para mí, en aquella época, era una rubia ardiente y explosiva. Y además, las fotos en sí eran bonitas: mostraban una verdadera calidad artística que las convertía en autorretratos, más que en *selfies*. Te atrapaban la mirada y la retenían, jugaban tímidamente con las luces y las sombras. Incluso tenían un toque de metadiversión: una estaba hecha en el laboratorio fotográfico en el que Lindsay trabajaba, y en otra ni siquiera salía mirando a la cámara.

Yo califiqué a Lindsay de Hot, con un diez redondo. Para mi sorpresa, coincidimos (ella me calificó con un ocho, angelito) y al poco tiempo estábamos chateando. Lindsay estudiaba fotografía artística. Tenía su propio sitio web, en el que llevaba un diario y publicaba otras fotografías: bosques, flores, fábricas abandonadas y —mis favoritas— más fotos de ella.

Rastreé la red y usé todos los datos que encontré sobre Lindsay para hacerme una imagen más completa de su persona: la ciudad en la que había nacido (Laurel, Maryland), el nombre de su escuela (el Maryland Institute College of Art)... Al final, admití haberla ciberespiado. Me sentía sucio, pero Lindsay me interrumpió: «Yo también he estado investigándote, señorito», me dijo, y recitó una serie de datos personales míos.

Aquello fue de lo más bonito que me había dicho nadie nunca, y aun así me mostraba reacio a verla en persona. Concertamos una cita y, conforme pasaban los días, mi nerviosismo crecía. Da miedo plantearse desvirtualizar una relación virtual; daría miedo incluso en un mundo sin asesinos en serie y timadores. Según mi experiencia, cuanto más te has comunicado por internet con alguien, más te decepcionará en persona. Las cosas que se dicen con total facilidad por una pantalla son las más complicadas de decir cara a cara. La distancia favorece la intimidad: nadie habla más abiertamente que cuando está a solas en una habitación, charlando con alguien a quien no ve y que se encuentra en otra habitación. Conocer a esa persona, sin embargo, supone perder tu latitud. Tus palabras pasan a ser más seguras y monótonas, para crear una conversación común y corriente en terreno neutral.

Por internet, Lindsay y yo nos habíamos convertido en absolutos confidentes, y tenía miedo de que perdiésemos nuestra conexión en persona. En otras palabras, tenía miedo de que me rechazara.

No debería haberlo tenido.

Lindsay —que había insistido en conducir ella— me dijo que me recogería en el apartamento de mi madre. A la hora acordada, yo estaba en la puerta, bajo el frío del anochecer, guiándola desde el teléfono por las calles de la urbanización de mi madre, todas idénticas y con nombres similares. Mientras buscaba con la mirada un Chevrolet Cavalier del 98, de repente algo me cegó: un rayo de luz que me dio en toda la cara, procedente del bordillo. Lindsay estaba echándome las luces desde el otro lado de la nieve.

«Ponte el cinturón.» Esas fueron las primeras palabras que Lindsay me dijo en persona, cuando me subí al coche, seguidas de: «¿Qué plan hay?».

Me di cuenta en ese momento de que, pese a todo lo que había pensado en Lindsay, no me había parado a planear nada.

Si me hubiese visto en esa situación con cualquier otra mujer, habría improvisado algo para disimular. Pero con Lindsay las cosas eran distintas. Con Lindsay daba igual. Me llevó por su carretera favorita —sí, tenía una carretera favorita— y fuimos hablando hasta que nos quedamos sin camino a la altura de Guilford y acabamos en el aparcamiento del Laurel Mall. No hicimos más que estar metidos en el coche y hablar.

Fue la perfección absoluta. La conversación cara a cara resultó ser solo una extensión de todas nuestras llamadas de teléfono, *emails* y chats. Nuestra primera cita supuso una continuación de nuestro primer contacto por internet y el inicio de una conversación que durará mientras nosotros queramos. Hablamos sobre nuestras familias, o lo que quedaba de ellas. Los padres de Lindsay también estaban divorciados: su madre y su padre vivían a 20 minutos de distancia, y de niña a Lindsay la habían estado llevando de una casa a la otra. Había vivido pegada a una mochila. Los lunes, miércoles y viernes dormía en la habitación que tenía en casa de su madre. Los martes, jueves y sábados, en la de su padre. Los domingos eran un día dramático, porque tenía que elegir.

Comentó mi mal gusto y criticó mi atuendo para la cita: una camisa abotonada decorada con llamas en tonos metálicos encima de una camiseta de tirantes y unos vaqueros (lo siento). Me habló de los otros dos tíos con los que estaba saliendo, a quienes ya había mencionado por internet, y hasta Maquiavelo se habría ruborizado ante la manera en la que me puse a defenestrarlos (no lo siento). Yo también le conté a ella todo, incluido el hecho de que no iba a poder hablarle de mi trabajo, un trabajo que aún no había comenzado. Fue una cosa ridículamente pretenciosa, algo que Lindsay me dejó claro al asentir muy seria.

Le dije que estaba preocupado por el polígrafo que me esperaba, requisito para obtener la habilitación, y se ofreció a practicar conmigo, como una especie de preliminares muy pavos. La filosofía por la que se regía la vida de Lindsay era la forma perfecta de practicar: di qué quieres, di quién eres, no te avergüences nunca. Si te rechazan, es su problema. Nunca me había sentido tan cómodo estando con nadie, y nunca había estado tan dispuesto a que me señalaran mis fallos. Incluso dejé que me hiciera la foto.

La voz de Lindsay resonaba en mi cabeza cuando iba de camino al complejo de la NSA (con un nombre algo curioso, el Friendship Annex, o anexo «Amistad») en el que me harían la última entrevista del proceso de habilitación. De repente, me encontraba en una habitación sin ventanas, atado como un rehén a una silla barata de oficina. Alrededor del pecho y del estómago tenía unos tubos neumográficos que me medían la respiración. En las puntas de los dedos, unas pinzas medían mi actividad electrodérmica, un manguito para la tensión en torno al brazo controlaba mis pulsaciones y, sobre el asiento, una alfombrilla con sensores detectaba cualquier inquietud o movimiento. Todos esos dispositivos (enrollados, enganchados, apretados y amarrados con firmeza por mi cuerpo) estaban conectados a la enorme máquina negra del polígrafo que había colocada sobre la mesa, delante de mí.

Detrás de la mesa, en una silla mejor, estaba sentada la encargada del polígrafo. Me recordaba a una profesora que había tenido, y pasé gran parte de la prueba tratando de acordarme de su nombre, o mejor de no hacerlo. La poligrafista empezó con las preguntas. Las primeras eran de no pensar: ¿Me llamaba Edward Snowden? ¿Había nacido el 21 del 6 del 83? Luego: ¿Había cometido algún delito grave? ¿Había tenido algún problema con las apuestas y el juego? ¿Había tenido algún problema con el alcohol o había consumido drogas ilegales? ¿Había sido agente de alguna potencia extranjera? ¿Había defendido alguna vez el derrocamiento violento del Gobierno de Estados Unidos? Las únicas respuestas admitidas eran binarias: «Sí» y «No». Respondí muchas veces «No» y seguí esperando las preguntas que había estado temiendo. «¿Alguna vez ha cuestionado usted la competencia y el carácter del personal médico de Fort Benning en internet?», «¿Qué estaba buscando usted en la red del Los Alamos Nuclear Laboratory?». Sin embargo, esas preguntas nunca llegaron y, antes de darme cuenta, la prueba había acabado.

La pasé con nota.

Siguiendo los requisitos, tuve que responder a la misma

tanda de preguntas tres veces en total, y las tres veces pasé la prueba, lo que significaba que no solo estaba cualificado para recibir la TS/SCI, sino que además había superado el «polígrafo de alcance completo»: el mayor grado de habilitación de seguridad del país.

Tenía una novia que me quería. Estaba en la cima del mundo.

Había cumplido veintidós años.

SEGUNDA PARTE
—

11

EL SISTEMA

Voy a hacer una pausa justo aquí, un momento, para explicar algo sobre mis opiniones políticas a los veintidós años: no tenía ninguna. Como la mayoría de los jóvenes, en vez de eso albergaba unas sólidas convicciones que me negaba a aceptar que no fuesen auténticamente mías, que fuesen un cúmulo contradictorio de principios heredados. Mi cabeza era una mezcolanza formada por los valores con los que me había criado y los ideales que me encontraba en internet. Hasta que no estuve cerca de los treinta años no entendí al fin que mucho de lo que creía, o de lo que pensaba que creía, no era más que la impronta de la juventud. Aprendemos a hablar por imitación del discurso de los adultos que nos rodean, y en el proceso de ese aprendizaje acabamos imitando también sus opiniones, hasta que nos engañamos a nosotros mismos pensando que las palabras que usamos son nuestras.

Mis padres eran, si no despectivos con la política en general, sí muy despectivos con los políticos. Desde luego, ese desprecio tenía poco en común con el descontento de quienes no votaban o el desdén de la gente partidista. Más bien era un cierto desapego confuso propio de su clase, a la que en épocas más nobles se ha llamado «servicio civil federal» o «sector público», pero en nuestros tiempos suele denominarse «estado profundo» o «gobierno en la sombra». No obstante, ninguno de esos epítetos capta de verdad su esencia: una clase de funcionarios de carrera (de forma incidental, quizá una de las últimas clases medias funcionales en la vida estadounidense) que, sin ser elegidos en votación ni nombrados a dedo, sirven o trabajan en el Gobierno, bien en alguna de las agencias independientes (desde la CIA y la NSA hasta el Servicio de Impuestos Internos o la Comisión Federal de Comunicaciones, y más) o en uno de los ministerios ejecutivos (Estado, Tesoro, Defensa, Justicia y similares).

Esos eran mis padres, esa era mi gente: una mano de obra profesional del Gobierno formada por casi tres millones de personas, dedicada a ayudar a que los *amateurs* que elegía el electorado, y a los que nombraban los electos, cumpliesen con sus deberes políticos (o, en palabras del juramento que hacían, ejerciesen sus cargos fielmente). Esos funcionarios civiles, que se mantienen en sus puestos aunque las administraciones vayan y vengan, trabajan con igual diligencia bajo el mando republicano que bajo el demócrata, pues en última instancia trabajan para el Gobierno en sí, dándole una continuidad básica y una estabilidad de mando.

Esa era también la gente que, cuando el país fue a la guerra, respondió a la llamada. Yo lo había hecho después del 11-S, y había descubierto que el patriotismo que mis padres me habían enseñado era fácil de convertir en fervor nacionalista. Durante un tiempo, sobre todo durante mi carrera para entrar en el Ejército, mi idea del mundo llegó a asemejarse a la dualidad de los videojuegos menos sofisticados, en los que el bien y el mal están claramente definidos y son incuestionables.

No obstante, cuando regresé del Ejército y volví a dedicarme a la informática, poco a poco terminé arrepintiéndome de mis fantasías marciales. Cuanto más desarrollaba mis capacidades, más maduraba y me daba cuenta de que la tecnología de las comunicaciones tenía oportunidad de funcionar allí donde la tecnología de la violencia había fracasado. La democracia no podía imponerse nunca a punta de pistola, pero quizá sí pudiera sembrarse esparciendo silicona y fibra. A principios del milenio, internet acababa de terminar su periodo formativo y, al menos en mi opinión, ofrecía una encarnación más auténtica y completa de los ideales estadounidenses que los propios Estados Unidos. ¿Un lugar en el que todos éramos iguales? Sí. ¿Un lugar dedicado a la vida, la libertad y la búsqueda de la felicidad? Sí, sí y sí. Ayudaba además que casi todos los principales documentos fundacionales de la cultura de internet enmarcaban dicha herramienta en términos que recordaban a la historia estadounidense: ahí estaba esa nueva frontera, salvaje y abierta, que pertenecía a quien fuese lo bastante valiente para instalarse en ella, y que rápidamente quedaba colonizada por Gobiernos e intereses corporativos que buscaban regularla para obtener poder y beneficios. Las grandes empresas que estaban cobrando grandes tarifas (por los equipos, los programas, las llamadas telefónicas de larga distancia entonces necesarias para conectarse, y también por el conocimiento en sí, que era una herencia común de la humanidad y, como tal y con todo el derecho, debería haber estado circulando con total libertad) eran adorables reencarnaciones contemporáneas de los británicos, cuyos rigurosos impuestos habían prendido el fervor de la independencia.

Esta revolución no aparecía en los libros de texto de historia, sino que estaba ocurriendo justo entonces, en mi propia generación, y cualquiera de nosotros podía formar parte de ella con las habilidades que tuviese en su mano. Era emocionante: participar en la fundación de una nueva sociedad, basada no en el sitio donde habíamos nacido, ni en cómo nos habíamos criado, ni en nuestra popularidad en la escuela, sino en nuestro conocimiento y en nuestra capacidad tecnológica. En el colegio, tuve que aprenderme el preámbulo de la Constitución de Estados Unidos, y esas palabras estaban ya almacenadas en mi memoria junto con la *Declaración de Independencia del Ciberespacio* de John Perry Barlow, que empleaba la misma primera persona del plural, obvia y autootorgada: «Estamos creando un mundo al que todos y todas podemos acceder sin privilegios ni prejuicios por motivos de raza, poder económico, fuerza militar o lugar de nacimiento. Estamos creando un mundo en el que cualquiera, desde cualquier sitio, puede expresar sus creencias, sin importar su singularidad, sin miedo de verse coaccionado o coaccionada a callarse o a conformarse».

Esta meritocracia tecnológica era sin duda motivo de empoderamiento, pero también podía serlo de humildad, según llegué a entender cuando entré a trabajar en la Intelligence Community. La descentralización de internet no hacía más que subrayar la descentralización del conocimiento informático. A lo mejor en mi familia, o en mi barrio, yo era la persona más experta en informática, pero trabajar para la IC suponía poner a prueba mis habilidades frente a todo el país y a todo el mundo. Internet me enseñó la cantidad y variedad de talento que existía, y me dejó claro que, para prosperar, debería especializarme.

Como tecnólogo, tenía a mi disposición varias carreras distintas. Podría haberme hecho desarrollador de *software* o, por su nombre más común, programador, y escribir el código que hace funcionar a los ordenadores. Otra opción era convertirme en especialista en *hardware* o en redes, y montar los servidores en sus bastidores y meter los cables, cosiendo el enorme tejido que conecta todos los ordenadores, todos los dispositivos y todos los archivos. Los ordenadores y los programas informáticos me parecían interesantes, y también las redes que los vinculaban. Sin embargo, me intrigaba más su funcionamiento absoluto en un nivel más profundo de abstracción, no como componentes individuales, sino como un sistema global.

Pensaba mucho en todo esto mientras conducía, en mis trayectos de ida y vuelta a casa de Lindsay o al AACC. El tiempo de conducción siempre lo he invertido en pensar, y los viajes por la concurrida Beltway son largos. Ser desarrollador de *software* era como gestionar todas las estaciones de servicio que había en las salidas de la carretera y asegurarse de que las franquicias de comida rápida y gasolineras estuviesen conformes entre ellas y cumpliesen las expectativas de los usuarios; ser especialista en *hardware* equivalía a montar la infraestructura, aplanar y pavimentar las carreteras; mientras que ser especialista en redes era responsabilizarse del control del tráfico, manipular las señales y las luces, para dirigir con absoluta seguridad a las hordas apresuradas hasta sus destinos correctos. Sin embargo, meterse en el equipo de sistemas suponía ser un planificador urbanístico, coger todos los componentes existentes y garantizar su interacción al máximo rendimiento. Simple y llanamente, era como que te pagasen por jugar a ser Dios o, al menos, un dictador de pacotilla.

Existen dos vías principales para entrar en el equipo de sistemas. Una es apropiarse de un sistema entero ya existente y ocuparse de su mantenimiento, para aumentar su eficacia poco a poco y arreglarlo cuando se rompa. Ese puesto se denomina «administrador de sistemas». La segunda manera es analizar un problema (por ejemplo, la manera de almacenar datos o de buscar en bases de datos) y solventarlo creando una solución mediante una combinación de componentes ya existentes, o también inventando componentes nuevos por completo. Ese puesto se llama «ingeniero de sistemas». Al final, terminé haciendo ambas cosas, después de abrirme paso a la administración y, de ahí, a la ingeniería, ajeno en todo momento a cómo mi intensa implicación en los niveles más profundos de la integración de la tecnología informática ejercía una influencia en mis convicciones políticas.

Voy a intentar no ponerme demasiado abstracto, pero quiero que os imaginéis un sistema. No importa cuál: puede ser un sistema informático, un ecosistema, un sistema jurídico o incluso un sistema de gobierno. Cabe recordar que un sistema no es más que un puñado de partes que funcionan juntas como un todo, algo que la mayoría de la gente solo recuerda cuando se rompe una de las partes. Entre los factores más aleccionadores de trabajar con sistemas está el hecho de que la parte que funciona mal casi nunca es la parte en la que se percibe ese mal funcionamiento. Para descubrir qué ha provocado el hundimiento del sistema, hay que empezar desde el punto en el que se ha detectado el problema y seguir los efectos que ha provocado, avanzando con lógica por todos los componentes del sistema. Dado que el responsable de esas reparaciones es un administrador o un ingeniero de sistemas, ambos deben dominar con igual soltura el *software*, el *hardware* y las redes. Si el fallo de funcionamiento resulta ser un problema de *software*, la reparación quizá implique recorrer líneas y líneas de código en lenguajes de programación dignos de una Asamblea General de la ONU. Si se trata de un problema de *hardware*, quizá requiera repasar una placa de circuito con una linterna en la boca y un soldador en la mano, comprobando todas las conexiones. Si es cosa de redes, a lo mejor hay que rastrear todos los giros y dobleces de los cables que van por el techo y por el suelo y conectan los lejanos centros de datos llenos de servidores con una oficina llena de ordenadores.

Dado que los sistemas funcionan según instrucciones o normas, un análisis de este calibre supone en última instancia buscar cuáles de esas normas han fallado, cómo y por qué; es decir, procurar identificar los puntos específicos en los que la intención de una norma no se ha expresado del modo adecuado en su formulación o aplicación. ¿Ha fallado el sistema porque algo no se ha comunicado bien? ¿O porque alguien ha hecho un mal uso del sistema al acceder a un recurso para el que no tenía permiso, o acceder con permiso a un recurso, pero luego usarlo de forma abusiva? ¿Ha detenido u obstaculizado algún componente el trabajo de otro? ¿Han ocupado algún programa, ordenador o grupo de personas un porcentaje del sistema mayor del que les correspondía?

Durante el transcurso de mi trayectoria profesional, cada vez me fue más difícil plantear esas preguntas en referencia a las tecnologías de las que era responsable y no en referencia a mi país. Y cada vez me resultó más frustrante ser capaz de reparar las primeras, pero no este último. Acabé mi trayectoria en el mundo de la inteligencia convencido de que el sistema operativo de mi país —esto es, su Gobierno— había decidido que funcionaba mejor estando roto.

12

HOMO CONTRACTUS

Había albergado la esperanza de servir a mi país, pero, en vez de eso, me puse a trabajar para él. No es una diferencia trivial. La honrosa estabilidad que se les ofrecía a mi padre y a Pop no estaba tan al alcance para mí, ni para nadie de mi generación. Tanto mi padre como Pop entraron a servir a su país el primer día de su vida laboral y se retiraron de ese servicio el último día. Ese era el Gobierno estadounidense que a mí me resultaba familiar, desde mi más tierna infancia —cuando había ayudado a alimentarme, vestirme y darme una vivienda— hasta el momento en el que me había habilitado para entrar en la Intelligence Community. Ese Gobierno había manejado el servicio del ciudadano como un pacto: él os mantenía a tu familia y a ti, a cambio de tu integridad y de los mejores años de tu vida.

Sin embargo, yo llegué a la IC en una época distinta.

Para cuando entré, la sinceridad del servicio público había dado paso a la avaricia del sector privado, y el pacto sagrado del soldado, del oficial y del funcionario civil de carrera estaba quedando sustituido por el infame acuerdo del *Homo contractus*, la principal especie presente en el Gobierno estadounidense 2.0. Esta criatura no era un funcionario bajo juramento, sino un trabajador temporal, cuyo patriotismo se incentivaba mediante un mejor sueldo y para quien el Gobierno federal no era tanto la autoridad final como el cliente final.

Durante la Guerra de Independencia, tuvo su lógica que el Congreso Continental contratase a corsarios y a mercenarios para proteger la independencia de lo que entonces era una república apenas en activo. Sin embargo, para la hiperpotencia que representaban los Estados Unidos del tercer milenio, depender de fuerzas privatizadas para la defensa nacional me resultaba algo extraño y vagamente siniestro. A decir verdad, actualmente la contratación externa va asociada más a menudo con los grandes fracasos de nuestro país; por ejemplo, es el caso del trabajo de los combatientes a sueldo de Blackwater (empresa que cambió su nombre por Xe Services después de que condenasen a sus empleados por matar a catorce civiles iraquíes, y que luego pasó a ser Academi cuando la adquirió un grupo de inversores privados) o el de los torturadores a sueldo de CACI y Titan (empresas de las que salió el personal que aterrorizó a los presos de Abu Ghraib).

Estos ejemplos más sensacionalistas pueden llevar a la opinión pública a pensar que el Gobierno emplea a contratistas externos para no perder nunca la posibilidad de encubrirse y negar los hechos, ya que delega el trabajo ilegal y cuasi legal de manera que sus manos y su conciencia permanecen limpias. Sin embargo, eso no es del todo cierto, o al menos no lo es en la IC, que tiende a centrarse menos en la capacidad de negación y más en que, de entrada, nunca la pillen. Por el contrario, el propósito principal de los contratistas externos en la IC es mucho más mundano: se trata de una solución alternativa, un vacío legal, una brecha que permite a las agencias burlar los límites federales en cuanto a contratación. Todas las agencias tienen un número fijo de personal, un límite legislativo que dicta la cantidad de personas que pueden contratar para hacer un cierto tipo de trabajo. Sin embargo, los empleados externos, al no estar directamente contratados por el Gobierno federal, no van incluidos en esa cifra. Las agencias pueden contratar a todos los empleados externos que puedan pagar, y pueden pagar a todos los que quieran; lo único que tienen que hacer es declarar ante algunas subcomisiones seleccionadas del Congreso que los terroristas vienen a por nuestros hijos, o que los rusos han entrado en nuestros correos electrónicos, o que los chinos se han metido en nuestra red eléctrica. El Congreso nunca dice que no a este tipo de ruegos, que en realidad son una especie de amenaza, y capitula fehacientemente a las demandas de la IC.

Entre los documentos que proporcioné a los periodistas se encontraba el presupuesto negro de 2013. En dicho presupuesto clasificado, más del 68 por ciento del dinero —es decir, 52.600 millones de dólares— iba destinado a la IC, incluida la financiación para 107.035 empleados; más de una quinta parte de esos trabajadores, esto es, unas 21.800 personas, eran empleados externos a tiempo completo. En esa cifra ni siquiera se cuentan las decenas de miles de trabajadores adicionales empleados por empresas que han firmado con las agencias contratos (o subcontratos, o subsubcontratos) para un servicio o proyecto específicos. Dichos empleados externos nunca entran en los recuentos del Gobierno, ni siquiera en el presupuesto negro, porque añadir sus filas al total de contrataciones dejaría en clarísima evidencia un hecho inquietante: el trabajo de la Inteligencia estadounidense lo hacen en igual medida empleados del sector privado y funcionarios del Gobierno.

Desde luego, mucha gente, incluso desde el Gobierno, asegura que este sistema «de goteo» es beneficioso. Según dicen, gracias a los empleados externos, el Gobierno puede fomentar las pujas competitivas para mantener los costes en niveles bajos, y al mismo tiempo se ahorra tener que pagar pensiones e indemnizaciones. No obstante, el auténtico beneficio para los funcionarios del Gobierno es el conflicto de intereses inherente al proceso presupuestario en sí. Los directores de la IC le piden dinero al Congreso para contratar a trabajadores de empresas privadas, los congresistas aprueban ese gasto de dinero, y luego esos directores de la IC y esos congresistas reciben su recompensa cuando se jubilan de sus cargos y les ofrecen puestos y asesorías muy bien remunerados en las mismas empresas que ellos han enriquecido. Desde el punto de vista de la sala de juntas corporativa, la contratación externa funciona como una corrupción con asistencia gubernamental. Es el método más legal y cómodo en Estados Unidos para transferir dinero público al bolsillo privado.

No obstante, por muy privatizado que esté el trabajo de Inteligencia, el Gobierno federal sigue siendo la única autoridad que puede conceder a un individuo una habilitación para acceder a información clasificada. Y dado que los candidatos a la habilitación deben tener un aval para solicitarla —es decir, contar ya con una oferta de trabajo para un puesto que requiera estar habilitado—, la mayoría de los empleados externos empieza su carrera en puestos del Gobierno. Después de todo, a una empresa privada raras veces le merecerá la pena avalarte la solicitud de habilitación para luego pasarse alrededor de un año pagándote mientras espera la autorización del Gobierno. Tiene más sentido económico que una empresa contrate a alguien que ya sea empleado del Gobierno habilitado. En la situación creada por esta economía, es el Gobierno el que soporta toda la carga de las investigaciones personales sin llevarse muchos de los posteriores beneficios. El Gobierno debe hacer todo el trabajo y asumir todos los gastos de habilitar a un candidato, que, en cuanto tenga su habilitación, lo más probable es que salga por la puerta y cambie la insignia azul de los empleados del Gobierno por la verde de los externos. Lo gracioso es que el color verde simboliza el dinero.

El empleo del Gobierno que me avaló para obtener mi habilitación TS/SCI no fue el que yo quería, sino el que encontré: me convertí oficialmente en empleado del Estado de Maryland, como trabajador de la Universidad de Maryland, en College Park. La universidad estaba ayudando a la NSA a abrir una nueva institución, el CASL (Center of the Advanced Study of Language o Centro para el Estudio Avanzado de las Lenguas).

La aparente misión del CASL era estudiar cómo la gente aprendía idiomas y desarrollar métodos asistidos por ordenador para ayudarla a hacerlo más rápido y mejor. El corolario oculto de esa misión era que la NSA quería además desarrollar formas de mejorar la comprensión del lenguaje por parte de los ordenadores. Si las otras agencias tenían dificultades para encontrar hablantes competentes de árabe (y de farsi, dari, pashto y kurdo) que pasaran sus a menudo ridículos controles de seguridad para traducir e interpretar sobre el terreno (conozco a demasiados estadounidenses rechazados sencillamente por tener un incómodo primo lejano al que nunca habían conocido), la NSA también se las estaba deseando para garantizar que sus ordenadores pudiesen comprender y analizar la enorme cantidad de comunicaciones en lenguas extranjeras que interceptaban.

No tengo una idea más desgranada del tipo de cosas que se suponía que hacía el CASL, por la sencilla razón de que cuando me presenté a trabajar con mi radiante y reluciente tarjeta de habilitación, el sitio no estaba ni siquiera abierto todavía. De hecho, el edificio seguía en obras. Hasta que lo acabaron e instalaron la tecnología necesaria, mi trabajo consistió esencialmente en hacer de guarda de seguridad con turno de noche. Mis responsabilidades se limitaban a presentarme allí todos los días y patrullar los pasillos vacíos después de que hubiesen acabado los albañiles (los otros contratistas), para asegurarme de que nadie quemaba el edificio ni se colaba y ponía micrófonos ocultos. Me pasaba las horas haciendo rondas por aquel esqueleto a medio terminar, inspeccionando el progreso de cada día: probando las sillas que acababan de instalar en el vanguardista auditorio, lanzando piedras por el tejado repentinamente cubierto de grava, admirando la nueva pared de yeso y, literalmente, viendo secarse la pintura.

Esa es la vida de la seguridad a deshoras en una instalación de alto secreto, y la verdad es que no me importaba. Me pagaban por hacer básicamente nada, aparte de pasearme en la oscuridad sumido en mis pensamientos, y tenía todo el tiempo del mundo para usar el único ordenador que funcionaba y al que tenía acceso para buscar un nuevo trabajo. Durante el día, recuperaba el sueño y me iba de excursión a hacer fotografías con Lindsay, que (gracias a mis galanteos y a mis conspiraciones) se había deshecho al fin de sus otros novios.

En aquel tiempo, yo era lo bastante ingenuo para pensar que mi puesto en el CASL me haría de puente hacia una carrera federal a tiempo completo. Sin embargo, cuanto más buscaba, más me sorprendía ver que había muy pocas oportunidades de servir directamente a mi país, al menos con un puesto técnico significativo. Tenía más opciones de trabajar como empleado externo para una empresa privada que sirviera a mi país con ánimo de lucro; y resultó que las mayores opciones las tenía trabajando de subcontratado para una empresa privada contratada por otra empresa privada que sirviera a mi país con ánimo de lucro. Me quedé a cuadros cuando lo entendí.

Me resultaba especialmente extraño que la mayoría de los empleos disponibles en ingeniería de sistemas y administración de sistemas fuesen privados, dado que esos puestos llevaban asociado un acceso casi universal a la existencia digital del empleador. Es impensable que un gran banco o incluso un proveedor de redes sociales contrate a gente externa para hacer trabajos de sistemas. En el contexto del Gobierno estadounidense, sin embargo, reestructurar tus agencias de inteligencia para que tus sistemas más delicados estuviesen gestionados por alguien que en realidad no trabajaba para ti era lo que se entendía por innovación.

Las agencias estaban contratando a empresas de tecnología para que contratasen a chavales, y luego les estaban dando las llaves del reino, porque —tal y como se les decía al Congreso y a la prensa— las agencias no tenían elección. Nadie más sabía cómo funcionaban las llaves, ni el reino. Traté de racionalizar todo ese argumento y de convertirlo en un pretexto para el optimismo. Me tragué mi incredulidad, me hice un currículum y fui a las ferias de empleo que, al menos al inicio del milenio, eran los principales espacios en los que los contratistas encontraban mano de obra nueva y los empleados del Gobierno podían acabar en las redes de alguien. Esas ferias tenían nombres ambiguos como Clearance Jobs; creo que yo era el único al que le hacía gracia el doble sentido de «empleos de habilitación» y «empleos de liquidación».

En aquel tiempo, esas ferias se celebraban todos los meses en el Ritz-Carlton de Tysons Corners, Virginia (en la misma carretera que llevaba a la sede central de la CIA), o en alguno de los hoteles más sórdidos tipo Marriott (cerca de la sede central de la NSA en Fort Meade). Se parecían mucho a cualquier otra feria de empleo, según me han contado, aunque con una excepción fundamental: siempre parecía haber más reclutadores que buscadores de trabajo. Eso debería dar un indicio del apetito de la industria. Los reclutadores pagaban mucho dinero por estar en aquellas ferias, ya que eran los únicos sitios del país en los que todo el que cruzaba la puerta con su nombre pegado en una etiqueta supuestamente había pasado por un proceso de preselección *online* y por la verificación de las agencias, así que se daba por sentado que contaba con una habilitación y probablemente también con las aptitudes necesarias.

Una vez que abandonabas la recepción del hotel, muy bien acondicionada, para ir al salón de baile ocupado por los negocios, entrabas en el planeta Externos. No faltaba nadie: la Universidad de Maryland había dado paso ya a Lockheed Martin, BAE Systems, Booz Allen Hamilton, Dyn-Corp, Titan, CACI, SAIC, COMSO, junto a otros cien acrónimos de los que yo nunca había oído hablar. Algunos contratistas solo tenían unas mesas, aunque los grandes disponían de casetas plenamente amuebladas y equipadas hasta con refrigerios.

A continuación, le entregabas una copia de tu currículum a algún posible empleador, charlabais un rato en una especie de entrevista informal, y entonces el contratista sacaba sus archivadores, que contenían las listas de los puestos del Gobierno que estaban intentando cubrir. Sin embargo, como aquello rozaba lo clandestino, los empleos no iban acompañados de los típicos nombres correspondientes a cada puesto y sus descripciones tradicionales, sino de una verborrea intencionadamente oscura y codificada que solía ser característica de cada contratista. Por ejemplo, el Desarrollador Superior 3 de una empresa podía ser equivalente, o no, al Analista Principal 2 de otra. Con frecuencia, el único modo de distinguir los puestos entre sí era fijarse en que cada uno especificaba sus propios requisitos en cuanto a años de experiencia, nivel de certificaciones y tipo de habilitación de seguridad.

Tras las divulgaciones de 2013, el Gobierno estadounidense trató de denigrarme refiriéndose a mí como «un empleado externo más» o «un antiguo trabajador de Dell», dejando implícito con ello que yo no disfrutaba de los mismos tipos de habilitaciones y accesos que el personal de una agencia con insignia azul. Una vez consolidada esa caracterización de descrédito, el Gobierno pasó a acusarme de «cambiar de empleo sistemáticamente», para insinuar que yo no era más que un trabajador descontento que no se llevaba bien con sus superiores, o bien un empleado excepcionalmente ambicioso empecinado en medrar a toda costa. Lo cierto es que ambas cosas eran mentiras por conveniencia. La IC sabe mejor que nadie que cambiar de trabajo forma parte de la carrera de cualquier empleado externo: se trata de una situación de movilidad que las agencias mismas crearon, y de la que se benefician.

En el ámbito de la contratación externa para la seguridad nacional, sobre todo en el terreno de la tecnología, es muy frecuente trabajar físicamente en las instalaciones de una agencia, pero de nombre —sobre el papel— estar trabajando para Dell, Lockheed Martin o alguna de las tropecientas empresas más pequeñas que suelen acabar absorbidas por Dell, Lockheed Martin y similares. Por supuesto, en esas adquisiciones de empresas también entran los contratos que ya tenga cerrados el negocio más pequeño, así que de repente en tu tarjeta de visita aparecen un empleador distinto y un nombre diferente para tu puesto. Tu trabajo diario, no obstante, sigue siendo el mismo: seguirás sentado en las instalaciones de la agencia haciendo tus tareas. Nada habrá cambiado en absoluto. Por su parte, los diez o doce compañeros que tengas sentados a tu derecha e izquierda —los mismos con los que trabajas a diario en los mismos proyectos— quizá sean técnicamente empleados de diez o doce empresas distintas, que a su vez pueden estar separadas por unos cuantos eslabones de las entidades corporativas que ostentan los contratos primarios con la agencia.

Ojalá recordase la cronología exacta de mis contrataciones, pero ya no conservo ninguna copia de mi currículum. Ese archivo, Edward_Snowden_Resume.doc, está bloqueado en la carpeta Documentos de uno de mis antiguos ordenadores personales desde que el FBI los incautó. No obstante, sí me acuerdo de que mi primer gran curro como contratado externo fue en realidad una subcontratación: la CIA había contratado a BAE Systems, que había contratado a COMSO, que me había contratado a mí.

BAE Systems es una subdivisión estadounidense de tamaño medio de British Aerospace, montada exprofeso para conseguir contratos de la IC estadounidense. COMSO era básicamente la encargada de reclutar a trabajadores: un puñado de gente que se pasaba el tiempo recorriendo la Beltway en busca de empleados de verdad («culos») para contratarlos («sentar los culos en las sillas»). De todas las empresas con las que he hablado en las ferias de empleo, COMSO era la más ávida, quizá porque era de las más pequeñas. Nunca supe a qué correspondía el acrónimo de la empresa, ni siquiera si correspondía a algo. Técnicamente hablando, COMSO era mi empleador, aunque nunca trabajé un solo día en una oficina de COMSO, ni en un despacho de BAE Systems; solo unos pocos empleados externos lo hicieron alguna vez. Yo trabajé únicamente en la sede central de la CIA.

De hecho, solo visité la oficina de COMSO, que estaba en Greenbelt (Maryland), una o dos veces en mi vida. Una de ellas fue cuando acudí a negociar mi sueldo y a firmar algunos documentos. En el CASL había estado ganando unos 30.000 dólares al año, pero ese trabajo no tenía nada que ver con la tecnología, así que me sentí cómodo pidiéndole 50.000 a COMSO. Cuando le mencioné esa cifra al tipo que había detrás de la mesa, me dijo: «¿Y qué me dices de 60.000?».

En aquella época, era tan inexperto que no entendí por qué ese hombre estaba intentando pagarme de más. Supongo que sabía que en última instancia no era dinero de COMSO lo que me ofrecía, aunque hasta más adelante no entendí que algunos de los contratos que COMSO, BAE y otras empresas manejaban eran de los denominados «contratos de margen sobre el coste». Eso significaba que los contratistas mediadores facturaban a las agencias por lo que fuera que se le pagase a un empleado, más una comisión adicional del 3-5 por ciento anual. Inflar los salarios beneficiaba a todo el mundo. Bueno, a todo el mundo menos a los contribuyentes.

El tipo de COMSO al final me subió el sueldo, o se lo subió a sí mismo, a 62.000 dólares, como resultado de mi disposición, nuevamente, a aceptar el turno de noche. Me alargó la mano y, cuando se la estreché, se presentó como mi «director». Pasó entonces a explicarme que ese título era una mera formalidad, ya que las órdenes las recibiría directamente de la CIA. «Si todo va bien, nunca volveremos a vernos», me dijo.

En las películas y series de espías, cuando alguien te dice algo así, suele significar que estás a punto de cumplir una misión peligrosa y que a lo mejor mueres. Sin embargo, en la vida de espías real, esa frase quiere decir «Enhorabuena por el trabajo», nada más. Para cuando salí por la puerta, seguro que aquel tío se había olvidado ya de mi cara.

Pese a que salí de esa reunión con los ánimos por las nubes, en el camino de vuelta la realidad se impuso: me di cuenta de que aquella iba a convertirse en mi ruta en coche diaria. Si me quedaba a vivir en Ellicott City (Maryland), cerca de Lindsay, pero trabajaba en la CIA, en Virginia, el camino entre el trabajo y la casa podía alcanzar la hora y media por trayecto en las caravanas de la Beltway, y eso acabaría conmigo. Sabía que no tardaría en empezar a perder la cabeza. No había bastantes libros grabados en cintas en el universo.

No podía pedirle a Lindsay que se mudara a Virginia conmigo, porque aún estaba en su segundo año de carrera en la MICA y tenía clases tres días a la semana. Lo hablamos, y como tapadera mencioné que iba a trabajar para COMSO («¿Por qué tiene que estar COMSO tan lejos?»). Al final, decidimos que yo buscaría algo pequeño por allí, cerca de COMSO —lo justo para dormir durante el día, mientras trabajaba de noche en COMSO—, y que volvería a Maryland todos los fines de semana, o Lindsay vendría a Virginia.

Me dispuse a buscar ese sitio, algo que estuviese en el centro de ese diagrama de Venn en el que debían coincidir un precio lo bastante barato para poder permitírmelo y un espacio lo bastante bonito para que Lindsay pudiera sobrevivir en él. Resultó ser una tarea difícil: en vista de la cantidad de gente que trabaja en la CIA, y de que la CIA está en Virginia —donde la densidad de viviendas es, digamos, semirrural—, los precios andaban por las nubes. Esa parte de Virginia es de las más caras de Estados Unidos.

Al final, buscando en Craigslist, encontré una habitación que, sorprendentemente, entraba en mi presupuesto, en una casa bastante cerca de la sede central de la CIA (a menos de 15 minutos). Fui a verla, esperando encontrarme una pocilga asquerosa típica de un soltero. En vez de eso, al parar el coche me vi delante de un casoplón acristalado, cuidadísimo, con un jardín lleno de arbustos recortados en formas y decorado con mucho gusto. Hablo totalmente en serio cuando digo que conforme me acercaba cada vez olía más a las especias de una tarta de calabaza.

Me abrió la puerta un tío llamado Gary. Era mayor, algo que ya había previsto por el tono de «Estimado Edward» de su *email*, aunque no contaba con que vistiese tan bien. Era muy alto, con el pelo canoso muy recortado, e iba vestido con un traje sobre el que llevaba un delantal. Me preguntó muy educadamente si me importaba esperar un momento. Estaba ocupado en la cocina, preparando una bandeja de manzanas, metiéndoles clavo y aderezándolas con nuez moscada, canela y azúcar.

Una vez que las manzanas estuvieron en el horno, Gary

me enseñó la habitación, que estaba en el sótano, y me dijo que podía mudarme de inmediato. Acepté la oferta y le pagué la fianza y un mes de alquiler.

Entonces, me desglosó las normas de la casa, que por suerte para mi memoria eran breves y básicas:

Nada de desorden.

Nada de animales.

Nada de visitas nocturnas.

Confieso que casi de inmediato infringí la primera norma, y que nunca tuve ningún interés en saltarme la segunda. Con respecto a la tercera, Gary hizo una excepción con Lindsay.

13

ADOC

¿Os suena ese plano de establecimiento que sale en casi todas las pelis y series de espías con el subtítulo «Sede central
de la CIA, Langley, Virginia»? ¿Y luego la cámara avanza
por un vestíbulo de mármol, con la pared de las estrellas y
el sello de la agencia en el suelo? Bueno, pues Langley es en
realidad el nombre histórico de ese sitio, el lugar que la
agencia prefiere que Hollywood utilice; oficialmente, la
sede central de la CIA está en McLean (Virginia). Nadie pasa
por ese vestíbulo en la vida real, salvo los VIP y quienes acu-
den en visitas guiadas.

El Langley es el OHB (Old Headquarters Building o
edificio de la sede antigua). El lugar al que accede la mayoría de la gente que trabaja en la CIA está mucho menos preparado para que le hagan un primer plano: se trata del
NBH (New Headquarters Building o edificio de la sede
nueva). Mi primer día fue uno de los pocos que pasé allí en
horas de luz. Dicho esto, estuve casi todo el rato bajo tierra,
en una sala mugrienta con paredes de bloques de cemento,
el encanto de un refugio nuclear y el olor acre de la lejía
blanqueadora del Gobierno.

«Pues este es el estado profundo», dijo un tío, y casi
todo el mundo se echó a reír. Creo que aquel hombre espe-

raba encontrarse con un grupo de blanquitos protestantes salidos de las universidades más prestigiosas, vestidos con capuchas y salmodiando sin parar, mientras que yo me esperaba a un grupo de tíos normales dedicados al servicio civil que fuesen como mis padres, pero en jóvenes. En vez de eso, éramos todos informáticos (y sí, casi todos tíos) claramente vestidos con ropa «de trabajo informal» por primera vez en nuestra vida. Algunos tenían tatuajes y *piercings*, o evidencias de haberse quitado los pendientes para el gran día. Uno incluso llevaba el pelo con unos mechones teñidos muy punkis. Casi todos iban con las insignias de empleados externos, verdes y relucientes como billetes nuevos de cien dólares. Desde luego, no parecíamos ninguna hermética camarilla ávida de poder que fuese a controlar las acciones de los funcionarios electos de Estados Unidos desde oscuros cubículos subterráneos.

Aquella sesión fue la primera fase de nuestra transformación. La llamaban Adoc, o adoctrinamiento, y su finalidad última era convencernos de que éramos la élite, de que éramos especiales, de que nos habían elegido para estar al tanto de los secretos de Estado y las verdades que el resto del país —a veces, Congreso y jueces incluidos— no sabía gestionar.

Sentado en aquella sesión de Adoc, no pude evitar pensar que los presentadores nos estaban descubriendo el Mediterráneo. No hace falta decirle a un puñado de ases de la informática que tienen un conocimiento y unas habilidades superiores que los capacitan de manera excepcional para actuar con independencia y tomar decisiones en nombre de sus conciudadanos sin supervisión ni evaluación. Nada inspira más la arrogancia que toda una vida dedicada a controlar máquinas que son incapaces de proferir una crítica.

En mi opinión, eso representaba de verdad el gran nexo existente entre la Intelligence Community y la industria tecnológica: ambas son potencias afianzadas y no electas que se enorgullecen de mantener sus avances en un secreto absoluto. Ambas creen que tienen las soluciones para todo, y nunca dudan en imponerlas de forma unilateral. Y por encima de todo, ambas creen que esas soluciones son inherentemente apolíticas, porque se basan en datos, cuyas prerrogativas se consideran preferibles a los caóticos caprichos del ciudadano común.

Recibir el adoctrinamiento de la IC, como hacerse experto en tecnología, tiene unos potentes efectos psicológicos. De repente, tienes acceso a la historia que la historia tiene detrás, a los relatos ocultos que explican acontecimientos muy conocidos, o supuestamente muy conocidos. Esta posibilidad puede resultar muy embriagadora, al menos para un abstemio como yo. También de repente, te ves no solo con la licencia, sino además con la obligación de mentir, ocultar, encubrir y disimular. Eso crea una sensación de tribalismo, que puede llevar a muchos a creer que su principal lealtad se la deben a la institución, y no al imperio de la ley.

Durante mi sesión de Adoc no estuve pensando en nada de esto, claro. Por el contrario, me limitaba a intentar mantenerme despierto mientras los presentadores procedían a instruirnos sobre prácticas básicas de seguridad operacional, una parte del conjunto más amplio de técnicas de espionaje que la IC denomina «competencia táctica». Suelen ser cosas tan obvias que aburren: no le digas a nadie para quién trabajas; no dejes material delicado desatendido; no metas tu móvil de nula seguridad en una oficina de seguridad máxima, ni lo uses nunca para hablar de trabajo; no vayas al centro comercial con la tarjeta de «Hola, trabajo para la CIA» colgada al cuello...

Al final, cuando acabó la letanía, las luces se atenuaron, se inició el PowerPoint y aparecieron unas caras en la pantalla que había atornillada a la pared. Todo el mundo en aquella sala se puso muy recto. Según nos dijeron, eran los rostros de antiguos agentes y empleados externos que, ya fuese por avaricia, malicia, incompetencia o negligencia, habían quebrantado las normas. Se habían creído superiores a todo lo mundano, y su desmesurado orgullo los había llevado a la cárcel y a la ruina. Quedaba implícito que los rostros de la pantalla estaban a esas alturas en sótanos aún peores que aquel en el que nos encontrábamos nosotros, y que algunos permanecerían allí hasta su muerte.

A fin de cuentas, la presentación surtió efecto.

Me han contado que, en los años transcurridos desde que mi carrera acabó, esa parada de monstruos formada por incompetentes, topos, desertores y traidores se ha ampliado para incluir una categoría adicional: la de la gente con principios, denunciantes que actúan en beneficio del interés público. Solo espero que, cuando salgan esas caras nuevas en la pantalla (cuando salga mi cara), a los veintitantos que haya ahora mismo allí sentados les sorprenda ver cómo el Gobierno equipara la venta de secretos al enemigo con su revelación a periodistas.

Cuando entré a trabajar para la CIA, la moral de la agencia estaba por los suelos. Tras los fracasos en inteligencia del 11-S, el Congreso y el Ejecutivo habían emprendido una agresiva campaña de reorganización. Eso incluía despojar el puesto de director de inteligencia central de su papel dual como jefe de la CIA y jefe de toda la IC estadounidense, un doble papel que ese puesto había ostentado desde la fundación de la agencia tras la Segunda Guerra Mundial. Cuando expulsaron a George Tenet de su cargo en 2004, el medio siglo de supremacía de la CIA sobre todas las demás agencias desapareció con él.

Para las bases de la CIA, la marcha de Tenet y la degradación de la dirección fueron sencillamente los indicios más públicos de la traición cometida por la clase política contra la agencia, una clase política para cuya protección se había creado dicho organismo. La sensación general de haber sido manipulados por la Administración Bush y luego culpados por los peores excesos de esta dio paso a una cultura de victimización y atrincheramiento. Esta situación se vio exacerbada por el nombramiento de Porter Goss —congresista republicano por Florida y exoficial mediocre de la CIA— como nuevo director de la agencia, el primero en servir en el puesto con responsabilidad reducida. La toma de posesión de un político se consideró un castigo y un intento de convertir la CIA en un arma política, al dejarla bajo supervisión partidista. El director Goss emprendió de inmediato una amplísima campaña de despidos, ceses y jubilaciones forzosas que dejó la agencia infradotada de personal y más dependiente que nunca de los contratistas. Por su parte, la ciudadanía en general nunca había tenido una opinión tan mala de la agencia, o tanta información sobre su funcionamiento interno, gracias a todas las filtraciones y revelaciones sobre sus rendiciones extraordinarias y prisiones clandestinas.

En aquella época, la CIA se fragmentó en cinco direcciones. Estaban la Dirección de Operaciones, responsable del espionaje como tal; la Dirección de Inteligencia, responsable de sintetizar y analizar los resultados de ese espionaje; la Dirección de Ciencia y Tecnología, que construía y suministraba ordenadores, dispositivos de comunicaciones y armas a los espías y les enseñaba a usarlos; la Dirección de Administración, formada básicamente por abogados, recursos humanos y todos los que coordinaban el trabajo diario de la agencia y servían de enlace con el Gobierno; y, por último, la Dirección de Soporte, una sección extraña que, por entonces, era la de mayor dimensión. La Dirección de Soporte abarcaba a todo el mundo que trabajase para la agencia en cuestiones de asistencia y soporte, desde la mayoría de tecnólogos y médicos hasta el personal de la cafetería y del gimnasio o los guardas de la entrada. La función principal de esta sección era gestionar la infraestructura global de comunicaciones de la CIA, la plataforma que aseguraba que los informes de los espías llegasen a los analistas, y los informes de estos últimos, a los administradores. La Dirección de Soporte albergaba a los empleados que ofrecían soporte técnico a toda la agencia y se ocupaban del mantenimiento y la seguridad de los servidores: la gente que construía, mantenía y protegía toda la red de la CIA, la conectaba con las redes de las demás agencias y controlaba su acceso.

En resumen, se trataba de la gente que utilizaba la tecnología para vincularlo todo entre sí. No debería sorprender, por tanto, que el grueso de esas personas fuera gente joven. Ni tampoco que la mayoría de ellos fuesen empleados externos.

Mi equipo estaba incorporado en la Dirección de Soporte y nuestra tarea consistía en gestionar la arquitectura del servidor Washington-Metropolitan de la CIA, es decir, la gran mayoría de los servidores de la CIA en los Estados Unidos continentales: las enormes salas en las que estaban los carísimos ordenadores Big Iron que conformaban las redes y bases de datos internas de la agencia, todos los sistemas que transmitían, recibían y almacenaban información de inteligencia. Pese a que la CIA había salpicado el país de servidores de retransmisión, muchos de los servidores más importantes de la agencia se encontraban en la propia sede. La mitad estaba en el NHB, donde se ubicaba mi equipo, y la otra mitad, en el vecino OHB. Los habían colocado en lados opuestos de sus respectivos edificios, de manera que si un lateral estallaba no perdiésemos demasiadas máquinas.

Mi habilitación de seguridad TS/SCI suponía que disfrutaba además de «permiso de lectura» para diversos «compartimentos» de información distintos. Uno de ellos era el compartimento SIGINT (*signal intelligence* o inteligencia de señales, es decir, las comunicaciones interceptadas), y otro, el HUMINT (*human intelligence* o inteligencia humana, es decir, el trabajo y los informes hechos por agentes y analistas). Por rutina, en el trabajo de la CIA había implicadas cuestiones correspondientes a estos dos compartimentos. En un nivel superior, contaba además con «permiso de lectura» para el compartimento COMSEC (*communications security* o seguridad de comunicaciones), lo que me autorizaba a trabajar con material clave criptográfico, con los códigos que tradicionalmente se han considerado los secretos más importantes de la agencia, porque se utilizan para proteger todos los demás secretos de la agencia. Este material criptográfico se procesaba y almacenaba en los servidores que yo era responsable de gestionar y en sus alrededores. Mi equipo era uno de los pocos de la agencia con permiso para ponerles las manos encima de verdad a esos servidores, y seguramente fuese el único equipo con acceso para entrar en casi todos ellos.

En la CIA, las oficinas de seguridad se llaman «cámaras», y la de mi equipo estaba situada un poco más allá del departamento de soporte técnico. Durante el día, el soporte técnico de la CIA estaba atendido por un ocupadísimo contingente de personas más mayores, más cercanas a la edad de mis padres. Vestían con chaquetas de *sport* y pantalones de vestir, e incluso con faldas y blusas; era uno de los pocos espacios en el mundo tecnológico de la CIA de la época en el que recuerdo haber visto a un número considerable de mujeres. Algunos llevaban las tarjetas azules que los identificaban como empleados del Gobierno o *gobis*, como los llamaban los empleados externos. Se pasaban el turno entero cogiendo montones de llamadas telefónicas y hablando de problemas técnicos con gente que estaba en el edificio o fuera, sobre el terreno. Era una especie de centro de llamadas, pero en versión IC: restablecimiento de contraseñas, desbloqueo de cuentas y repaso de memoria a la lista de soluciones de problemas. «¿Puede salir y volver a iniciar sesión?», «¿Está enchufado el cable de red?». Si los *gobis*, con su mínima experiencia técnica, no podían resolver algún problema por su cuenta, lo derivaban a escalas superiores, a equipos más especializados, sobre todo si el problema en cuestión se había presentado en «terreno exterior», es decir, en bases de la CIA en el extranjero, en lugares como Kabul, Bagdad, Bogotá o París.

Me da un poco de vergüenza admitir el orgullo que sentí la primera vez que pasé por mitad de ese lúgubre despliegue. Tenía unas decenas de años menos que los del soporte técnico, y los fui dejando atrás camino de una cámara a la que no tenían acceso, y nunca lo tendrían. Por entonces, todavía no se me había ocurrido pensar que el alcance de mi acceso suponía que el proceso en sí podía franquearse, que el Gobierno sencillamente había renunciado a gestionar y promover significativamente sus talentos desde dentro porque la nueva cultura de contrataciones significaba que ya no tenían que preocuparse de nada. Por encima de los demás recuerdos que conservo de mi carrera, ese camino hacia mi cámara pasando junto al soporte técnico de la CIA ha llegado a simbolizar para mí el cambio generacional y cultural en la IC de la que formé parte: el momento en el que la camarilla de pijos de la vieja escuela que tradicionalmente había conformado el personal de las agencias, desesperados por no poder seguir el ritmo de unas tecnologías que no se tomaban la molestia de entender, recibieron con los brazos abiertos en el redil institucional a una nueva oleada de jóvenes hackers, a los que permitieron desarrollar unos sistemas tecnológicos de control estatal sin precedentes, y a quienes dieron acceso total a dichos sistemas y un poder absoluto sobre ellos.

A la larga, llegué a cogerles cariño a los *gobis* del soporte técnico. Se mostraron amables y generosos conmigo, y siempre apreciaron mi buena disposición a ayudar incluso cuando no era mi trabajo. Por mi parte, aprendí mucho de ellos, gracias a múltiples píldoras de información que me daban sobre el funcionamiento de la organización en general, más allá de la Beltway. Algunos habían trabajado de verdad en terreno exterior hacía mucho tiempo, igual que los agentes a los que entonces prestaban asistencia telefónica. Pasado un tiempo, habían vuelto a Estados Unidos, no siempre con sus familias intactas, y los habían relegado al soporte técnico para el resto de sus carreras, porque carecían de las aptitudes informáticas necesarias para competir en una agencia cada vez más centrada en expandir sus capacidades tecnológicas.

Me sentía orgulloso de haberme ganado el respeto de los *gobis*, y nunca estuve muy cómodo con la manera en la que muchos de los miembros de mi equipo los compadecían con condescendencia, llegando a reírse incluso de aquellas personas inteligentes y comprometidas: hombres y mujeres que, a cambio de un salario bajo y poca gloria, habían entregado a la agencia años y años de sus vidas, a menudo en sitios inhóspitos e incluso directamente peligrosos del extranjero, para al final recibir como recompensa un empleo cogiendo teléfonos en una sala solitaria.

Después de estar unas semanas familiarizándome con los sistemas en el turno de día, pasé a las noches, en horario de 18.00 a 6.00, cuando el soporte técnico quedaba cubierto por un personal mínimo que dormitaba con discreción y el resto de la agencia estaba prácticamente muerta.

Por las noches, sobre todo de 22.00 a 4.00 más o menos, la CIA se quedaba vacía y sin vida: un complejo gigante y embrujado con aires postapocalípticos. Las escaleras mecánicas se paraban y había que usarlas como escaleras normales. Solo funcionaba la mitad de los ascensores, y los ruidos metálicos que hacían, apenas audibles en el bullicio de la mañana, resonaban a esas horas de un modo alarmante. Los antiguos directores de la CIA te fulminaban con la mirada desde sus retratos, y las águilas calvas parecían menos estatuas y más predadoras vivas, esperando con paciencia para lanzarse en picado a por su pieza. Las banderas estadounidenses se inflaban como fantasmas: espectros vestidos de rojo, blanco y azul. La agencia había implantado hacía poco una nueva política ecológica de ahorro de energía y había instalado unas luces de techo sensibles al movimiento; el pasillo que tenías por delante estaba envuelto en oscuridad y las luces se encendían cuando te acercabas, de forma que te sentías perseguido mientras tus pasos hacían un eco infinito.

Todas las noches, durante 12 horas, tres días seguidos y dos de descanso, me sentaba en nuestra oficina de seguridad, pasada la zona del soporte técnico, entre los veinte puestos (con dos o tres terminales de ordenador cada uno) reservados a los administradores de sistemas que mantenían *online* la red global de la CIA. Por muy guay que pueda sonar, el trabajo en sí era relativamente banal y puede describirse a grandes rasgos como «la espera de la catástrofe». Los problemas, en general, no eran complicados de resolver. Cuando algo iba mal, tenía que iniciar sesión e intentar arreglarlo de forma remota. Si no lo lograba, debía bajar físicamente al centro de datos oculto una planta por debajo de la mía en el NHB (o recorrer a pie los inquietantes 800 metros del túnel de unión hasta el centro de datos del OHB) y ponerme a toquetear la maquinaria en sí.

Mi compañero en esta tarea, la otra persona responsable del funcionamiento nocturno de toda la arquitectura de servidores de la CIA, era un tipo al que llamaré Frank. Era el gran elemento anómalo de nuestro equipo y tenía una personalidad excepcional en todos los sentidos. Aparte de mostrar conciencia política (libertario hasta el punto de acumular krugerrands) y un interés permanente por temas ajenos a la tecnología (leía novelas antiguas de misterio y libros de suspense en papel), era un antiguo radiotelegrafista de la Marina de cincuenta y tantos años, que estaba de vuelta de todo y había logrado salir del soporte técnico para convertirse en empleado externo.

He de decir que, cuando conocí a Frank, pensé: «Imagínate que mi vida entera fuese como las noches que pasé en el CASL». Y es que, para ser sinceros, Frank casi no daba un palo al agua. Al menos, esa era la impresión que le gustaba dar. Le encantaba contarme, a mí y a todo el mundo, que en realidad no sabía nada de informática y que no entendía por qué lo habían metido en un equipo tan importante. Solía decir que «la contratación externa es el tercer mayor timo de Washington», después del impuesto sobre la renta y el Congreso. Aseguraba haberle advertido a su jefe que iba a ser «menos que inútil» cuando le sugirieron pasar al equipo de servidores, pero que aun así lo habían trasladado igual. Según él mismo contaba, lo único que había hecho en su trabajo durante la mayor parte del último decenio era sentarse y leer libros, aunque a veces también jugaba al solitario (con una baraja de cartas real, no en el ordenador, claro), y acordarse de sus antiguas esposas («era una joya») y novias («se llevó mi coche, pero mereció la pena»). En ocasiones, se limitaba a pasearse toda la noche y a actualizar una y otra vez el sitio web de noticias Drudge Report.

Cuando sonaba el teléfono para comunicarnos que algo se había roto y la cosa no se arreglaba rebotando un servidor, Frank se limitaba a pasar el informe al turno de la mañana. Básicamente, su filosofía (si se la puede llamar así) era que el turno de noche tenía que acabar en algún momento y que en el turno de día había un banquillo más nutrido. No obstante, parecía que el turno de día se había cansado de llegar todas las mañanas al trabajo y encontrarse a Frank tumbado al calor del equivalente digital a un contenedor en llamas; por eso me habían contratado a mí.

La agencia había decidido, por algún motivo, que era preferible meterme a mí en el departamento que dejar salir a ese señor mayor. Tras un par de semanas trabajando con

Frank, llegué al convencimiento de que su permanencia en el puesto debía ser resultado de algún vínculo o favor personal. Para demostrar mi hipótesis, traté de sonsacar a Frank y le pregunté con qué directores de la CIA o jefazos de otras agencias había coincidido en la Marina. Sin embargo, mi pregunta solo provocó una diatriba sobre cómo, básicamente, ninguno de los veteranos de la Marina que habían escalado en la agencia habían sido reclutas; todos eran oficiales, lo que explicaba mucho sobre el deprimente expediente de la agencia. El sermón se alargó, hasta que de repente la cara de Frank se cubrió con una expresión de pánico, se puso en pie de un salto y me dijo: «¡Tengo que cambiar la cinta!».

No entendí de qué estaba hablando, pero Frank iba ya camino de la puerta gris, al fondo de nuestra cámara, que daba a unas escaleras sórdidas desde las que se accedía directamente al centro de datos: aquel cuarto, oscuro como la noche, helado y envuelto en un zumbido, sobre el que estábamos directamente situados.

Bajar a una cámara de servidores —sobre todo, en la CIA— puede resultar una experiencia desorientadora. Desciendes a una oscuridad en la que parpadean luces LED verdes y rojas, como unas diabólicas bombillas de Navidad, entre la vibración del zumbido de los ventiladores industriales que enfrían la preciosa maquinaria montada en bastidor para evitar que se derrita. Estar allí era siempre un poco mareante, incluso sin la presencia de un tipo mayor y maniaco que fuese maldiciendo como el marinero que era mientras recorría acelerado el pasillo del servidor.

Frank se detuvo junto a un rincón desvencijado donde había un cubículo improvisado, hecho con materiales reciclados y marcado como propiedad de la Dirección de Operaciones. Un ordenador viejo ocupaba casi toda la mesa, triste y destartalada. Al inspeccionarlo más de cerca, se veía que era de principios de la década de 1990 o incluso finales de la de 1980, es decir, más viejo que todo lo que yo recordaba que había en el laboratorio de la Guardia Costera de mi padre: un ordenador tan antiguo que ni siquiera debería haberse llamado ordenador. Hubiese sido más preciso calificarlo de máquina. Funcionaba con un formato de cinta en miniatura que no reconocí, pero que seguro que les habría encantado a los investigadores de la Smithsonian.

Junto a esa máquina había una caja fuerte enorme que Frank abrió.

Se afanó con la cinta que estaba en la máquina, la sacó haciendo palanca y la metió en la caja fuerte. Luego, sacó otra cinta antigua de la caja fuerte y la metió en la máquina en el lugar de la anterior, enganchándola solo con tocarla. Con cuidado, pulsó algunas teclas en el viejo teclado (abajo, abajo, abajo, tabulador, tabulador, tabulador). En realidad, Frank no veía el efecto de sus pulsaciones, porque el monitor de la máquina ya no funcionaba, pero le dio a Intro con absoluta confianza.

No lograba hacerme idea de lo que estaba pasando allí, pero entonces la diminuta cinta empezó a hacer tic y luego a girar, y Frank sonrió satisfecho.

—Esta es la máquina más importante del edificio. La agencia no confía en la basura tecnológica digital. No confía en sus propios servidores. Ya sabes que no paran de romperse. Pero cuando los servidores se caen, se arriesgan a perder lo que están almacenando, así que para no perder nada de lo que llega durante el día, lo graban todo en cinta por la noche.

—Entonces, ¿estás haciendo una copia de seguridad?

—Una copia de seguridad en cinta. A la vieja usanza. Fiable como un ataque al corazón. La cinta no se rompe prácticamente nunca.

—Pero ¿qué hay en esa cinta? ¿Cosas personales o la información de inteligencia que llega tal cual?

Frank se llevó la mano a la barbilla en pose pensativa y fingió tomarse en serio la pregunta.

—Tío, Ed, no quería contártelo, pero son informes desde el terreno sobre tu novia, y tenemos a un montón de agentes en este expediente. Es información de inteligencia pura. Muy pura.

Subió las escaleras riéndose y me dejó sin habla, mientras yo me ponía colorado en la oscuridad de la cámara.

Hasta que Frank no repitió ese mismo ritual de cambio de cinta la noche siguiente, y la siguiente, y todas las noches que trabajamos juntos desde entonces, no empecé a entender por qué la agencia lo mantenía en activo, y no era solo por su sentido del humor. Frank era el único tipo dispuesto a estar por allí de 18.00 a 6.00 y lo bastante mayor además para saber manejar aquel sistema de cintas confidencial. Para entonces, el resto de tecnólogos que había surgido en los tiempos oscuros, cuando la cinta era la técnica en uso, tenía familia y prefería pasar las noches en casa. Sin embargo, Frank era un solterón que se acordaba del mundo previo a la Ilustración.

Después de encontrar una manera de automatizar la mayoría de mi trabajo (escribir secuencias de comandos para actualizar automáticamente los servidores y restaurar las conexiones de red perdidas, sobre todo), pasé a tener lo que terminé llamando una «Franka cantidad de tiempo». Es decir, disponía de toda la noche para hacer básicamente lo que quisiera. Pasaba bastantes horas hablando largo y tendido con Frank, en especial sobre las cosas más políticas que estaba leyendo: libros que hablaban de que el país debía volver al patrón oro o sobre los entresijos de la tarifa plana impositiva. No obstante, siempre había momentos en todos los turnos en los que Frank desaparecía. O bien metía la cabeza en una novela policiaca y no la levantaba hasta por la mañana, o se iba a pasear por los pasillos de la agencia, haciendo parada en la cafetería para tomarse un trozo de pizza tibio, o en el gimnasio para levantar unas pesas. Yo tenía mis maneras de pasar tiempo solo también, claro. Me conectaba a internet.

Cuando te conectas a internet en la CIA, debes marcar una casilla de Consentimiento de Acuerdo de Supervisión, que básicamente dice que todo lo que hagas se va a registrar y que aceptas renunciar a todo tipo de privacidad. Terminas marcando la casilla tan a menudo que lo haces ya por instinto. Esos acuerdos pasan a ser invisibles para ti cuando trabajas en la agencia, porque saltan constantemente en la pantalla y siempre procuras hacer clic sin más para que desaparezcan y volver a lo que estabas haciendo. En mi opinión, ese es uno de los principales motivos por los que la mayoría de los trabajadores de la IC no comparten las preocupaciones civiles sobre el rastreo *online*: no porque tengan información interna sobre cómo la vigilancia digital ayuda a proteger el país, sino porque trabajar en la IC lleva asociado que tu jefe te haga un seguimiento.

En cualquier caso, tampoco es que haya mucha cosa en la red pública de internet que sea más interesante de lo que la agencia ya tiene internamente. Poca gente lo sabe, pero la CIA dispone de su propio internet y de su propia red. Cuenta con una especie de Facebook propio, que permite a los agentes interactuar socialmente; una especie de Wikipedia, que ofrece a los agentes información sobre los equipos, proyectos y misiones de la agencia; y su propia versión interna de Google (facilitada por Google, de hecho), que permite a los agentes hacer búsquedas en esa enorme red clasificada. Todos los elementos de la CIA cuentan con su propio sitio web en esa red, en el que explican lo que hacen y publican actas de reuniones y presentaciones. Durante horas, todas las noches, esa fue mi formación.

Según Frank, lo primero que todo el mundo busca en las redes internas de la CIA son los términos «extraterrestre» y «11-S», y por eso, según Frank también, nunca obtienes ningún resultado relevante en esas búsquedas. De todas maneras, yo las hice. En el Google de la CIA no me salió nada interesante para ninguno de los dos temas, pero, bueno, a lo mejor la verdad estaba ahí fuera, en otra unidad de red. Para que conste, y por lo que yo sé, los extraterrestres nunca se han puesto en contacto con la Tierra, o al menos, no con la Inteligencia estadounidense. Sin embargo, Al Qaeda sí mantenía unos vínculos inusualmente estrechos con nuestros aliados los saudís, hecho que la Casa Blanca de Bush se esforzó muchísimo en borrar cuando fuimos a la guerra junto a otros dos países.

He aquí algo que la desorganizada CIA no entendió bien en el momento, ni tampoco lo ha entendido nunca ningún gran empleador estadounidense fuera de Silicon Valley: el informático lo sabe todo, o puede saberlo todo, más bien. Cuanto más ascienda ese empleado, y más privilegios tenga a nivel de sistemas, más acceso tendrá a casi cualquier byte de existencia digital de su empleador. Por supuesto, no todo el mundo es lo bastante curioso para aprovechar esta formación, y no todo el mundo está poseído por una curiosidad tan sincera. Mis incursiones en los sistemas de la CIA eran extensiones naturales de mi deseo infantil por entender cómo funciona todo, cómo los diversos componentes de un mecanismo encajan en el conjunto. Y con el título oficial y los privilegios de un administrador de sistemas, y las capacidades técnicas que me permitían sacarle el máximo partido a mi habilitación, fui capaz de satisfacer todas mis deficiencias de información y algunas más. Por si alguien se lo está preguntando: sí, el hombre pisó la luna, de verdad. El cambio climático es real. Los *chemtrails* no son nada.

En los sitios de noticias internos de la CIA leí comunicaciones secretas sobre negociaciones comerciales y golpes de Estado mientras estaban aún en desarrollo. A menudo, los relatos que hacía la agencia sobre esos acontecimientos se parecían mucho a los que al final aparecían en las noticias de cadenas como la CNN o la Fox días después. Las principales diferencias radicaban solo en las fuentes de información y en el nivel de detalle. Mientras que el relato de un periódico o revista sobre un levantamiento en el extranjero se atribuía a «un oficial de alto rango que no quiere desvelar su identidad», la versión de la CIA citaba la fuente explícitamente; por ejemplo, «ZBSMACKTALK/1, empleado del Ministerio del Interior que suele responder a asignación de tareas específicas, asegura tener información indirecta y ha demostrado ser fiable en el pasado». El nombre de verdad y la historia personal completa de ZBSMACKTALK/1, es decir, su expediente, los tenías a solo unos clics.

A veces, una noticia interna nunca salía en los medios de comunicación. Entonces, la emoción y la relevancia de lo que estaba leyendo me hacían apreciar más la importancia de nuestro trabajo y sentir que me perdía cosas por estar sentado sin más en un despacho. Puede que suene ingenuo, pero me sorprendió constatar lo verdaderamente internacional que era la CIA, y no me refiero a sus operaciones, sino a su mano de obra. La cantidad de idiomas que oía en la cafetería era asombrosa. No podía evitar sentir un regusto de provincialismo por mi parte. Trabajar en la sede central de la CIA era muy emocionante, pero aquel sitio estaba a solo unas horas de camino de donde yo me había criado, que en muchos sentidos era un entorno muy similar. Tenía veintipocos años entonces y, más allá de algunos periodos en Carolina del Norte, las excursiones de mi infancia para visitar a mi abuelo en las bases de la Guardia Costera en las que estaba sirviendo, y las pocas semanas que pasé en el Ejército en Fort Benning, en realidad nunca había salido de la Beltway.

Al leer sobre lo que estaba pasando en Uagadugú, Kinsasa y en otras ciudades exóticas que nunca habría encontrado en un mapa no digitalizado, me di cuenta de que mientras fuese joven tenía que servir a mi país haciendo algo verdaderamente importante en el extranjero. Pensaba que la alternativa a eso era convertirme en un Frank, pero con más éxito: estar sentado ante mesas cada vez más grandes y ganar cada vez más dinero, hasta que al final yo también me quedara obsoleto y me tuviesen por allí solo para manejar el equivalente futuro a una máquina de cintas cutre.

Fue entonces cuando hice lo impensable: me dispuse a hacerme *gobi*.

Creo que dejé pasmados a algunos de mis supervisores, pero también se sintieron halagados, porque el camino suele ser el inverso: al final de su carrera, el funcionario público se pasa al sector privado y hace caja. Ningún tecnólogo externo que acabe de empezar se pasa al sector público a cobrar menos. Sin embargo, en mi opinión, hacerme *gobi* era lo lógico: me pagarían por viajar.

Tuve suerte y se quedó un puesto libre. Después de nueve meses como administrador de sistemas, solicité un empleo de tecnólogo de la CIA en el extranjero, y me aceptaron casi de inmediato.

Mi último día en la sede central de la CIA fue una mera formalidad. Ya había hecho todo el papeleo y había cambiado la tarjeta de identificación verde por la azul. Lo único que me quedaba pendiente era sentarme a recibir otra sesión de adoctrinamiento, que para los *gobis* se organizaba en una sala de conferencias elegante, junto al Dunkin Donuts de la cafetería. Fue allí donde cumplí el rito sagrado en el que nunca participan los empleados externos. Levanté la mano para hacer un juramento de lealtad: no lealtad al Gobierno ni a la agencia que me estaban contratando entonces de forma directa, sino a la Constitución estadounidense. Juré solemnemente apoyar y defender la Constitución de Estados Unidos contra todo enemigo extranjero o nacional.

Al día siguiente, me adentré con mi viejo y fiable Honda Civic en los campos de Virginia. Para conseguir llegar a mi base soñada en el extranjero, antes tenía que volver a clase: los primeros estudios presenciales que llegué a terminar de verdad en toda mi vida.

14

EL CONDE DEL MONTE

La primera orden que recibí como funcionario del Gobierno recién salido del horno fue ir al Comfort Inn de Warrenton (Virginia), un motel triste y ruinoso cuyo principal cliente era el Departamento de Estado, es decir, la CIA. Se trataba del peor motel en una ciudad de moteles malos, y probablemente por eso la CIA lo había elegido. Cuantos menos huéspedes hubiese, menos posibilidades habría de que alguien se diese cuenta de que ese Comfort Inn en particular servía como residencia improvisada para el Centro de Formación Warrenton o, como lo llama la gente que trabaja allí, el Monte.

Cuando me registré en el motel, el recepcionista me advirtió de que no usara las escaleras, que estaban precintadas con cinta policial. Me dieron una habitación en la segunda planta del edificio principal, con vistas a los inmuebles auxiliares del motel y al aparcamiento. La habitación apenas tenía iluminación, había moho en el baño, la moqueta estaba asquerosa, con quemaduras de cigarros bajo el letrero de Prohibido Fumar, y en el endeble colchón había unas manchas moradas oscuras que confiaba en que fuesen de alcohol. Aun así, me gustaba aquel sitio (a mi edad esas cosas todavía podían parecerme sórdidamente románticas) y me pasé la primera noche tumbado despierto en la cama, viendo los bichos revolotear por el único plafón abovedado que tenía encima y contando las horas que quedaban para disfrutar del desayuno continental gratis que me habían prometido.

A la mañana siguiente, descubrí que, en el continente de Warrenton, desayuno quería decir cajas de tamaño individual con cereales y leche agria. ¡Bienvenidos al gobierno!

El Comfort Inn iba a ser mi hogar los seis meses siguientes. A mis compañeros de Innstrucción (como la llamábamos) y a mí nos disuadieron de contarles a nuestros seres queridos dónde nos alojábamos y lo que estábamos haciendo. Yo me ceñí a esos protocolos y raras veces volvía a Maryland o hablaba siquiera con Lindsay por teléfono. De todos modos, no nos dejaban llevarnos los móviles a la escuela, dado que las enseñanzas eran confidenciales, y teníamos clases todo el tiempo. Warrenton nos mantenía demasiado ocupados para sentirnos solos.

Si la Granja, en Camp Peary, es la institución de entrenamiento más famosa de la CIA (principalmente porque es la única de la que el personal de relaciones públicas de la agencia tiene permitido hablarle a la gente de Hollywood), el Monte es sin duda la más misteriosa. El Monte está conectado por microondas y fibra óptica a las instalaciones de retransmisión por satélite de Brandy Station —una parte de la constelación de bases gemelas del Centro de Formación Warrenton— y funciona como el corazón de la red de comunicaciones de campo de la CIA, cuidadosamente ubicado fuera del radio de alcance nuclear de Washington D. C. Los veteranos y salerosos tecnólogos que trabajaban allí tenían por costumbre decir que la CIA podría sobrevivir si perdía la sede central en un ataque catastrófico, pero que moriría si alguna vez perdía Warrenton; ahora que la cima del Monte alberga dos enormes centros de datos secretos (uno de ellos ayudé a construirlo yo más adelante), me inclino a pensar que así es.

El Monte debe su nombre a su ubicación, sobre una cima, sí, con una pendiente enorme. Cuando llegué, solo había una carretera de acceso, tras pasar una valla intencionadamente poco señalizada que rodeaba todo el perímetro, para luego ascender con una inclinación tan pronunciada que, cuando las temperaturas caían y la carretera se helaba, los vehículos perdían agarre y se deslizaban cuesta abajo.

Nada más pasar el control de seguridad vigilado, se encuentra el deteriorado centro de formación en comunicaciones diplomáticas del Departamento de Estado, cuya prominente ubicación pretendía reforzar su función de tapadera: simular que el Monte es solo un sitio en el que el servicio de Exteriores estadounidense forma a sus tecnólogos. Pasado ese centro, en mitad del terreno que hay detrás estaban los diversos edificios bajos y sin letreros en los que estudié yo, y aún más allá se encontraba el campo de tiro que usaban los tiradores de la Intelligence Community para su entrenamiento especial. Los disparos sonaban con un estilo de tiro que entonces no me resultaba familiar: pop-pop, pop; pop-pop, pop. Un doble disparo con intención de incapacitar, seguido por un disparo bien apuntado para ejecutar.

Yo estaba allí como miembro de la clase 6-06 del BTTP (Basic Telecommunications Training Program o Programa de Formación Básica en Telecomunicaciones), cuyo nombre intencionadamente convencional oculta uno de los planes de estudios más secretos e inusuales que existe. El objetivo del programa es formar a los TISO (Technical Information Security Officers u oficiales de seguridad de información técnica), es decir, el cuadro de «comunicadores» de élite de la CIA o, sin formalidades, los *comu*. A un TISO lo entrenan para convertirse en «chico para todo», un sustituto unipersonal destinado a cubrir diversos puestos que estaban especializados en generaciones anteriores: cifrador, técnico de radio, electricista, mecánico, asesor de seguridad física y digital e informático. El trabajo principal de este oficial secreto es gestionar la infraestructura técnica para las operaciones de la CIA, con mayor frecuencia en el extranjero, en bases ocultas dentro de misiones, consulados y embajadas estadounidenses, de ahí la vinculación con el Departamento de Estado. La idea es que, si estás en una Embajada estadounidense, es decir, lejos de casa y rodeado por extranjeros poco fiables (fuesen hostiles o aliados, para la CIA seguirán siendo extranjeros poco fiables), vas a tener que gestionar todas tus necesidades técnicas internamente. Si le pides a un técnico local que repare tu base de espionaje secreta, seguro que el hombre lo hace, incluso barato, pero también va a instalar micrófonos ocultos complicados de encontrar en nombre de alguna potencia extranjera.

Como resultado, los TISO son responsables de saber arreglar básicamente todas las máquinas del edificio, desde ordenadores personales y redes de ordenadores hasta sistemas de videovigilancia y de climatización, paneles solares, calentadores y refrigeradores, generadores de emergencia, conexiones por satélite, dispositivos de encriptación militar, alarmas, cierres y demás. La norma básica consiste en que si algo se enchufa o se deja enchufar es cosa del TISO.

Los TISO tienen que saber además construir algunos de esos sistemas por su cuenta, igual que tienen que saber destruirlos (por ejemplo, cuando una embajada está sitiada y han evacuado a todos los diplomáticos y a la mayoría de sus compañeros oficiales de la CIA). El TISO siempre es el último en salir. Su trabajo es enviar el mensaje final de «interrumpimos la emisión» a la sede central una vez que ha triturado, quemado, limpiado, desimantado y desintegrado todo lo que tenga huellas de la CIA, desde documentos de operaciones guardados en cajas fuertes hasta discos con material cifrado, para asegurarse de que no quede nada de valor que pueda caer en manos de un enemigo.

El motivo de que ese puesto de trabajo fuese en la CIA y no en el Departamento de Estado (la entidad propietaria del edificio de la embajada) es más que una mera diferencia de competencia y confianza: la verdadera razón es la negación plausible. El secreto peor guardado en la diplomacia moderna es que actualmente la función principal de una embajada consiste en servir como plataforma para el espionaje. Las viejas explicaciones de por qué un país intentaría mantener una presencia física teóricamente soberana sobre el terreno de otro país se fueron diluyendo en la obsolescencia con el ascenso de las comunicaciones electrónicas y la aviación de reacción. Hoy, la diplomacia más importante se desarrolla directamente entre ministerios y ministros. Por supuesto, las embajadas siguen emitiendo alguna que otra diligencia y dan apoyo a sus ciudadanos en el extranjero, aparte de la presencia de las secciones consulares que emiten visados y renuevan pasaportes; sin embargo, estas últimas suelen situarse en edificios totalmente distintos, y en cualquier caso, ninguna de esas actividades puede justificar ni remotamente el gasto de mantenimiento de toda esa infraestructura. Por el contrario, lo que sí justifica dicho gasto es la posibilidad de que un país use como tapadera su servicio de Exteriores para practicar y legitimar su espionaje.

Los TISO trabajan con una tapadera diplomática y unas credenciales que los esconden entre los oficiales del servicio de Exteriores, normalmente bajo la identidad de «agregados». En las embajadas más grandes puede haber hasta cinco, en las medianas, unos tres, pero en la mayoría solo hay uno. Los llaman «solterones», y recuerdo que una vez me dijeron que, de todos los puestos que ofrece la CIA, estos tienen las tasas más altas de divorcio. Ser un solterón significa ser el único oficial técnico, muy alejado de casa, en un mundo en el que todo está siempre roto.

En mi clase de Warrenton empezamos unos ocho y antes de licenciarnos habíamos perdido solo a uno, cosa bastante poco común, según me contaron. Que fuese un grupo tan variopinto también era poco frecuente, aunque muy representativo del tipo de tíos insatisfechos que se apuntan voluntarios a seguir una trayectoria profesional que prácticamente te garantiza pasarte la mayoría del tiempo de servicio como agente encubierto en un país extranjero. Por primera vez en mi trayectoria en la Intelligence Community, no era el más joven de la sala. Con veinticuatro años, diría que estaba rondando la media, aunque mi experiencia en trabajos de sistemas en la sede central desde luego me ponía por delante en cuanto a familiaridad con las operaciones de la agencia. El resto, en su mayoría, eran solo chavales con dotes para la tecnología recién salidos de la universidad, o de la calle, que habían mandado su solicitud por internet.

Como un guiño a las aspiraciones paramilitares de las ramas de la CIA en el extranjero, usábamos con más frecuencia motes que nuestros nombres reales para llamarnos entre nosotros, y esos motes los asignábamos rápidamente basándonos en excentricidades. Taco Bell era como un barrio normal de las afueras: con mucha amplitud, muy agradable y con espacio libre aún. Con veinte años, el único trabajo que había tenido antes de la CIA había sido como gerente en el turno de noche de un local en Pennsylvania del restaurante que le daba el mote. Rainman rondaba los treinta años y se pasó el curso rebotando por todo el espectro autista, entre la indiferencia catatónica y los temblores de furia. Llevaba con orgullo el mote que le habíamos puesto y aseguraba que era un título honorífico nativo americano. El Flauta se ganó su apodo porque su carrera en el Cuerpo de Marines nos interesaba mucho menos que su titulación en zampoña de un conservatorio. Espo era uno de los más mayores, con unos treinta y cinco años. Lo llamábamos así porque había sido agente de policía «especial» en la sede central de la CIA, donde acabó aburriéndose tanto de vigilar el acceso a McLean que decidió largarse al extranjero, aunque eso supusiera meter a toda su familia como sardinas en lata en una habitación de motel (situación que duró hasta que la dirección descubrió que la mascota de sus hijos, una serpiente, vivía en un cajón de la cómoda). El más mayor de todos nosotros era el Coronel, un cuarentón, antiguo sargento de comunicaciones de las Fuerzas Especiales que, después de mucho rular por las arenas del desierto, estaba probando con una segunda vida. No era más que un soldado raso, no un oficial, pero lo llamábamos el Coronel sobre todo por su parecido con ese amable señor de Kentucky cuyo pollo frito preferíamos a la comida que solían servir en la cafetería de Warrenton.

Mi mote —supongo que no puedo evitarlo— era el Conde. No por mi porte aristócrata ni por mis nociones dandis sobre moda, sino porque, igual que la marioneta del vampiro de *Barrio Sésamo*, tenía tendencia a indicar mi intención de interrumpir una clase levantando el índice, como para decir: «¡Uno, dos, tres, ja, ja, ja, tres cosas te has olvidado!».

Esa era la gente de la que me rodeaba mientras recibía unas veinte clases distintas, cada una de una materia, aunque relacionadas todas en su mayoría con cómo hacer que la tecnología disponible en un entorno cualquiera le sirviese de algo al Gobierno de Estados Unidos, ya fuese en una embajada o en plena fuga.

Uno de los ejercicios consistió en arrastrar «el paquete externo», es decir, una maleta de 35 kilos cargada con un equipo de comunicaciones que era más viejo que yo, hasta el tejado de un edificio. Con solo una brújula y una hoja de coordenadas plastificada, tuve que buscar en aquel vasto cielo de estrellas titilantes uno de los sigilosos satélites de la CIA, que me conectaría con la nave nodriza de la agencia, esto es, con el Centro de Comunicaciones de Crisis en McLean —indicativo «Central»—, para luego usar el kit de la época de la Guerra Fría que había en el paquete y establecer un canal de radio encriptado. Ese ejercicio era un recordatorio práctico de por qué el oficial de comunicaciones es siempre el primero en llegar a un país y el último en irse: el jefe de estación a lo mejor roba el secreto mejor guardado del mundo, pero eso no significa que se vaya a quedar agazapado ahí hasta que alguien se lleve el secreto a casa.

Aquel día estuve en la base hasta que se hizo de noche y subí con el coche a la cima misma del Monte. Aparqué a la puerta del granero reformado en el que estudiábamos conceptos eléctricos destinados a evitar que los adversarios vigilasen nuestras actividades. Los métodos que aprendíamos a veces se parecían mucho al vudú; por ejemplo, la posibilidad de reproducir lo que aparezca en el monitor de cualquier ordenador usando solo las diminutas emisiones electromagnéticas generadas por las corrientes oscilantes de los componentes internos del equipo, que pueden captarse con una antena especial, un método denominado «interferencia de Van Eck». Prometo que a todos nos sonó tan difícil de entender como parece. El propio instructor admitió a las claras que nunca había comprendido los detalles del todo y que no podía demostrárnoslo, pero que sabía que la amenaza era real: la CIA se lo estaba haciendo a otros, lo que suponía que otros nos lo podían hacer a nosotros.

Me senté en el techo del coche, el mismo Civic blanco y viejo de siempre, y mientras contemplaba lo que me parecía todo Virginia, llamé a Lindsay por primera vez en semanas, quizá en un mes. Hablamos hasta que el móvil se me quedó sin batería. Mi aliento se hacía visible mientras la noche se iba enfriando. No había nada que me hubiese gustado más que compartir aquella escena con ella: los campos oscuros, las colinas onduladas, la luz trémula astral arriba... Pero describírselo era lo máximo que podía hacer. Ya estaba infringiendo las normas con solo usar mi móvil. Habría estado quebrantando la ley si hubiese sacado una foto.

Uno de los grandes temas de estudio en Warrenton era cómo ocuparse del mantenimiento de terminales y cables, los componentes básicos —primitivos, en muchos sentidos— de la infraestructura de comunicaciones de cualquier base de la CIA. Un «terminal», en este contexto, no es más que un ordenador usado para enviar y recibir mensajes en una red segura única. En la CIA, la palabra «cables» suele referirse a los mensajes en sí, pero los oficiales técnicos saben que los «cables» son además cosas mucho más tangibles: se trata de los cordones o hilos que durante el último medio siglo aproximadamente han unido los terminales de la agencia —en concreto, sus antiguos terminales de comunicaciones postales— por todo el mundo, abriendo túneles subterráneos a través de fronteras nacionales, enterrados en el fondo del océano.

El nuestro fue el último año en el que se exigió a los TISO dominar con soltura todo esto: el *hardware* de los terminales, los paquetes de *software* múltiples y los cables también, claro. A varios de mis compañeros de clase les parecía un poco disparatado tener que manejar cuestiones de aislamiento y revestimiento en lo que se suponía que era la era de lo inalámbrico. Pero cuando alguno de ellos expresaba en voz alta dudas sobre la relevancia de cualquier elemento de la tecnología aparentemente anticuada que nos estaban enseñando, nuestros instructores nos recordaban que el nuestro era también el primer año en la historia del Monte en el que a los TISO no se les exigía aprender código morse.

Cerca ya de licenciarnos, tuvimos que rellenar lo que llamaban «hojas de sueños». Nos dieron una lista con las bases de la CIA en todo el mundo necesitadas de personal y nos dijeron que las pusiéramos en orden de preferencia. Esas hojas de sueños iban luego a la División de Requerimientos, que *ipso facto* las hacía una bola y las tiraba a la basura (al menos, según los rumores).

Mi hoja de sueños empezaba con lo que llamaban SRD (Special Requirements Division o División de Requerimientos Especiales). Técnicamente, no era un puesto en una embajada, sino en el mismo Virginia, desde donde me enviarían fuera a hacer visitas periódicas a los sitios más feos de las arenas del desierto, lugares en los que la agencia consideraba que tener un puesto permanente era demasiado duro o demasiado peligroso (bases de operaciones avanzadas, diminutas y aisladas, en Afganistán, Irak y las regiones fronterizas de Pakistán, por ejemplo). Al elegir la SRD estaba optando por el desafío y la variedad, en vez de encerrarme en una sola ciudad durante lo que se suponía que sería un periodo de hasta tres años. Mis instructores estaban todos muy seguros de que la SRD no dejaría pasar la oportunidad de pillarme, y yo estaba muy seguro de mis recién pulidas habilidades. Sin embargo, las cosas no salieron exactamente según lo esperado.

Tal y como evidenciaba el estado del Comfort Inn, la escuela había hecho recortes por aquí y por allá. Algunos de mis compañeros habían empezado a sospechar que la administración, en realidad, y por increíble que pareciese, estaba infringiendo la legislación laboral federal. Como ermitaño obsesionado con el trabajo, al principio estas cosas no me molestaban, ni a ninguno de los de mi edad. Para nosotros, aquel era el tipo de explotación de bajo nivel que experimentábamos tan a menudo que ya confundíamos con algo normal. Pero hacer horas extras no remuneradas, no tener vacaciones y no cobrar ayudas familiares sí suponían una diferencia para nuestros compañeros de más edad. El Coronel tenía pensiones alimenticias que pagar y Espo tenía una familia: todo dólar contaba, todo minuto importaba.

Las reivindicaciones llegaron a un punto crítico cuando las deterioradas escaleras del Comfort Inn terminaron por derrumbarse. Por suerte, nadie salió herido, aunque todo el mundo se pegó un buen susto y mis compañeros de clase empezaron a quejarse de que, si el edificio lo hubiese financiado una entidad distinta a la CIA, lo habrían sancionado por violar las normas antiincendios hacía años. El descontento se extendió y, al poco, lo que básicamente era una escuela de saboteadores estaba al borde de la rebelión sindical. La dirección, como respuesta, se plantó en firme y decidió esperar a que nos fuéramos, dado que al final todos tendríamos que salir, o licenciados o despedidos.

Varios compañeros vinieron a hablar conmigo. Sabían que yo era de los favoritos de los instructores, porque mis capacidades me situaban entre los mejores de la clase, y como había trabajado en la sede central, eran además conscientes de que me manejaba bien con la burocracia. Además, escribía bastante bien, al menos para el nivel de los tecnólogos. Querían que actuase como una especie de representante, o mártir, de la clase, y que llevara formalmente sus quejas ante el director de la escuela.

Me gustaría decir que me sentí motivado a abrazar esa causa únicamente por mi agraviado sentido de la justicia. Pero aunque sin duda eso influyó en la decisión, no puedo negar que, para un joven que de repente sobresalía en casi todo lo que se proponía, desafiar a la deshonrosa administración de la escuela parecía divertido. Una hora después, estaba ya recopilando políticas de la red interna a las que poder apelar, y antes de que el día hubiese acabado había enviado mi *email*.

A la mañana siguiente, el director de la escuela me mandó llamar a su despacho. Admitía que la escuela estaba echada a perder, pero me dijo que él no podía solucionar esos problemas. «Solo os quedan doce semanas más aquí. Hazme un favor y diles a tus compañeros que se aguanten. Ya mismo os asignarán vuestras misiones y tendréis mejores cosas de las que preocuparos. Lo único que recordaréis del tiempo que habéis pasado aquí es quién consiguió la mejor evaluación de rendimiento.»

Se expresó de tal manera que no supe distinguir si aquello era una amenaza o un soborno. En cualquier caso, me molestó. Para cuando salí del despacho, la diversión se había acabado y ya solo buscaba justicia.

Volví junto a una clase que ya tenía previsto perder. Recuerdo que Espo se dio cuenta de mi ceño fruncido y me dijo: «No te sientas mal, tío, al menos lo has intentado».

Espo llevaba en la agencia más tiempo que el resto de mis compañeros. Sabía cómo funcionaba, cómo de ridículo era confiar en que la dirección arreglase algo que la dirección misma había roto. Yo era un inocente en cuanto a burocracia comparado con él; me afectaba haber perdido, y también la facilidad con la que Espo y los demás lo habían aceptado. Odiaba tener la sensación de que la mera ficción del trámite bastase para disipar una genuina reclamación de resultados. La cuestión no era que a mis compañeros no les importase lo suficiente para seguir luchando, sino que no se lo podían permitir: el sistema estaba diseñado de manera que el coste percibido de una intensificación del conflicto superaba a los beneficios previstos de su resolución. Sin embargo, con veinticuatro años yo pensaba igual de poco en los costes que en los beneficios. Solo me importaba el sistema. No di el asunto por cerrado.

Reescribí el *email* y volví a mandarlo, aunque esa vez no al director de la escuela, sino a su jefe, el director del Grupo de Servicio de Campo. Si bien esa persona estaba más arriba en el escalafón que el director de la escuela, era más o menos el equivalente en rango y antigüedad a unos cuantos miembros del personal con los que yo había tratado en la sede central. Luego, le copié el mensaje también al jefe de este, que sin duda no equivalía a nada de eso.

Unos días después, mientras estábamos dando una clase de algo parecido al uso de restas falsas como forma de encriptar expedientes de campo, entró una secretaria de la oficina principal y anunció que el antiguo régimen había caído. Ya no se exigirían horas extra sin remunerar y, en un plazo de dos semanas, nos trasladarían a un hotel mucho mejor. Recuerdo el orgullo embelesado con el que proclamó: «¡Un motel del Hilton!».

Solo tuve un par de días para regocijarme en mi gloria antes de que nos interrumpiesen de nuevo las clases. En esa ocasión, en la puerta apareció el director de la escuela, que me pidió que fuese otra vez a su despacho. Espo de inmediato saltó de su asiento, me envolvió en un abrazo, hizo como que se limpiaba una lágrima y aseguró que nunca me olvidaría. El director de la escuela puso los ojos en blanco.

Allí, esperándonos en el despacho del director, estaba el otro director, el del Grupo de Servicio de Campo: el jefe del director de la escuela, el jefe de casi todo el mundo en el recorrido profesional de los TISO, el jefe a cuyo jefe había escrito yo. Se mostró excepcionalmente cordial, y no proyectaba ni una pizca de la irritación que exhibía el director de la escuela con la mandíbula apretada. Eso me desconcertó.

Traté de mantener la calma por fuera, pero por dentro estaba sudando. El director de la escuela empezó a hablar, reiterando que los problemas que la clase había sacado a la luz estaban en proceso de resolverse. Su superior lo interrumpió. «Pero no estamos aquí para hablar de eso. Estamos aquí para hablar de insubordinación y de cadenas de mando.»

Si me hubiese dado un guantazo, me habría cogido menos de sorpresa.

No tenía ni idea de a qué se refería el director con insubordinación, pero antes de darme oportunidad de preguntar, continuó hablando. La CIA era bastante distinta de otras agencias civiles, dijo, aunque sobre el papel las normativas insistieran en lo contrario. Y en una agencia que hacía un trabajo tan importante no había nada más importante que la cadena de mando.

Levanté el índice de forma automática pero educada, y señalé que antes de escribir a una instancia superior había probado a seguir la cadena de mando, pero me había fallado. Eso era precisamente lo último que debía haberle explicado a la cadena de mando, personificada al otro lado de la mesa.

El director de la escuela tenía los ojos fijos en los zapatos y, de vez en cuando, miraba por la ventana.

«Escúchame, Ed —siguió su jefe—. Yo no estoy aquí para presentar un "informe de sentimientos heridos". Relájate. Reconozco que eres un tío con talento, y nos hemos dado una vuelta y hemos hablado con tus instructores, que dicen que tienes talento y eres avispado. Incluso te has presentado voluntario para la zona de guerra. Esas cosas sabemos apreciarlas. Queremos que te quedes, pero necesitamos saber que podemos contar contigo. Tienes que entender que aquí hay un sistema. A veces, todos nos vemos obligados a soportar cosas que no nos gustan, porque la misión es lo primero, y no podemos completar la misión si todo el equipo se pone a cuestionar historias. —Hizo una pausa, tragó saliva y continuó—. Y donde más hay que tener eso en cuenta es en el desierto. En el desierto pasan muchísimas cosas, y no estoy seguro de que hayamos alcanzado un punto en el que me sienta cómodo pensando que sabrás afrontar esas cosas.»

Fue su manera de decirme: «Ahí tienes tu represalia». Y pese a que la medida era por completo contraproducente, el director de la escuela estaba sonriendo, con la mirada aún en el *parking*. Nadie aparte de mí (pero nadie nadie) había puesto la SRD, ni, para el caso, ninguna otra situación activa de combate, como primera, segunda o tercera opción en sus hojas de sueños. Todos los demás habían priorizado las otras escalas del exquisito circuito europeo, los pueblos vacacionales pulcros y agradables, con sus molinos de viento y sus bicicletas, en los que raras veces oías explosiones.

En un gesto que rozaba lo perverso, me asignaron uno de esos destinos. Me mandaron a Ginebra. Me castigaban dándome lo que nunca había pedido, pero que todos los demás querían.

Como si me estuviese leyendo la mente, el director me dijo: «Esto no es un castigo, Ed, es una oportunidad, en serio. Alguien con tu nivel de conocimientos estaría desaprovechado en zona de guerra. Necesitas una base más grande, que esté experimentando con los proyectos más nuevos, para mantenerte ocupado de verdad y ampliar tus capacidades».

Toda la gente de la clase que me había estado felicitando me tendría después envidia y pensaría que la agencia me había comprado ofreciéndome un puesto de lujo para evitarse más quejas en el futuro. Mi reacción, en el momento, fue la opuesta: pensé que el director de la escuela debía de tener un informante en clase que le hubiese dicho exactamente el tipo de base que yo esperaba evitar.

El director se levantó con una sonrisa, gesto indicativo de que la reunión había terminado. «Muy bien. Pues diría que ya está todo listo. Antes de marcharme, solo quiero asegurarme de que las cosas han quedado claras: no voy a encontrarme con más sorpresas marca Snowden, ¿verdad?».

15

GINEBRA

El *Frankenstein* de Mary Shelley, escrito en 1818, se desarrolla en gran parte en Ginebra, la animada, prolija y limpia ciudad suiza que funciona como un reloj y que se había convertido en mi hogar. Como muchos estadounidenses, crecí viendo las diversas adaptaciones de este libro al cine o a dibujos de la tele, pero no me lo había leído. Sin embargo, en los días previos a marcharme de Estados Unidos, me puse a buscar algo que leer sobre Ginebra, y en casi todas las listas que encontraba en internet aparecía *Frankenstein* destacado, entre las guías turísticas y los libros históricos. A decir verdad, creo que los únicos PDF que descargué para el traslado fueron *Frankenstein* y los Convenios de Ginebra, y solo me acabé de leer el primero. Dediqué a leer las noches de los largos y solitarios meses que pasé allí antes de que Lindsay se viniese a vivir conmigo, tirado en un colchón pelado y mondado en el salón de un apartamento ridículamente elegante y grande, aunque casi sin muebles todavía, que me pagaba la embajada en la zona de Quai du Seujet, en el distrito de Saint-Jean Falaises, con vistas al Ródano por una de las ventanas y al macizo del Jura por la otra.

Solo diré que el libro no fue lo que yo esperaba. *Frankenstein* es una novela epistolar que se lee como un hilo de *emails* recargados, alternando escenas de locura y asesinatos sangrientos con un relato aleccionador sobre cómo la innovación tecnológica suele ir más rápido que la moderación moral, ética y legal. El resultado es la creación de un monstruo descontrolado.

En la Intelligence Community se habla constantemente del «efecto Frankenstein», aunque el término militar más popular equivalente es «retroceso»: situaciones en las que decisiones políticas destinadas a potenciar los intereses estadounidenses acaban perjudicándolos de forma irreparable. Algunos prominentes ejemplos del efecto Frankenstein que han aparecido en las evaluaciones hechas *a posteriori* por civiles, Gobierno, militares e incluso la IC son la financiación y el entrenamiento por parte de Estados Unidos de los muyahidines para luchar contra los soviéticos, que desembocó en la radicalización de Osama bin Laden y la fundación de Al Qaeda, así como la desbaathificación del Ejército iraquí de la era de Saddam Hussein, que concluyó con el ascenso del Estado Islámico. No obstante, no hay duda de que el mayor caso de efecto Frankenstein en el transcurso de mi breve carrera lo representa la campaña clandestina del Gobierno estadounidense para reestructurar las comunicaciones en todo el mundo. En Ginebra, en el mismo paisaje por el que corrió desbocada la criatura de Mary Shelley, Estados Unidos se afanaba en la creación de una red que al final tomaría vida y misión propias y haría estragos con las vidas de sus creadores, la mía bastante incluida.

La base de la CIA en la Embajada de Estados Unidos en Ginebra era uno de los principales laboratorios de ese experimento, que llevaba décadas en marcha. Dicha ciudad, la refinada capital de la banca familiar en el Viejo Mundo, con una tradición inmemorial de secretos financieros, se ubicaba además en la intersección de dos redes de fibra óptica, la de la UE y la internacional, y también a la sombra de unos satélites de comunicación claves que la sobrevolaban en círculos.

La CIA es la principal agencia de inteligencia estadounidense dedicada a la HUMINT (inteligencia humana), es decir, la recogida encubierta de información de inteligencia mediante el contacto interpersonal, de persona a persona, cara a cara, sin una pantalla que medie. Los CO (*case officers* o agentes de caso) especializados en dicha actividad eran unos cínicos terminales, mentirosos encantadores que fumaban, bebían y albergaban un profundo resentimiento hacia el ascenso de la SIGINT (inteligencia de señales), es decir, la recogida encubierta de información de inteligencia mediante comunicaciones interceptadas, que con cada año que pasaba reducía los privilegios y el prestigio de esos CO. Sin embargo, aunque los CO desconfiaban por lo general de la tecnología digital de un modo similar a lo que le ocurría a Frank, mi compañero en la sede central, sin duda entendían la utilidad que podía tener, algo que generaba una productiva camaradería y una sana rivalidad. Hasta el CO más ingenioso y carismático se iba a encontrar en el transcurso de su carrera con unos pocos entusiastas idealistas cuya lealtad no podría comprar con sobres llenos de dinero. Normalmente, en esos casos los CO se dirigían a agentes técnicos de campo como yo, con preguntas, cumplidos e invitaciones a fiestas.

Servir como agente técnico de campo entre esa gente era hacer tanto de embajador cultural como de asesor experto, ya que teníamos que dar a conocer a los agentes de caso las tradiciones populares y costumbres de un nuevo territorio no menos ajeno a la mayoría de los estadounidenses que los veintiséis cantones suizos y sus cuatro lenguas oficiales. Un lunes, un CO podía estar pidiéndome consejo sobre cómo abrir un canal encubierto de comunicaciones *online* con un posible tránsfuga al que tenían miedo espantar. El martes, otro CO me presentaba a un supuesto «especialista» llegado de Washington, que en realidad era el mismo CO del día anterior poniendo a prueba un disfraz del que, todavía hoy me avergüenza admitirlo, no sospeché en lo más mínimo, aunque supongo que esa era la intención. El miércoles, quizá me preguntasen por la mejor manera de destruir un disco con registros de clientes que un CO había logrado comprar a un empleado corrupto de Swisscom, automáticamente después de su transmisión (la versión tecnológica del «quemar después de leer»). El jueves, a lo mejor tenía que escribir y transmitir informes de violación de la seguridad sobre los CO, para documentar infracciones leves cometidas por estos agentes, como olvidarse de cerrar la puerta de una cámara al salir para ir al baño; esta tarea la cumplía con considerable misericordia, ya que una vez tuve que redactar un informe sobre mí mismo precisamente por el mismo error. Llegado el viernes, el jefe de operaciones me llamaba a su despacho para preguntarme si, «hipotéticamente», la sede central podría enviar un dispositivo USB infectado que «alguien» pudiera utilizar para hackear los ordenadores usados por los delegados de Naciones Unidas, cuyo edificio principal estaba más arriba, en nuestra misma calle. ¿Creía yo que había posibilidades reales de que pillasen a ese «alguien»?

No y no.

En resumen, durante el tiempo que pasé sobre el terreno, el terreno fue cambiando muy rápidamente. La agencia insistía cada vez más en que los CO entrasen en el nuevo milenio, y a los agentes técnicos de campo como yo nos encomendaron la tarea de ayudarlos, como un extra que se sumaba al resto de nuestras obligaciones. Los teníamos que meter en internet, y ellos nos tenían que aguantar.

Ginebra se consideraba un núcleo de esta transición porque allí se ubicaba el entorno más rico del mundo en cuanto a objetivos sofisticados, desde la sede mundial de Naciones Unidas hasta las oficinas centrales de numerosas agencias especializadas de la ONU y organizaciones no gubernamentales internacionales. Estaban el Organismo Internacional de Energía Atómica, que promueve la tecnología nuclear y normas de seguridad nuclear en todo el mundo, también las relacionadas con el armamento nuclear; la Unión Internacional de Telecomunicaciones, que determina lo que puede comunicarse y cómo, a través de su influencia sobre las normas técnicas de cualquier aspecto, desde la radiofrecuencia hasta las órbitas de los satélites; y la Organización Mundial del Comercio, que determina lo que puede venderse y cómo a través de sus normativas sobre el comercio de bienes, servicios y propiedad intelectual entre las naciones participantes. Por último, había que tener en cuenta el papel de Ginebra como capital de las finanzas privadas, lo que permitía que grandes fortunas se escondiesen y se gastasen sin mucho escrutinio público, independientemente de si esas fortunas se habían labrado de manera ilícita o decente.

Desde luego, los métodos del espionaje tradicional, famosos por su lentitud y meticulosidad, lograban con éxito manipular estos sistemas en beneficio de Estados Unidos, aunque al final no pudieron satisfacer el apetito siempre creciente de los legisladores estadounidenses que leían los informes de la Intelligence Community, sobre todo cuando el sector bancario suizo (junto con el resto del mundo) se digitalizó. Llegado ese punto, con los secretos mejor guardados del mundo almacenados en ordenadores que con bastante frecuencia estaban conectados a la internet abierta, las agencias de inteligencia de Estados Unidos, lógicamente, quisieron utilizar esas mismas conexiones para robar dichos secretos.

Antes de la llegada de internet, si una agencia quería tener acceso al ordenador de un objetivo, tenía que reclutar a un activo con acceso físico a ese aparato. Obviamente, se trataba de una propuesta peligrosa: al activo podían pillarlo descargándose los secretos, o implantando el *hardware* y las vulnerabilidades de *software* que transmitiesen por radio esos secretos a sus controladores. La difusión global de la tecnología digital simplificó enormemente este proceso. Ese nuevo mundo de «inteligencia en redes digitales» u «operaciones en redes informáticas» suponía que el acceso físico casi nunca era ya necesario, con lo que se redujo el nivel de riesgo humano y se modificó de forma permanente el equilibrio HUMINT/SIGINT. Para entonces, un agente podía enviar al objetivo un mensaje —un *email* por ejemplo— con adjuntos o enlaces que activasen un *malware* que permitiría a la agencia vigilar no solo el ordenador del objetivo, sino su red al completo. En vista de esta innovación, la HUMINT de la CIA se dedicaría a la identificación de objetivos de interés y la SIGINT se ocuparía del resto. En vez de hacer que un CO se trabajase a un objetivo para convertirlo en un activo (mediante sobornos pagados a tocateja o coerción y chantaje si el soborno fallaba), unas pocas brechas informáticas planteadas con inteligencia podían ofrecer beneficios similares. Y lo que es más: con ese método, el objetivo nunca era consciente de nada y el proceso, inevitablemente, era más limpio.

O al menos, esa esperanza se tenía. Sin embargo, conforme la inteligencia se iba convirtiendo cada vez más en «ciberinteligencia» (término usado para distinguirla de las viejas formas del teléfono y fax de la SIGINT, cuando no había conexión a internet), hubo que actualizar también las viejas preocupaciones de acuerdo con los nuevos medios de internet; por ejemplo, cómo investigar a un objetivo sin abandonar el anonimato *online*.

Este problema solía surgir cuando un CO buscaba el nombre de una persona de algún país como Irán o China en las bases de datos de la agencia y salía con las manos vacías. Para búsquedas informales de posibles objetivos como esos, «Sin resultados» era en realidad un resultado bastante frecuente: las bases de datos de la CIA estaban en su mayoría llenas de gente que ya era de interés para la agencia, o de ciudadanos de países amigos a cuyos registros era más fácil acceder. Al enfrentarse a algo «Sin resultados», un CO tenía que hacer lo mismo que hace cualquiera cuando quiere buscar a alguien: mirar en la red pública de internet. Y eso era arriesgado.

Por lo general, cuando te conectas a internet, la solicitud para acceder en cualquier sitio web viaja más o menos directamente de tu ordenador al servidor en el que se aloja el destino final, es decir, el sitio web que intentas visitar. Sin embargo, en todas las paradas de ese camino, tu solicitud anuncia alegremente y con total exactitud de qué sitio de la red de internet procede, y también a cuál se dirige, gracias a identificadores llamados «encabezados de origen y destino», similares en cierto modo a la información de remitente y destinatario en una postal. Gracias a esos encabezados, es muy fácil que desarrolladores web, administradores de red y servicios de inteligencia extranjeros, entre otros, identifiquen como tuya alguna consulta que hagas en internet.

Quizá sea complicado de creer, pero la agencia, en aquella época, no tenía buenas respuestas para lo que debía hacer un agente de caso en situaciones así, más allá de la vaga recomendación de pedir a la sede central de la CIA que se ocupase de la búsqueda en su nombre. Formalmente, se suponía que este proceso tenía que funcionar de la siguiente manera: alguien en McLean se conectaba a internet desde un terminal informático en concreto y utilizaba lo que se llamaba un «sistema de búsqueda no atribuible», configurado para actuar de intermediario —es decir, para fingir el origen— de una consulta antes de enviarla a Google. Si alguien trataba de buscar quién había hecho esa búsqueda en concreto, lo único que encontraría sería un negocio anodino ubicado en algún punto de Estados Unidos, es decir, una de las miles de empresas de selección de ejecutivos y personal externo que la CIA usaba de tapadera.

No puedo decir que me explicasen nunca en condiciones por qué a la agencia le gustaba usar empresas de «búsqueda de empleo» para encubrirse; presumiblemente, eran las únicas empresas de las que resultaba plausible pensar que un día buscasen a un ingeniero nuclear en Pakistán y al siguiente, a un general polaco jubilado. Sin embargo, sí estoy en posición de afirmar con absoluta certeza que el proceso era poco efectivo, oneroso y caro. Para crear una sola de esas tapaderas, la agencia necesitaba inventarse la actividad y el nombre de una empresa, garantizar una dirección física creíble en algún lugar de Estados Unidos, registrar una URL creíble, crear un sitio web creíble y luego alquilar servidores en nombre de la empresa. Asimismo, la agencia tenía que crear una conexión encriptada desde esos servidores que permitiese la comunicación con la red de la CIA sin que nadie detectase dicha conexión. Ahora viene el giro inesperado: después de invertir todo ese esfuerzo y dinero solo para poder buscar en Google un nombre de forma anónima, cualquier negocio de tapadera que se estuviese usando como intermediario ardía de inmediato (y me refiero con esto a que su conexión con la CIA quedaba desvelada a nuestros adversarios) en cuanto algún analista decidía darse un descanso en su búsqueda e iniciar sesión en su cuenta personal de Facebook desde el mismo ordenador. Dado que poca gente en la sede central actuaba como agente encubierto, esas cuentas de Facebook solían declarar abiertamente «Trabajo en la CIA» o algo igual de revelador, como «Trabajo en el Departamento de Estado, pero en McLean».

Para partirse de risa, sí. Pero por entonces ocurría constantemente.

Durante mi temporada en Ginebra, cuando un CO me preguntaba si había un modo más seguro, más rápido y, en general, más eficiente de hacer esto mismo, yo les presentaba a Tor.

El Tor Project era una creación del Estado que terminó por convertirse en uno de los pocos escudos eficaces contra la vigilancia estatal. Tor es un *software* gratis de código abierto que, si se usa con cuidado, permite a sus usuarios navegar por internet con lo más parecido al perfecto anonimato que puede lograrse a escala en la práctica. Sus protocolos los desarrolló el Laboratorio de Investigación Naval de Estados Unidos a lo largo de mediados de la década de 1990, y en 2003 se puso a disposición del público, esto es, de la población civil mundial de la que depende su funcionalidad. El motivo de esta afirmación es que Tor funciona basándose en un modelo de comunidad cooperativa y depende de voluntarios expertos en tecnología de todo el mundo que manejan sus propios servidores Tor desde sus sótanos, buhardillas y garajes. Enrutando en internet el tráfico de sus usuarios por estos servidores, Tor hace el mismo trabajo de protección del origen de ese tráfico que el sistema de «búsqueda no atribuible» de la CIA, con la principal diferencia de que Tor lo hace mejor, o al menos de forma más eficiente. Yo ya estaba convencido de esto, pero convencer a los ariscos CO era otra historia.

Con el protocolo Tor, tu tráfico se distribuye y rebota por rutas generadas al azar de servidor Tor en servidor Tor, con el fin de sustituir tu identidad como fuente de una comunicación con la del último servidor Tor en una cadena que cambia constantemente. Casi ninguno de los servidores Tor —llamados «capas»— sabe la identidad del origen del tráfico, ni tiene ninguna información para identificarlo. Además, en un auténtico golpe maestro, el único servidor Tor que conoce ese origen (el primer servidor de la cadena) no sabe adónde se dirige el tráfico. Dicho más llanamente: el primer servidor Tor que te conecta con la red Tor, o puerta de enlace, sabe que eres tú quien envía una solicitud, pero como no tiene permitido leer esa solicitud, no tiene ni idea de que estás buscando memes de mascotas o información sobre una protesta, y el servidor Tor final por el que pasa tu solicitud, o salida, sabe exactamente lo que se está buscando, pero no tiene ni idea de quién lo está buscando.

Este método de capas se denomina «enrutamiento de cebolla», y de ahí recibe Tor su nombre: las siglas en inglés de ese término, The Onion Router; el chiste confidencial era que intentar vigilar la red Tor hacía llorar a los espías. Y en esto reside la ironía de todo el proyecto: una tecnología desarrollada por el Ejército de Estados Unidos hizo al mismo tiempo más fácil y más difícil la ciberinteligencia, al aplicar conocimientos de hacker para proteger el anonimato de los agentes de la Intelligence Community, pero solo a costa de garantizar el mismo anonimato a los adversarios, y a los usuarios medios de todo el mundo. En este sentido, Tor era incluso más neutral que Suiza. A mí personalmente, Tor me cambió la vida, ya que me devolvió al internet de mi infancia, al permitirme saborear ligeramente la libertad de no sentirme observado.

Ningún elemento de esta historia sobre cómo la CIA viró hacia la ciberinteligencia, o la SIGINT en internet, pretende insinuar que la agencia no siguiera haciendo ciertas tareas importantes de HUMINT, del mismo modo que lo había hecho siempre, al menos desde el surgimiento de la Intelligence Community moderna tras la Segunda Guerra Mundial. Incluso yo me vi implicado en tareas de ese tipo, aunque mi operación más memorable fuese un fracaso. La primera y única vez durante mi trayectoria en la Inteligencia que conocí en persona a un objetivo fue en Ginebra: la primera y única vez que miré directamente a los ojos de un ser humano, en vez de limitarme a llevar un registro de su vida desde lejos. Debo decir que la experiencia me pareció inolvidablemente visceral y triste.

Sentarse por ahí a discutir sobre cómo hackear un complejo de la ONU sin rostro era psicológicamente más fácil, de lejos. Sencillamente, el factor de la implicación directa —que puede resultar dura y agotadora en el plano emocional— no se da tanto en el lado técnico de la inteligencia, y casi nunca en el lado de la informática. Existe una despersonalización de la experiencia promovida por la distancia que da la pantalla. Asomarse a una vida por una ventana puede acabar por abstraernos de nuestras acciones y limitar cualquier confrontación significativa con sus consecuencias.

Conocí al hombre en cuestión en una recepción en la embajada, en una fiesta. La embajada celebraba muchas reuniones así, y los CO iban siempre, atraídos tanto por las oportunidades de ver y analizar a posibles candidatos para el reclutamiento como por la barra libre y los salones para fumar puros.

A veces, los CO me llevaban con ellos. Supongo que les había dado tantas clases sobre mi campo de especialidad que estaban encantados de poder enseñarme algo sobre el suyo, de formarme para que les ayudase a «buscar al mono» en un entorno en el que siempre había más gente a la que conocer de lo que posiblemente pudieran manejar por sí solos. Mi condición de friki de la informática significaba que podía hacer que los jóvenes investigadores del CERN (Conseil Europeen pour la Recherche Nucleaire u Organización Europea para la Investigación Nuclear) hablasen de su trabajo con una emoción voluble, cosa que les costaba mucho conseguir a los titulados en Administración de Empresas y Ciencias Políticas que engrosaban las filas de nuestros CO.

Como tecnólogo, me resultaba increíblemente fácil defender mi tapadera. En cuanto algún cosmopolita vestido con un traje a medida me preguntaba a qué me dedicaba y yo le respondía con las cinco palabras mágicas, «Me dedico a la informática» (o, en mi cada vez mejor francés, *je travaille dans l'informatique*), su interés en mí desaparecía, pero eso no ponía fin a la conversación. Cuando eres un profesional recién llegado y estás hablando de algo ajeno a tu terreno, nunca sorprende demasiado que hagas un montón de preguntas; además, según mi experiencia, la mayoría de la gente se aferra a la oportunidad de explicar con pelos y señales cuánto saben más que tú sobre algo que les interesa profundamente.

La fiesta que recuerdo se celebró una noche cálida en la terraza exterior de un café exclusivo en una de las calles laterales que bordean el lago de Ginebra. Algunos CO no dudaban en abandonarme en reuniones así para ir a sentarse lo más cerca posible de cualquier mujer que cumpliese sus indicadores de inteligencia clave: ser muy atractiva y tener la edad de una estudiante. Pero yo no me quejaba; para mí, detectar objetivos era un *hobby* con cena gratis.

Cogí mi plato y me senté en una mesa al lado de un hombre de Oriente Medio bien vestido, con una camisa rosa con gemelos y manifiestamente suiza. Parecía estar solo, y exasperado porque nadie se interesaba en él, así que le pregunté por su vida. Es la técnica usual: mostrar curiosidad y dejarlos hablar. En ese caso, el hombre habló tanto que parecía que yo ni siquiera estaba allí. Era saudí, y se explayó comentando cuánto le gustaba Ginebra, las bellezas relativas de los idiomas francés y árabe, y la belleza absoluta de la muchacha suiza con la que (sí) había tenido una cita normal para jugar al Laser Tag. Con un toque de tono conspirador, me contó que trabajaba en gestión de patrimonio privado. Al poco, me estaba dando una conferencia íntegra y pulida sobre lo que hace exactamente que un banco privado sea privado, y el reto que suponía invertir sin alterar el mercado cuando tus clientes tienen la envergadura de un fondo soberano de inversión.

—¿Sus clientes? —le pregunté.

Fue entonces cuando me lo dijo.

—La mayoría de mi trabajo la hago con cuentas saudíes.

Unos minutos después me excusé para ir al baño, y de camino me acerqué a contarle al CO que trabajaba con objetivos financieros de lo que me había enterado. Tras un intervalo necesariamente demasiado largo «arreglándome el pelo» —o mandándole un mensaje a Lindsay delante del espejo del baño—, regresé y me encontré al CO sentado en mi silla. Saludé con la mano a mi nuevo amigo saudí antes de sentarme al lado de la cita descartada por el CO, con su sombra de ojos ahumada. No me sentía mal. Sentía que me había ganado de verdad los Pavés de Genève que repartían de postre. Había hecho mi trabajo.

Al día siguiente, el CO —a quien llamaré Cal— me colmó de elogios y me dio las gracias efusivamente. A los CO los ascienden o no basándose sobre todo en su eficacia para reclutar activos con acceso a información sobre cuestiones lo bastante sustanciales para comunicarlas formalmente a la sede central; dada la supuesta implicación de Arabia Saudí en la financiación del terrorismo, Cal sentía la enorme presión de tener que trabajarse bien a una fuente que podría capacitarlo para el ascenso. Tuve claro que nuestro colega de la fiesta no iba a tardar nada en recibir un sobresueldo de la agencia.

Sin embargo, no fue del todo así como salieron las cosas. Pese a las frecuentes incursiones de Cal junto al banquero en clubes de *striptease* y bares, el saudí no hacía muchas migas con el CO (al menos, no hasta el punto de poder sacarle el tema) y Cal se estaba impacientando.

Después de un mes de fracasos, Cal se sentía tan frustrado que se llevó al banquero a beber por ahí y consiguió ponerlo ciego como un piojo. Entonces, lo presionó para que se fuese a casa en el coche, en vez de coger un taxi. Antes de que el tipo hubiese salido siquiera del último bar, Cal le estaba comunicando el modelo y la matrícula del coche del saudí a la policía de Ginebra, que no tardó ni un cuarto de hora en arrestar al banquero por conducir bajo la influencia del alcohol. Al banquero le cayó una multa enorme, dado que en Suiza las multas no son cantidades fijas, sino que se basan en un porcentaje de los ingresos, y le retiraron el carné de conducir durante tres meses... Periodo de tiempo durante el que Cal, como verdadero y buen amigo con falsa conciencia de culpa, llevaría y traería al saudí entre su casa y el trabajo, todos los días, para que el tío pudiera «evitar que en su oficina se enterasen». Cuando la multa se hizo efectiva y eso metió a su amigo en problemas económicos, Cal estuvo ahí, dispuesto a hacerle un préstamo. El banquero dependía de él: el sueño de todo CO.

Solo surgió un contratiempo: cuando Cal por fin le soltó todo el rollo, el banquero rechazó la oferta. El saudí entró en cólera al darse cuenta del delito planeado y del arresto orquestado, y se sintió traicionado cuando vio que la generosidad de Cal no había sido auténtica. Cortó todo el contacto con el CO. Cal hizo un tibio intento por continuar con un seguimiento y un control de daños, pero era demasiado tarde. El banquero al que le encantaba Suiza había perdido su trabajo y regresaba —o lo mandaban— de vuelta a Arabia Saudí. Al propio Cal se lo llevaron a rotar por Estados Unidos otra vez.

El riesgo había sido demasiado alto y el resultado, demasiado escaso. Fue un desperdicio que yo mismo puse en marcha y luego no pude hacer nada por detener. Tras esa experiencia, la priorización de la SIGINT sobre la HUMINT tuvo todo el sentido para mí.

En el verano de 2008, la ciudad celebró su anual Fêtes de Genève, un carnaval gigante que culmina con fuegos artificiales. Recuerdo haberme sentado en la orilla izquierda del lago de Ginebra con el personal local del SCS (Special Collection Service o Servicio Especial de Recopilación), un programa conjunto de la CIA y la NSA responsable de la instalación y del funcionamiento del equipo de vigilancia especial que permite a las embajadas estadounidenses espiar señales extranjeras. Esos tíos trabajaban al fondo del mismo pasillo de la embajada donde estaba mi cámara, pero eran mayores que yo y su trabajo superaba con mucho mi nivel salarial, y mucho más mis capacidades: tenían acceso a herramientas de la NSA que yo ni siquiera sabía que existían. Aun así, entablamos amistad: yo los admiraba y ellos me cuidaban.

Mientras los fuegos artificiales estallaban encima de nosotros, les estaba hablando del caso del banquero, lamentando el desastre que había sido, y entonces uno de los tipos me miró y me dijo: «Ed, la próxima vez que conozcas a alguien, no te molestes en avisar a un CO: danos su dirección de correo electrónico y nosotros nos ocupamos». Recuerdo haber asentido sombríamente, aunque entonces apenas tenía idea de todo lo que implicaba aquel comentario.

Me mantuve alejado de las fiestas el resto del año y me limité a pasearme por los cafés y parques de Saint-Jean Falaises con Lindsay, haciendo viajes ocasionales con ella a Italia, Francia y España. Aun así, algo me había avinagrado el ánimo, y no era solo la debacle del banquero. Al pararme a pensarlo, quizá fuese la banca en general. Ginebra es una ciudad cara y desvergonzadamente pija, pero, mientras 2008 se acercaba a su fin, me empezó a parecer que la elegancia de esa urbe caía en extravagancia, con un flujo masivo de gente superrica (procedente en su mayoría de los estados del Golfo, y en gran medida, saudíes) que disfrutaba de los beneficios de las subidas del precio del petróleo en el culmen de la crisis financiera mundial. Esos tipos regios reservaban plantas enteras en grandiosos hoteles de cinco estrellas y compraban todas las existencias de las tiendas de lujo situadas al otro lado del puente. Montaban banquetes fastuosos en los restaurantes con estrellas Michelin de la ciudad y pasaban a toda velocidad con sus Lamborghini de color plata cromada por las calles adoquinadas. Siempre cuesta pasar por alto la demostración de consumo ostentoso de Ginebra, pero el derroche que entonces se exhibía resultaba especialmente irritante, al producirse durante el peor desastre económico desde la Gran Depresión, según nos decían constantemente los medios estadounidenses, y desde el periodo de entreguerras y el Tratado de Versalles, según nos decían constantemente los medios europeos.

La cuestión no era que Lindsay y yo estuviésemos sufriendo. Después de todo, nuestra renta la pagaba el Tío Sam. Más bien era que, cada vez que uno de los dos hablaba con su familia o amigos que seguían en Estados Unidos, la situación parecía más desalentadora. Nuestras familias conocían a personas que se habían pasado toda la vida trabajando —algunas, para el Gobierno estadounidense— y que estaban viendo cómo los bancos les quitaban las casas después de que una enfermedad inesperada les impidiese pagar algunos plazos de la hipoteca.

Vivir en Ginebra era vivir en una realidad alternativa, incluso opuesta. Mientras el resto del mundo se iba empobreciendo cada vez más, Ginebra prosperaba, y aunque los bancos suizos se mantuvieron al margen de muchos de esos negocios arriesgados que provocaron la crisis económica, sí se dedicaron a ocultar con gusto el dinero de quienes se habían beneficiado del dolor y nunca iban a rendir cuentas por ello. La crisis de 2008, que levantaría gran parte de los cimientos de las crisis de populismo que una década después se extenderían por Europa y América, me ayudó a darme cuenta de que las cosas devastadoras para el pueblo pueden ser beneficiosas para las élites, y a menudo lo son. Fue una lección que el Gobierno estadounidense me confirmaría en otros contextos, una y otra vez, durante los años siguientes.

16

TOKIO

Internet es algo básicamente estadounidense, aunque tuve que salir de Estados Unidos para entender bien lo que eso significaba. La World Wide Web quizá se inventase en Ginebra, en el laboratorio de investigación del CERN, en 1989, pero los modos de acceder a la red son tan yanquis como el béisbol, algo que deja a la Intelligence Community con el factor cancha a su favor. Los cables, los satélites, los servidores, las torres... Tanta infraestructura de internet está bajo control estadounidense que más del 90 por ciento del tráfico mundial de internet pasa por tecnologías de cuyo desarrollo, propiedad y funcionamiento son responsables el Gobierno estadounidense y negocios estadounidenses, en su mayoría emplazados físicamente en territorio de Estados Unidos. Algunos de los países que, por tradición, se preocupan por esa ventaja —como China y Rusia— han intentado crear sistemas alternativos, entre ellos, el Gran Cortafuegos, los motores de búsqueda censurados de patrocinio estatal, o las constelaciones de satélites nacionalizados que ofrecen un GPS selectivo. En cualquier caso, Estados Unidos sigue siendo la potencia hegemónica, el dueño de los interruptores maestros que pueden conectar y desconectar a casi todo el mundo a voluntad.

Lo que estoy definiendo como fundamentalmente estadounidense no es solo la infraestructura de internet, sino también el *software* (Microsoft, Google, Oracle) y el *hardware* (HP, Apple, Dell) de los ordenadores. Es todo, desde los chips (Intel, Qualcomm) hasta los enrutadores y los módems (Cisco, Juniper), los servicios web y plataformas de correo electrónico, redes sociales y almacenamiento en nube (Google, Facebook y Amazon, que es el más importante en cuanto a estructura aunque permanezca invisible, ya que ofrece servicios en nube al Gobierno estadounidense, aparte de a la mitad de internet). Pese a que algunas de estas empresas fabrique sus dispositivos en China, por ejemplo, los negocios en sí son estadounidenses y están sujetos a la legislación de Estados Unidos. El problema es que también están sujetos a políticas estadounidenses clasificadas que pervierten la ley y permiten al Gobierno del país vigilar a casi cualquier hombre, mujer y niño que alguna vez haya tocado un ordenador o cogido un teléfono.

En vista de la naturaleza estadounidense de la infraestructura de comunicaciones de todo el planeta, debería haber sido obvio que el Gobierno de Estados Unidos iba a estar implicado en ese tipo de vigilancia masiva, y yo especialmente tendría que haberlo visto claro. Pero no fue así, en gran medida porque el Gobierno no dejaba de insistir en que no hacía nada de eso; de hecho, solía negar dichas prácticas con tanta rotundidad ante los tribunales y en los medios de comunicación que a los pocos escépticos que quedaban y acusaban al Gobierno de mentir se los trataba como adictos a las conspiraciones con pelos de locos. Las sospechas que estos últimos vertían sobre la existencia de programas secretos de la NSA parecían diferenciarse poco de ilusiones paranoicas relacionadas con mensajes alienígenas que se transmitían a la radio por nuestros dientes. Éramos demasiado confiados: yo, tú, todos nosotros. En cualquier caso, personalmente lo más doloroso es que, la última vez que cometí este error, apoyé la invasión de Irak y me metí en el Ejército. Cuando llegué a la Intelligence Community, estaba seguro de que nunca me volverían a engañar, sobre todo porque tenía una habilitación de grado secreto, y eso tenía que contar para disfrutar de cierto grado de transparencia. Al fin y al cabo, ¿por qué el Gobierno iba a tener secretos con quienes guardaban sus secretos? Con todo esto quiero decir que lo obvio ni siquiera me pareció concebible hasta cierto tiempo después de mudarme a Japón en 2009 para trabajar para la NSA, la principal agencia de inteligencia de señales de Estados Unidos.

Era un trabajo de ensueño no solo porque lo hacía para la agencia de inteligencia más avanzada del planeta, sino también porque se emplazaba en Japón, un lugar que siempre nos había fascinado a Lindsay y a mí. Parecía un país llegado del futuro. Pese a que oficialmente iba contratado como empleado externo, las responsabilidades y, sobre todo, la ubicación del puesto bastaron y sobraron para conquistarme. Resulta irónico que hasta que no volví al sector privado no me vi en posición de comprender lo que estaba haciendo mi Gobierno.

Sobre el papel, era empleado de Perot Systems, una empresa fundada por el mismo texano hiperactivo y diminuto que creó el Partido de la Reforma y se presentó dos veces a presidir el país. Sin embargo, muy poco después de mi llegada a Japón, Dell adquirió Perot Systems, así que sobre el papel me convertí en empleado de Dell. Al igual que en la CIA, el estatus de contratado externo era una mera formalidad y una tapadera, y nunca trabajé en un sitio que no fuesen las instalaciones de la NSA.

El PTC (Pacific Technical Center o Centro Técnico del Pacífico) de la NSA ocupaba la mitad de un edificio situado en la enorme base aérea de Yokota. En calidad de cuartel general de las Fuerzas Armadas de Estados Unidos en Japón, la base estaba rodeada por muros altos, puertas de acero y controles vigilados. Yokota y el PTC quedaban a solo un breve paseo en bici de donde Lindsay y yo teníamos el apartamento, en Fussa, una ciudad situada en el extremo oeste de la enorme extensión metropolitana de Tokio.

El PTC gestionaba la infraestructura de la NSA para todo el Pacífico y ofrecía asistencia a bases satélite de la agencia en países cercanos. La mayoría de esas bases se dedicaba a gestionar las relaciones secretas que permitieron a la NSA cubrir la cuenca del Pacífico con maquinaria espía, siempre que la agencia prometiese compartir alguna de la información de inteligencia que recopilaba con los Gobiernos regionales (y siempre que la ciudadanía no descubriese lo que estaba haciendo la agencia). La intercepción de comunicaciones ocupaba la mayor parte de la misión. El PTC amasaba «cortes» de las señales captadas y los transmitía por todo el océano hasta Hawái, y Hawái, a su vez, los remitía a los Estados Unidos continentales.

El nombre oficial de mi puesto era «analista de sistemas». Tenía la responsabilidad del mantenimiento de los sistemas locales de la NSA, aunque al principio hice más bien el trabajo de un administrador de sistemas, ya que ayudé a conectar la arquitectura de sistemas de la NSA con la de la CIA. Dado que yo era el único en la región que conocía la arquitectura de la CIA, viajaba además a embajadas estadounidenses, como la que había dejado en Ginebra, para ocuparme de la creación y del mantenimiento de los enlaces que permitían a las agencias compartir información de inteligencia por vías imposibles hasta entonces. Era la primera vez en mi vida que de verdad entendía el poder de ser el único en una sala con idea no solo de cómo funcionaba un sistema internamente, sino de cómo funcionaba (o no) unido a múltiples sistemas. Más adelante, cuando los jefes del PCT me reconocieron al fin cierta habilidad para encontrar soluciones conjuntas a sus problemas, me dieron manga ancha para proponer proyectos propios.

Hubo dos cosas de la NSA que me dejaron atónito desde el primer minuto: lo tecnológicamente sofisticada que era en comparación con la CIA y el grado tan inferior de vigilancia de seguridad que aplicaba a todas sus iteraciones, desde la compartimentación de información hasta la encriptación de datos. En Ginebra, teníamos que sacar los discos duros de los ordenadores todas las noches y guardarlos en una caja fuerte, y además los discos estaban encriptados. La NSA, por el contrario, apenas se molestaba en encriptar nada.

A decir verdad, era más bien desconcertante descubrir que la NSA iba muy por delante en términos de ciberinteligencia, pero muy por detrás en términos de ciberseguridad, incluido lo más básico: recuperación ante desastres o copias de seguridad. Todas las bases satélite de la NSA recopilaban su propia información de inteligencia, la almacenaban en sus servidores locales y, debido a restricciones en el ancho de banda (limitaciones en la cantidad de datos que podían transmitirse con velocidad), normalmente no enviaban copias a los servidores principales en la sede central de la NSA. Eso significaba que, si en una base se destruían datos, se perdería la información que a la agencia tanto le había costado recopilar.

Mis jefes del PTC entendían los riesgos que estaba corriendo la agencia al no conservar copias de muchos de sus archivos, así que me encargaron la tarea de buscar una solución y vendérsela a quienes tomaban las decisiones en la sede central. El resultado fue un sistema de copias de seguridad y almacenamiento que actuaría como una NSA en la sombra: una copia completa, automatizada y en constante actualización del material más importante de la agencia, que permitiría a la NSA reiniciarse y volver a funcionar, con todos los archivos intactos, aunque Fort Meade quedase reducida a humeantes escombros.

El principal problema de crear un sistema global de recuperación ante desastres (en realidad, el de crear cualquier tipo de sistema de copias de seguridad que abarque un número verdaderamente abrumador de ordenadores) es tratar con datos duplicados. En palabras sencillas, debes gestionar situaciones en las que, por ejemplo, mil ordenadores tengan copias del mismo archivo, por lo que deberás asegurarte de no hacer mil copias de ese archivo, pues eso exigiría mil veces la dimensión de ancho de banda y espacio de almacenamiento. Esta innecesaria duplicación en concreto era lo que impedía que las bases satélite de la agencia transmitiesen copias de seguridad de sus registros a diario a Fort Meade: la conexión se bloquearía al recibir mil copias del mismo archivo con la misma llamada de teléfono interceptada, de las que a la agencia le sobraban novecientas noventa y nueve.

La manera de evitar esto era recurrir a la «desduplicación», es decir, a un método de evaluar la unicidad de los datos. El sistema que diseñé escaneaba constantemente los archivos de todas las instalaciones en las que la NSA almacenaba registros y analizaba todos los «bloques» de datos, hasta el más mínimo fragmento de un archivo, para averiguar si era o no único. Solo si la agencia no disponía de una copia de ese archivo en la sede central, los datos se ponían automáticamente en cola para su transmisión. De este modo, el volumen de información que pasaba por la conexión de fibra óptica transpacífica de la agencia se reducía de una cascada a un goteo.

La combinación de la desduplicación y las constantes mejoras en la tecnología de almacenamiento permitía a la agencia conservar datos de inteligencia durante periodos de tiempo cada vez más largos. En el transcurso de mi carrera, el objetivo de la agencia pasó de aspirar a tener una capacidad de almacenamiento de varios días después de la recopilación de la información de inteligencia a tener una capacidad de semanas, meses y cinco años o más. Para cuando se haya publicado este libro, la agencia probablemente pueda almacenar esa información durante décadas. Según la sabiduría popular de la NSA, no tenía sentido recopilar nada a no ser que pudiera almacenarse hasta que fuese útil, y no había manera de predecir cuándo ocurriría eso exactamente. Dicha racionalización alimentaba el sueño último de la agencia, esto es, la permanencia: almacenar todos los archivos que haya recopilado o producido a perpetuidad, y crear por tanto una memoria perfecta. El expediente permanente.

La NSA cuenta con todo un protocolo que se supone que debes seguir para ponerle un nombre en clave a un programa. Se trata básicamente de un procedimiento estocástico similar al *I Ching* por el que se eligen de forma aleatoria palabras de dos columnas. Un sitio web interno lanza unos dados imaginarios para seleccionar un nombre de la columna A y luego vuelve a lanzarlos para elegir otro de la columna B. De este modo, terminas con nombres que no significan nada, como FOXACID y EGOTISTICALGIRAFFE. El sentido de usar un nombre en clave es que no haga referencia al propósito del programa en sí. (Según la información, FOXACID era el nombre en clave de los servidores de la NSA que alojan versiones en *malware* de sitios web conocidos; EGOTISTICALGIRAFFE era un programa de la NSA destinado a aprovechar las vulnerabilidades de algunos exploradores web que funcionaban con Tor, dado que no podían vulnerar el propio Tor.) Sin embargo, los agentes de la NSA confiaban tanto en su poder y en la absoluta invulnerabilidad de la agencia que raras veces cumplían con esta norma. En resumen, trucaban y volvían a lanzar los dados hasta que obtenían la combinación de nombres que querían, la que pensaran que molaba: TRAFFICTHIEF, el orquestador de ataques a VPN.

Juro que no hice nada de eso cuando me puse a buscar un nombre para mi sistema de copias de seguridad. Juro que simplemente lo eché a suertes y me salió EPICSHELTER.[*]

Más adelante, cuando la agencia adoptó el sistema, le cambiaron el nombre por algo parecido a Plan (o Programa) de Modernización del Almacenamiento. A los dos años de inventarse el EPICSHELTER, se había puesto en marcha una variante que se usaba de forma estándar con otro nombre distinto.

El material que divulgué entre los periodistas en 2013 documentaba una serie tan amplia de abusos por parte de la NSA, acometidos con un potencial tecnológico tan diver-

---

[*] Los más o menos curiosos nombres en clave que se mencionan en este párrafo y el anterior son, explicados, los siguientes: FOXACID, mezcla de *fox* («zorro») y *acid* («ácido»); EGOTISTICALGIRAFFE, mezcla de *egotistical* («ególatra») y *giraffe* («jirafa»); TRAFFICTHIEF, mezcla de *traffic* («tráfico») y *thief* («ladrón»); y EPICSHELTER, mezcla de *epic* («épico») y *shelter* («refugio»). *(N. de la T.)*

so, que ningún agente en el ejercicio diario de sus responsabilidades estaba nunca en posición de conocerlos todos, ni siquiera un administrador de sistemas. Para descubrir tan solo una fracción de esas actividades ilícitas tenías que ponerte a buscar bien, y para ponerte a buscar bien tenías que saber primero que se estaban produciendo.

Fue algo tan banal como una conferencia lo que me dio la primera pista de que ocurría algo, lo que despertó mi sospecha inicial sobre el auténtico alcance de lo que estaba haciendo la NSA.

En mitad de mi trabajo con el EPICSHELTER, el PTC acogió una conferencia sobre China auspiciada por la JCI-TA (Joint Counterintelligence Training Academy o Academia de Formación Conjunta en Contrainteligencia) para la DIA (Defense Intelligence Agency o Agencia de Inteligencia de Defensa), una agencia vinculada al Ministerio de Defensa y especializada en espiar a militares extranjeros y asuntos relacionados con ejércitos extranjeros. La conferencia se componía de sesiones informativas a cargo de expertos de todas las secciones de la Inteligencia, la NSA, la CIA, el FBI y el Ejército, sobre cómo los servicios chinos de inteligencia tenían a la Intelligence Community entre sus objetivos y sobre lo que la IC podía hacer para dar problemas a los chinos. Pese a que China desde luego me interesaba, yo no solía verme implicado en esos tipos de trabajos, así que no tuve muy en mente la conferencia hasta que se anunció que, a última hora, el único ponente sobre cuestiones tecnológicas no iba a poder asistir, no estoy seguro de por qué motivo (una gripe, el destino). El organizador de la conferencia preguntó entonces si en el PTC había alguien que pudiera sustituirlo, porque era demasiado tarde para reprogramar su charla. Uno de los jefes mencionó mi nombre, y cuando me preguntaron si quería probar suerte, dije que sí. Me caía bien mi jefe y quise echarle un cable. Además, tenía curiosidad, y aproveché la oportunidad de hacer por una vez algo ajeno a la desduplicación de datos.

Mi jefe se entusiasmó. La cosa tenía truco, claro, y no me lo contó hasta ese momento: la sesión informativa era al día siguiente.

Llamé a Lindsay para decirle que no podría irme a casa. Me quedaría toda la noche despierto para preparar la presentación, cuyo título representaba la intersección entre una disciplina muy antigua, la contrainteligencia, y otra muy nueva, la ciberinteligencia, que se unían para tratar de vulnerar y frustrar los intentos del adversario de recopilar información de vigilancia a través de internet. Empecé a sacar todo lo que había en la red de la NSA (y en la red de la CIA, a la que todavía tenía acceso) para procurar leer todos los informes secretos que pudiera encontrar sobre lo que los chinos estaban haciendo *online*. En concreto, leí sobre los denominados «conjuntos de intrusión», que son paquetes de datos sobre tipos específicos de ataques, herramientas y objetivos. Los analistas de la IC usaban esos conjuntos de intrusión para identificar ciberinteligencia militar china concreta o grupos de hackeo, del mismo modo que los detectives pueden intentar identificar a un sospechoso responsable de una serie de robos mediante un conjunto básico de características o *modus operandi*.

No obstante, con mi investigación de ese material tan disperso pretendía hacer más que informar sobre cómo China nos estaba hackeando. Mi tarea principal era ofrecer un resumen de la evaluación que hacía la IC sobre la capacidad de China para rastrear electrónicamente a los agentes y activos estadounidenses que operaban en la región.

Todo el mundo sabe (o cree saber) cuáles son las medidas draconianas que el Gobierno chino aplica en internet, y alguna gente sabe (o cree saber) en qué consiste el grueso de las revelaciones que hice a los periodistas en 2013 sobre el potencial de mi propio Gobierno. Pero, cuidado: una cosa es decir en tono informal, al modo en el que se cuenta una distopía de ciencia ficción, que un gobierno teóricamente puede ver y oír todo lo que sus ciudadanos hacen, y otra muy distinta es que un gobierno intente de verdad poner en práctica ese sistema. Lo que un escritor de ciencia ficción puede describir en una frase quizá equivalga al trabajo coordinado de miles de tecnólogos y a millones de dólares en equipos. Leer los detalles técnicos de la vigilancia a la que China sometía las comunicaciones privadas (leer un relato completo y preciso sobre los mecanismos y la maquinaria necesarios para recopilar, almacenar y analizar de manera permanente los miles de millones de comunicaciones diarias por teléfono e internet hechas por más de mil millones de personas) fue una vivencia puramente sobrecogedora. Al principio, me quedé tan impresionado por el logro puro y duro y la audacia de aquel sistema que casi me olvidé de horrorizarme por sus controles de corte totalitario.

Después de todo, el Gobierno chino era un Estado explícitamente antidemocrático de partido único. Los agentes de la NSA daban por sentado, incluso más que la mayoría de los estadounidenses, que aquel país era un infierno autoritario. Las libertades civiles chinas no eran cosa mía. No había nada que yo pudiese hacer al respecto. Sin ningún género de duda, yo trabajaba para los buenos, y eso me convertía también en uno de los buenos.

No obstante, había algunos aspectos de lo que estaba leyendo que me perturbaban. Me acordé entonces del que quizá sea el papel fundamental del progreso tecnológico: si algo puede hacerse, probablemente se hará y seguramente ya se haya hecho. No había manera de que Estados Unidos tuviese tanta información sobre lo que estaba haciendo China sin haber puesto en práctica exactamente lo mismo. Al repasar todo aquel material chino tuve la leve sensación de estar mirando un espejo y viendo el reflejo de Estados Unidos. Lo que China les hacía públicamente a sus ciudadanos quizá (la posibilidad existía) se lo estuviese haciendo Estados Unidos en secreto a todo el mundo.

Aunque sea como para odiarme, debo decir que en aquel momento anulé esa sensación. A decir verdad, hice todo lo que pude por obviarla. Las diferencias seguían siendo evidentes para mí. El Gran Cortafuegos de China era un instrumento censor y represivo a escala nacional, destinado a mantener a sus ciudadanos encerrados dentro y a Estados Unidos aislada fuera del modo más escalofriante y manifiesto, mientras que los sistemas estadounidenses eran invisibles y puramente defensivos. Tal y como yo concebía entonces la vigilancia hecha por Estados Unidos, cualquier persona del mundo podía entrar en la infraestructura de internet estadounidense y acceder al contenido que quisiera, sin bloqueos ni filtros; o al menos, solo con los bloqueos y los filtros de sus países de residencia y de las empresas estadounidenses, que no están, presumiblemente, bajo el control del Gobierno de Estados Unidos. Solo aquellas personas convertidas de forma expresa en objetivos por haber visitado, por ejemplo, sitios web de fabricación de bombas yihadistas o mercados de *malware* estarían sometidas a un seguimiento y escrutinio.

Concebido así, el modelo de vigilancia estadounidense me parecía del todo aceptable. En realidad, más que eso:

apoyaba por completo la vigilancia defensiva y selectiva, un «cortafuegos» que no dejaba a nadie fuera, sino que solo quemaba a los culpables.

Sin embargo, durante los días que pasé sin dormir después de aquella noche de desvelo, una vaga sospecha me siguió rondando la cabeza. Mucho después de exponer mi sesión informativa sobre China, no pude evitar indagar más.

Al inicio de mi trabajo con la NSA, en 2009, tenía tan solo unas cuantas nociones más que el resto del mundo sobre las prácticas de esta agencia. Gracias a reportajes periodísticos, era consciente del sinfín de iniciativas de vigilancia de la NSA que autorizó el presidente George W. Bush inmediatamente después del 11-S. En concreto, conocía la iniciativa que más oposición pública había encontrado: la sección del PSP (President's Surveillance Program o Programa de Vigilancia del Presidente) centrada en las escuchas sin orden judicial que desveló *The New York Times* en 2005 gracias a la valentía de unos pocos denunciantes de la NSA y del Ministerio de Justicia.

Oficialmente, el PSP era una «orden ejecutiva», es decir, un conjunto de instrucciones estipuladas por el presidente estadounidense que el Gobierno debe considerar equivalente al derecho público, aunque se hayan garabateado en secreto en una servilleta. El PSP capacitaba a la NSA para recopilar comunicaciones por teléfono e internet entre Estados Unidos y el extranjero. En particular, el PSP facultaba a la NSA a hacer tal cosa sin que fuese necesario obtener ninguna orden judicial especial del Tribunal estadounidense de Vigilancia de Inteligencia Extranjera, un tribunal federal secreto fundado en 1978 para supervisar las solicitudes de órdenes de vigilancia de la Intelligence Community, después de que pillasen a las agencias espiando a escala nacional a movimientos contrarios a la Guerra de Vietnam y a defensores de los derechos civiles.

Tras las protestas generadas por lo revelado en *The New York Times* y las recusaciones presentadas por la ACLU (American Civil Liberties Union o Unión Estadounidense por las Libertades Civiles) ante tribunales normales, no secretos, por la inconstitucionalidad del PSP, la Administración Bush aseguró haber dejado morir el programa en 2007. Sin embargo, esa muerte resultó ser una farsa. El Congreso se pasó los dos últimos años de la Administración Bush aprobando una legislación que legalizaba el PSP con carácter retroactivo, además de dar inmunidad, también retroactiva, a los proveedores de servicios de telecomunicaciones e internet que hubiesen participado de él. Esa nueva legislación —formada por las leyes Protect America Act de 2007 y FISA Amendments Act de 2008— empleaba un lenguaje intencionadamente engañoso para asegurar a los ciudadanos estadounidenses que sus comunicaciones no eran un objetivo explícito, aunque se ampliase de manera efectiva el ámbito de aplicación del PSP. Más allá de recopilar comunicaciones que entrasen al país desde países extranjeros, la NSA tenía ya también autorización política para recopilar sin orden judicial comunicaciones por teléfono e internet hacia el exterior que se originasen dentro de las fronteras estadounidenses.

Al menos, esa fue la idea que me hice al leer el resumen de la situación redactado por el propio Gobierno, que se hizo público en una versión sin clasificar en julio de 2009, el mismo verano que pasé escarbando en el ciberpotencial chino. Dicho resumen, publicado con el título nada descriptivo de *Informe sin clasificar sobre el Programa de Vigilancia del Presidente*, lo redactaron las oficinas de los inspectores generales de cinco agencias (Ministerio de Defensa, Ministerio de Justicia, CIA, NSA y la Oficina del director de Inteligencia Nacional), y fue lo que se ofreció al público en lugar de una investigación plena del Congreso sobre la extralimitación de la NSA en la era Bush. El hecho de que el presidente Obama, una vez en el cargo, se negara a solicitar una investigación plena del Congreso fue la primera señal, al menos para mí, de que el nuevo presidente —cuya campaña Lindsay había apoyado con total entusiasmo— pretendía seguir adelante sin tener en cuenta como era debido el pasado. Cuando la Administración Obama renovó la imagen de marca y la certificación de los programas relacionados con el PSP, las esperanzas que Lindsay tenía en él, y las mías propias, demostraron haberse depositado en la persona equivocada.

Aunque el informe mencionado sin clasificar no daba mucha información nueva, sí me resultó instructivo en algunos sentidos. Recuerdo quedarme de inmediato impactado por su curioso tono de «la gente es que protesta demasiado», aparte de unas cuantas vueltas retorcidas a la lógica y al lenguaje que no cuadraban nada. Cuando el informe detallaba los argumentos legales en apoyo de varios programas de la agencia —cuyos nombres aparecían raras veces y que casi nunca se describían—, no pude evitar percatarme del hecho de que prácticamente ninguno de los funcionarios de la rama ejecutiva que habían autorizado de verdad esos programas había aceptado que lo entrevistasen los inspectores generales. Desde el vicepresidente Dick Cheney y el fiscal general John Ashcroft hasta los abogados del Ministerio de Justicia David Addington y John Yoo, casi todos los grandes actores implicados se habían negado a cooperar con las oficinas responsables de hacer rendir cuentas a la Intelligence Community, y los inspectores generales no podían obligarlos a hacerlo, porque no se trataba de una investigación formal que exigiera testificar. Me resultaba complicado interpretar su ausencia en ese informe como algo distinto a una admisión de prácticas ilícitas.

Otro aspecto del informe que me desconcertó fueron sus referencias repetidas y oscuras a «Otras Actividades de Inteligencia» (las mayúsculas aparecían así en el texto) para las que no podía encontrarse más «fundamento legal viable» o «base jurídica» que el reclamo del presidente Bush de ostentar poderes ejecutivos en época de guerra, una época que no tenía ningún final a la vista. Por supuesto, dichas referencias no daban descripción alguna de lo que esas Actividades podían ser en realidad, aunque el proceso de deducción apuntaba a una vigilancia sin orden judicial a escala nacional, ya que esa era básicamente la única actividad de inteligencia no prevista en ninguno de los diversos marcos jurídicos que aparecieron después del PSP.

Al avanzar en mi lectura, no me quedaba claro que nada de lo que desvelaba el informe justificase por completo las intrigas legales afectadas, y mucho menos las amenazas de dimitir vertidas por el entonces fiscal general adjunto James Comey y por el entonces director del FBI Robert Mueller si volvían a autorizarse ciertos aspectos del PSP. Tampoco vi nada que diese plena explicación a los riesgos asumidos por tantos compañeros de la agencia —agentes con mucha más categoría que yo, con décadas de experiencia— y personal del Ministerio de Justicia al ponerse en contacto con la prensa y expresar sus recelos por el abuso que se estaba haciendo de algunos aspectos del PSP. Si esas personas estaban poniendo en la cuerda floja sus carreras, a sus familias y sus propias vidas, tenía que ser por algo más serio que las escuchas sin orden judicial que ya habían ocupado titulares.

Esa sospecha me llevó a buscar la versión clasificada del informe, y no se disipó en absoluto cuando vi que dicha versión parecía no existir. No entendía nada. Si la versión clasificada no era más que un informe de los pecados cometidos en el pasado, debía haber sido fácil de consultar. Pero no estaba por ninguna parte. Me pregunté si estaría buscándola en los sitios equivocados. Sin embargo, después de pasar un tiempo mirando por todas partes y no encontrar nada, decidí dejar el tema. La vida se impuso y tenía trabajo que hacer. Cuando te piden recomendaciones para evitar que agentes y activos de la Intelligence Community sean descubiertos y ejecutados por el Ministerio de Seguridad del Estado de China, es complicado recordar lo que estabas buscando en Google la semana anterior.

No fue hasta más adelante, mucho después de haber olvidado el informe desaparecido de los inspectores generales, cuando la versión clasificada se asomó a mi escritorio, como para demostrar la vieja máxima de que la mejor manera de encontrar algo es dejar de buscarlo. En cuanto apareció la versión clasificada, me di cuenta de por qué no había tenido suerte al buscarla: nadie la podía ver, ni siquiera los directores de las agencias. Estaba archivada en un compartimento de ECI (Exceptionally Controlled Information o información bajo control excepcional), un nivel rarísimo de clasificación usado solo cuando quieren asegurarse de que algo permanecerá oculto incluso para quienes tienen la habilitación de seguridad de grado secreto. Dada mi posición, estaba familiarizado con la mayoría de la ECI de la NSA, pero no conocía esta. La designación de clasificación completa del informe era TOP SECRET//STLW//HCS/COMINT// ORCON/NOFORN, que se traduce en: «solo una docena de personas en el mundo tienen permitido leer esto».

Desde luego, yo no era una de esas personas. El informe llegó a mí por error: alguien de la oficina de inspectores generales de la NSA había dejado un borrador del documento en un sistema al que yo sí tenía acceso como administrador de sistemas. Esa advertencia de «STLW», que no reconocí de entrada, resultó ser lo que se llama una «palabrota» en mi sistema: una etiqueta que indica la presencia de un documento que no debe estar almacenado en una unidad de disco de seguridad inferior. Esas unidades de disco se comprobaban constantemente por si aparecía alguna «palabrota» nueva. En cuanto se detectaba una, me llegaba una alerta para que decidiese cómo era mejor eliminar el documento en cuestión del sistema. Sin embargo, antes de hacerlo, tenía que examinar el archivo ofensivo por mi cuenta, para confirmar que la búsqueda de palabrotas no hubiese marcado el documento por accidente. Normalmente, le echaba un vistazo muy por encima al archivo. Pero esa vez, en cuanto lo abrí y leí el título, supe que lo iba a leer enterito.

Ahí estaba todo lo que faltaba en la versión sin clasificar. Ahí estaba todo lo que faltaba en el informe periodístico que leí y que se había estado negando durante el proceso judicial que seguí: un relato completo sobre los programas de vigilancia más secretos de la NSA, y sobre las directivas de la agencia y las políticas del Ministerio de Justicia que se habían utilizado para subvertir la ley estadounidense y contravenir la Constitución de nuestro país. Después de leerlo, entendí por qué ningún empleado de la IC lo había filtrado nunca a los periodistas, y por qué ningún juez iba a ser capaz de obligar al Gobierno a sacarlo en un juicio público. El documento estaba tan profundamente clasificado que podrían identificar de inmediato a cualquiera que tuviese acceso a él y no fuese un administrador de sistemas. Por otro lado, las actividades descritas en el texto eran tan profundamente delictivas que ningún gobierno permitiría nunca que se publicase sin editar.

De inmediato se me vino algo a la cabeza: estaba claro que la versión sin clasificar que yo ya conocía no era una copia editada de la versión clasificada, como habría sido lo normal; se trataba más bien de un documento distinto por completo, un texto que, al leer la versión clasificada, quedaba directamente como una mentira absoluta y orquestada con minuciosidad. La duplicidad de los documentos era pasmosa, sobre todo para mí, que había dedicado meses de trabajo a desduplicar archivos. La mayoría de las veces, cuando estás manejando dos versiones del mismo documento, las diferencias resultan triviales: unas comas por aquí, unas palabras por allá. Sin embargo, lo único que esos dos informes en concreto tenían en común era el título.

Mientras que la versión sin clasificar mencionaba sin más que la NSA había recibido orden de intensificar sus prácticas de recopilación de información de inteligencia tras el 11-S, la versión clasificada detallaba la naturaleza y el alcance de dicha intensificación. El informe histórico de la NSA se había alterado en un contenido básico, para convertir la recopilación de comunicaciones selectiva en una «recopilación indiscriminada», que es el eufemismo usado por la agencia para hablar de la vigilancia masiva. Y mientras que la versión sin clasificar emborronaba ese cambio, y defendía la ampliación de la vigilancia asustando a la gente con el fantasma del terrorismo, la versión clasificada dejaba el cambio explícito, y lo justificaba como el corolario legítimo de un potencial tecnológico ampliado.

La sección del informe clasificado correspondiente al inspector general de la NSA describía un llamado «vacío de recopilación». Señalaba en ese punto que la legislación existente sobre vigilancia (en especial, la Foreign Intelligence Surveillance Act) databa de 1978, época en la que la mayoría de las señales de comunicación viajaba por líneas de radio o teléfono, y no por cables de fibra óptica y satélites. En esencia, la agencia defendía que la velocidad y el volumen de la comunicación contemporánea habían dejado atrás, habían superado, a la legislación estadounidense —ningún tribunal, ni siquiera uno secreto, podría emitir órdenes judiciales individuales lo bastante rápido para seguirle el ritmo— y que un mundo verdaderamente global requería una agencia de inteligencia verdaderamente global. Todo esto apuntaba, según la lógica de la NSA, a la necesidad de realizar una recopilación indiscriminada de comunicaciones de internet. El nombre en clave para esa iniciativa de recopilación indiscriminada iba indicado en la «palabrota» misma que se marcó en mi sistema: STLW, abreviatura de STELLARWIND*. Este resultó ser el único gran componente del PSP que se había mantenido, e incluso crecido, en secreto después de que el resto del programa se hiciera público en la prensa.

STELLARWIND era el secreto mejor guardado del informe clasificado. A decir verdad, era el secreto mejor guardado de la NSA, y el que el estatus de información sensible

---

* Se trata de la combinación de los términos *stellar* («estelar») y *wind* («viento»). *(N. de la T.)*

del informe pretendía proteger. La mera existencia del programa era indicativa de que la misión de la agencia se había transformado: desde el uso de tecnología para defender Estados Unidos al uso de tecnología para controlar el país, redefiniendo las comunicaciones privadas por internet de sus ciudadanos como posible inteligencia de señales.

El informe estaba plagado de este tipo de redefiniciones fraudulentas, aunque quizá las más esenciales y claramente desesperadas fuesen las relativas al vocabulario del Gobierno. STELLARWIND llevaba recopilando comunicaciones desde el comienzo del PSP en 2001, pero en 2004 —cuando funcionarios del Ministerio de Justicia se plantaron ante la continuación de la iniciativa— la Administración Bush trató de legitimarlo *ex post facto* cambiando los significados de términos básicos, como «adquirir» u «obtener». Según el informe, la postura del gobierno era que la NSA podía recopilar cualquier registro de comunicaciones que quisiera sin tener que obtener una orden judicial, porque solo podía afirmarse que había «adquirido» u «obtenido» esos registros, en sentido legal, cuando la agencia «los busque y los recupere» en su propia base de datos, si es que lo hacía.

Ese sofisma léxico me resultaba especialmente mortificante, ya que era muy consciente de que el objetivo de la agencia consistía en poder conservar el máximo de datos posible durante el máximo de tiempo posible, a perpetuidad. Si unos registros de comunicaciones solo se consideraban «obtenidos» cuando se utilizasen, entonces podían permanecer para siempre «no obtenidos», pero sí almacenados: datos en bruto a la espera de una manipulación futura. Al redefinir los términos «adquirir» y «obtener» (que pasaban de describir el acto de introducir información en una base de datos a describir el acto de que una persona, o más bien un algoritmo, buscase en esa base de datos y obtuviese resultados en algún momento concebible del futuro), el Gobierno estadounidense estaba desarrollando la capacidad de una agencia eterna para el mantenimiento del orden público. En cualquier momento, el Gobierno podría indagar en las comunicaciones pasadas de alguien a quien quisiera acosar en busca de un delito (y todo el mundo tiene en sus comunicaciones pruebas de alguna cosa). En cualquier momento, a perpetuidad, cualquier nueva administración, o cualquier futuro director sin escrúpulos de la NSA, podría presentarse en su puesto de trabajo y, con solo darle a una tecla, rastrear de inmediato a cualquiera que tuviese un teléfono o un ordenador, fuera quien fuese, estuviera donde estuviese, haciendo lo que fuese con quien fuese, y también lo que fuera que hubiese hecho en el pasado.

El término «vigilancia masiva» me queda más claro —a mí, y creo que a mucha más gente— que la locución preferida por el Gobierno, «recopilación indiscriminada», porque en mi opinión esta última amenaza con dar una impresión falsamente confusa del trabajo de la agencia. «Recopilación indiscriminada» suena a algo propio de una oficina de correos o de un departamento de limpieza especialmente ocupados, y no a un intento histórico por conseguir acceso completo a los registros de todas las comunicaciones digitales existentes (y adueñarse clandestinamente de ellos).

Sin embargo, incluso cuando se han establecido unos puntos comunes en cuanto a terminología, pueden abundar los errores de percepción. La mayoría de la gente, aún hoy, tiende a pensar en la vigilancia masiva en términos de contenido, de las palabras reales que se utilizan al hacer una llamada de teléfono o escribir un *email*. Cuando los ciudadanos descubren que en realidad el gobierno se interesa poco en proporción por ese contenido, tienden a preocuparse poco, en proporción, por la vigilancia del gobierno. El alivio es comprensible, hasta cierto punto, debido a lo que todos debemos considerar como la naturaleza verdaderamente única, reveladora e íntima de nuestras comunicaciones: el sonido de nuestra voz, casi tan personal como una huella dactilar, la inimitable expresión facial que ponemos en un *selfie* enviado por mensaje... No obstante, la triste verdad es que el contenido de nuestras comunicaciones raras veces es tan revelador como sus otros elementos: la información no escrita y no expresada que puede dejar expuestos el contexto más amplio y los patrones de conducta.

La NSA llama a esto «metadatos». El prefijo de este término, *meta-*, que tradicionalmente se traduce como «por encima» o «más allá», se utiliza aquí en el sentido de «acerca de»: los metadatos son datos acerca de datos. Siendo más precisos, son datos que están hechos de datos: un grupo de etiquetas y marcadores que permiten que los datos sean útiles. La forma más directa de imaginarse los metadatos, sin embargo, es concebirlos como «datos de actividad», es decir, todos los registros de todas las cosas que haces en tus dispositivos y todas las cosas que tus dispositivos hacen por su cuenta. Pongamos, por ejemplo, una llamada de teléfono: entre sus metadatos pueden estar la fecha y la hora de la llamada, la duración, el número desde el que se ha llamado, el número al que se ha llamado y las ubicaciones de ambos. Los metadatos de un *email* pueden ser información sobre el tipo de ordenador en el que se generó, dónde y cuándo, a quién pertenecía el ordenador, quién envió el mensaje, quién lo recibió, dónde y cuándo se envió y recibió, y quién aparte del emisor y del receptor tuvo acceso a él (si hubo alguien), y dónde y cuándo. Los metadatos pueden decirle a tu vigilante la dirección en la que dormiste anoche y a qué hora te has levantado esta mañana. Revelan todos los sitios que has visitado durante el día y cuánto tiempo has pasado en cada uno de ellos. Muestran con quién has estado en contacto y quién se ha puesto en contacto contigo.

Este hecho es el que anula la afirmación de cualquier gobierno de que los metadatos, de algún modo, no son una ventana directa a la sustancia de una comunicación. Con el vertiginoso volumen de comunicaciones digitales que hay en el mundo, sencillamente no hay manera de poder escuchar todas las llamadas telefónicas ni leer todos los *emails*. No obstante, aunque esto fuese factible, seguiría sin ser útil, y en cualquier caso los metadatos hacen que resulte innecesario, ya que separan el grano de la paja. Por este motivo, es mejor considerar los metadatos no como una especie de abstracción benigna, sino como la esencia misma del contenido: es precisamente la primera línea de información que busca quien te vigila.

Existe otra cuestión añadida: el contenido suele definirse como algo que generamos a sabiendas. Sabemos lo que estamos diciendo durante una llamada de teléfono o lo que escribimos en un *email*. Sin embargo, no tenemos apenas control ninguno sobre los metadatos que producimos, porque se generan de forma automática. Una máquina los recopila, almacena y analiza, y también una máquina los crea, sin que nosotros participemos ni demos nuestro consentimiento. Nuestros dispositivos están constantemente emitiendo comunicaciones en nuestro nombre, queramos o no. Y, al contrario que los humanos con los que nos comunicamos por voluntad propia, nuestros dispositivos no ocultan información privada ni utilizan palabras clave en un intento por ser discretos. Se limitan a buscar la disponibilidad de red en las torres de telefonía móvil más cercanas con señales que nunca mienten.

Se da una gran ironía en todo esto, y es que la ley, que siempre va a la zaga de la innovación tecnológica al menos una generación, otorga sustancialmente más protección al contenido de una comunicación que a sus metadatos, y aun así las agencias de inteligencia están mucho más interesadas en los metadatos; esto es, los registros de actividad que les permiten tener tanto la función de «imagen completa», para analizar los datos a escala, como la función de «imagen enfocada», para crear a la perfección mapas, cronologías y sinopsis asociativas de la vida personal de un individuo, de donde confían en poder extrapolar predicciones de comportamiento. En resumen, los metadatos pueden decirle a quien nos vigila prácticamente todo lo que quiera o necesite saber de nosotros, salvo lo que está pasando de verdad en nuestra cabeza.

Después de leer el informe clasificado, pasé las siguientes semanas, e incluso meses, aturdido. Estaba triste y mal de ánimos, intentando negar todo lo que pensaba y sentía. Eso era lo que pasaba en mi cabeza hacia el final de mi temporada en Japón.

Me sentía lejos de casa, pero supervisado. Me sentía más adulto que nunca, pero también cargando con la maldición de saber que todos habíamos quedado reducidos a algo similar a un niño, obligados a pasar el resto de nuestras vidas bajo una supervisión parental omnisciente. Me sentía un fraude, poniéndole excusas a Lindsay para explicarle mi malhumor. Me sentía un imbécil, por tener unas habilidades técnicas supuestamente serias y haber ayudado en cierto modo a crear un componente esencial de ese sistema sin darme cuenta de su finalidad. Me sentía usado, por ser un empleado de la Intelligence Community que hasta entonces no se había percatado de que en ningún momento había estado protegiendo a su país, sino al Estado. Y ante todo, me sentía violado. Además, estar en Japón solo acentuaba la sensación de traición.

Me explico.

El japonés que había logrado aprender durante la universidad y gracias a mi interés por el *anime* y el manga me bastaba para hablar y tener conversaciones básicas, pero leer era otra historia. En japonés, todas las palabras pueden representarse con su propio carácter único o con una combinación de caracteres, llamada «kanji», así que existen decenas de miles de kanjis, demasiados para mi capacidad de memorización. Normalmente solo era capaz de descodificar un kanji en concreto si iba acompañado por su expresión fonética, o furigana, que solía estar destinada a extranjeros y lectores jóvenes y, por tanto, no aparecía en textos públicos como los letreros de las calles. El resultado de todo ello era que me movía por allí como un analfabeto funcional. Me confundía y terminaba yendo a la derecha donde debía haber ido a la izquierda, o a la inversa. Recorría las calles equivocadas y pedía mal la comida en los restaurantes. Era un extraño, eso es lo que quiero decir, y a menudo me perdía, en varios sentidos de la palabra. Había veces en las que acompañaba a Lindsay a una de sus excursiones para hacer fotos por el campo y de repente me paraba y me daba cuenta, en mitad de un pueblo o de un bosque, de que no sabía absolutamente nada del entorno que me rodeaba.

Y aun así, sobre mí lo sabían todo. Para entonces, comprendía que era totalmente transparente para mi Gobierno. El teléfono que me daba direcciones, me corregía cuando me equivocaba de camino, me ayudaba a traducir las señales de tráfico y me decía el horario de autobuses y trenes también garantizaba que mis empleadores podían leer todas mis acciones. Aquel aparato les decía a mis jefes dónde estaba y cuándo, aunque no lo tocase nunca y lo dejase guardado en el bolsillo.

Recuerdo que una vez me tuve que reír, obligado, precisamente de esto. Lindsay y yo nos perdimos haciendo senderismo, y Lindsay (a quien no le había contado nada) me dijo espontáneamente: «¿Por qué no envías un mensaje a Fort Meade para que nos manden a buscar?». Lindsay siguió con la broma y yo trataba de encontrarle la gracia, pero no podía. «Hola, ¿nos ayudáis con esta dirección?», me imitó.

Más adelante estuve viviendo en Hawái, cerca de Pearl Harbor, donde Estados Unidos sufrió un ataque y se vio arrastrado a la que quizá haya sido su última guerra justa. En Japón me encontraba más cerca de Hiroshima y Nagasaki, donde la guerra acabó de forma ignominiosa. Lindsay y yo siempre habíamos querido visitar estas dos ciudades, pero cada vez que planeábamos ir terminábamos teniendo que cancelar el viaje. En uno de mis primeros días libres, lo habíamos preparado todo para bajar por Honshu hasta Hiroshima cuando me llamaron del trabajo y me dijeron que tenía que viajar en la dirección opuesta, a la base aérea de Misawa, situada en el gélido norte. El día de nuestro siguiente intento programado, Lindsay se puso mala, y luego yo también caí. Por último, la noche antes de intentar ir a Nagasaki, Lindsay y yo nos despertamos con el primer gran terremoto que vivimos; saltamos del futón, bajamos siete pisos por las escaleras y nos pasamos el resto de la noche en la calle con nuestros vecinos, tiritando en pijama.

Muy a mi pesar, nunca conseguimos ir. Esos sitios son sagrados, con unos memoriales que rinden honores a las doscientas mil personas que murieron quemadas y al sinfín de personas envenenadas por la lluvia radiactiva, al tiempo que nos recuerdan la amoralidad de la tecnología.

A menudo pienso en lo que se denomina «el momento atómico», una expresión que en física describe el instante en el que un núcleo combina a los protones y neutrones que están dando vueltas en un átomo, aunque la sabiduría popular la entiende como la llegada de la era nuclear, cuyos isótopos permitieron avances en producción energética, agricultura, potabilidad del agua y diagnóstico y tratamiento de enfermedades mortales. Y también crearon la bomba atómica.

La tecnología carece de juramento hipocrático. Muchísimas decisiones adoptadas por los tecnólogos en la comunidad académica, la industria, el Ejército y el Gobierno desde al menos la Revolución Industrial se tomaron basándose en el «¿Podemos?», no en el «¿Debemos?». Por otro lado, la intención que hay tras la invención de una tecnología raras veces limita su aplicación o su uso, si es que alguna vez lo hace.

Por supuesto, no pretendo comparar las armas nucleares con la cibervigilancia en términos de coste humano, aunque sí existe un punto en común en lo que se refiere a los conceptos de proliferación y desarme.

Los únicos dos países que yo conocía que habían practicado antes vigilancia masiva eran los otros dos grandes combatientes de la Segunda Guerra Mundial: uno, enemigo de Estados Unidos, y el otro, aliado. Tanto en la Alemania nazi como en la Rusia soviética, los primeros indicios públicos de esa vigilancia tomaron la forma superficialmente inocua de un censo, la enumeración oficial y el registro estadístico de una población. El Primer Censo Íntegro de la Unión Soviética, en 1926, tenía unas segundas intenciones más allá del simple recuento: preguntaba abiertamente a los ciudadanos soviéticos por su nacionalidad. Los resultados convencieron a los rusos étnicos que conformaban la élite soviética de que estaban en minoría en comparación con las masas agregadas de ciudadanos que afirmaban tener ascendencia de Asia central, como uzbecos, kazajos, tayikos, turcomanos, georgianos y armenios. Esos resultados reforzaron significativamente la determinación de Stalin de erradicar dichas culturas, «reeducando» a sus pueblos en la ideología del marxismo-leninismo destinada a extirparles sus raíces.

El censo de la Alemania nazi de 1933 recogía un proyecto estadístico similar, aunque con la ayuda de la tecnología informática. Se pretendía contar la población del Reich para controlarla y purgarla (principalmente de judíos y romanís), antes de aplicar la potencia asesina del país contra poblaciones de fuera de sus fronteras. Para llevarlo a cabo, el Reich se asoció con Dehomag, una subsidiaria alemana de la estadounidense IBM, propietaria de la patente del tabulador de tarjetas perforadas, una especie de ordenador analógico que contaba agujeros hechos en tarjetas. A cada ciudadano lo representaba una tarjeta, y ciertos agujeros equivalían a ciertos marcadores de identidad. La columna n.º 22 correspondía a la categoría religiosa: el agujero n.º 1 era protestante, el n.º 2 era católico y el n.º 3 era judío. En 1933, los nazis todavía consideraban oficialmente a los judíos no como una raza, sino como una religión. Esa opinión se abandonó unos años después, cuando la información del censo se utilizó para identificar y deportar a campos de exterminio a la población judía de Europa.

Un único *smartphone* de los modelos actuales controla más potencia de computación que toda la maquinaria de guerra del Reich y de la Unión Soviética juntas. Recordar esto es el modo más seguro de poner en contexto no solo la dominación tecnológica de la Intelligence Community estadounidense moderna, sino también la amenaza que plantea para la gobernanza democrática. En los cien años o así que han pasado desde la realización de dichos censos, la tecnología ha hecho un progreso asombroso, aunque no sería posible decir lo mismo sobre las leyes o los escrúpulos humanos que podrían refrenarla.

Estados Unidos también tiene un censo, claro. La Constitución creó el censo nacional y lo consagró como el recuento federal oficial de la población de todos los estados para determinar su delegación proporcional ante la Cámara de Representantes. Se trataba de algo similar a un principio revisionista, en la medida en que los Gobiernos autoritarios, incluida la monarquía británica que dominaba las colonias, habían utilizado tradicionalmente el censo como un método de calcular impuestos y confirmar el número de hombres jóvenes elegibles para el reclutamiento militar. Fue una genialidad de la Constitución reformular la finalidad de lo que había sido un mecanismo de opresión para convertirlo en uno de democracia. Se estipuló que el censo —oficialmente, bajo jurisdicción del Senado— se realizase cada diez años, porque ese fue el periodo de tiempo aproximado que tardaron en procesar los datos de la mayoría de los censos estadounidenses posteriores al primero hecho en el país, en 1790. Dicho periodo se acortó con el censo de 1890, que fue el primero del mundo en utilizar ordenadores (los prototipos de los modelos que IBM vendió luego a la Alemania nazi). Con tecnología de computación, el tiempo de procesamiento se redujo a la mitad.

La tecnología digital no solo simplificó ese recuento, sino que lo dejó obsoleto. La vigilancia masiva es ahora un censo infinito, sustancialmente más peligroso que cualquier cuestionario enviado por correo. Todos nuestros dispositivos, desde nuestros teléfonos a los ordenadores, son básicamente censadores en miniatura que llevamos en las mochilas o bolsillos: censadores que recuerdan todo y que no olvidan nada.

Japón representó mi momento atómico. Fue entonces cuando me di cuenta de adónde se dirigían esas nuevas tecnologías, y de que si mi generación no intervenía continuaría la escalada. Sería una tragedia si, para cuando nos hubiésemos decidido por fin a resistir, la resistencia resultara ya inútil. Las generaciones que venían detrás tendrían que acostumbrarse a un mundo en el que la vigilancia no fuese algo ocasional y selectivo en circunstancias legalmente justificadas, sino una presencia constante e indiscriminada: el oído que todo lo escucha, el ojo que todo lo ve, una memoria que no duerme y que es permanente.

Una vez que la ubicuidad de la recopilación se combinó con la permanencia del almacenamiento, lo único que tenía que hacer un gobierno era seleccionar a una persona o un grupo de personas como cabezas de turco y buscar —igual que yo había buscado entre los archivos de la agencia— pruebas de un delito adecuado.

17

UN HOGAR EN LA NUBE

En 2011, estaba de vuelta en Estados Unidos trabajando para el mismo empleador, Dell, pero vinculado entonces a mi antigua agencia, la CIA. Un día suave de primavera, llegué a casa después de mi primera jornada en el nuevo trabajo y me encantó ver que el sitio al que me había mudado tenía buzón. No era nada exquisito, solo uno de esos rectángulos subdivididos tan frecuentes en las comunidades residenciales, pero aun así me hizo sonreír. Llevaba años sin tener buzón, y ese nunca lo había consultado en busca de correo. Quizá ni siquiera me hubiese percatado de su existencia de no haber estado repleto: lleno hasta reventar con un montón de correo basura dirigido al «Señor Edward J. Snowden o residente actual». En los sobres había cupones y publicidad de productos domésticos. Alguien sabía que acababa de mudarme allí.

Salió a relucir un recuerdo de mi infancia: mirar el buzón y encontrar una carta para mi hermana. Quise abrirla, pero mi madre no me dejó.

Me acuerdo de haberle preguntado por qué. «Porque no es para ti», me dijo. Me explicó que abrir el correo destinado a otra persona, aunque fuese solo una felicitación de cumpleaños o un mensaje en cadena, no era una cosa bonita de hacer. De hecho, era un delito.

Quise saber qué tipo de delito. «Uno muy grave, enano. Un delito federal», aseguró mi madre.

Me quedé allí de pie en el aparcamiento, rompí los sobres por la mitad y los eché a la basura.

Tenía un iPhone nuevo en el bolsillo de mi nuevo traje de Ralph Lauren. Tenía unas gafas Burberry nuevas. Llevaba un nuevo corte de pelo. Y en las manos, las llaves de esa casa nueva en Columbia (Maryland), el sitio más grande en el que había vivido y el primero que en realidad sentía como mío. Era un hombre rico, o al menos eso pensaban mis amigos. Me costaba reconocerme.

Había decidido que era mejor vivir en la negación y ganar algo de dinero, mejorarle la vida a la gente que quería; después de todo, ¿no era eso lo que hacía todo el mundo? Aunque era más complicado decirlo que hacerlo. Me refiero a la negación. El dinero llegaba con facilidad. Con tanta facilidad que me sentía culpable.

Contando Ginebra y quitando las periódicas visitas a casa, llevaba fuera de Estados Unidos cuatro años. El país al que había regresado parecía cambiado. No llegaré tan lejos para afirmar que me sentía extranjero en mi tierra, pero sí me veía enfrascado en demasiadas conversaciones que no entendía. Una palabra de cada dos era el nombre de algún programa de la tele o de alguna película que no conocía, o el escándalo de algún famoso que no me importaba, y no sabía qué responder. No tenía nada con lo que responder.

Por la cabeza me iban cayendo pensamientos contradictorios como bloques del Tetris, y yo luchaba por ordenarlos para hacerlos desaparecer. Pensaba: «Pobre gente, qué pena, gente dulce e inocente... Son víctimas, vigiladas por el Gobierno, vigiladas por las mismas pantallas que adoran». Y luego: «Calla ya, deja el drama, son felices, no les importa nada, y a ti tampoco tiene que importarte. Madura, haz tu trabajo, paga tus facturas. En eso consiste vivir».

Una vida normal era lo que Lindsay y yo esperábamos tener. Estábamos listos para pasar a la siguiente fase y habíamos decidido sentar cabeza. Teníamos un patio trasero bonito con un cerezo que me recordaba a un Japón más dulce, un lugar junto al río Tama en el que Lindsay y yo nos habíamos reído y habíamos retozado sobre la fragante alfombra de las flores de Tokio, mientras veíamos caer pétalos de *sakura*.

Lindsay estaba en proceso de obtener un certificado como maestra de yoga. Entretanto, yo me estaba acostumbrando a mi nuevo puesto en ventas.

Uno de los comerciantes externos con el que había trabajado en EPICSHELTER terminó colaborando con Dell y me convenció de que estaba perdiendo el tiempo con un sueldo por horas. Me dijo que debería meterme en el departamento de ventas de Dell, donde podría ganar una fortuna a cambio de más ideas como la de EPICSHELTER. Conseguiría un ascenso astronómico en la escala corporativa y él recibiría una bonificación sustancial por recomendarme. Yo estaba listo para dejarme convencer, sobre todo porque eso suponía distraerme de mi creciente sensación de intranquilidad, que no podía hacer más que meterme en problemas. El puesto se denominaba oficialmente «consultor de soluciones», y en esencia consistía en tener que solucionar los problemas creados por mi nuevo compañero, el director de cuentas, al que llamaré Cliff.

Cliff debía ser el rostro, y yo, el cerebro. Cuando nos sentábamos con los agentes de adquisiciones y regalías técnicas de la CIA, Cliff se ocupaba de vender el equipo y la experiencia de Dell recurriendo a todos los medios necesarios.

Eso suponía tirar de intuición pura y dura y buscar infinitas promesas ingeniosas sobre cómo íbamos a hacer las cosas para la agencia, cosas que no eran posibles bajo ningún concepto para nuestros competidores (y para nosotros tampoco, en realidad). Mi trabajo era dirigir un equipo de expertos para conseguir crear algo que rebajase lo suficiente el nivel de las mentiras que había soltado Cliff, de manera que, cuando la persona que había firmado el cheque le diese al botón de encendido, no nos mandaran a todos a la cárcel.

Sin presiones.

Nuestro proyecto principal consistía en ayudar a la CIA a ponerse al día con la vanguardia (o al menos con las normas técnicas de la NSA), construyéndole la más vibrante de las nuevas tecnologías: una «nube privada». El objetivo era unir el procesamiento y el almacenamiento de la agencia y, al mismo tiempo, distribuir los métodos que permitían acceder a los datos. En palabras sencillas: queríamos lograr que una persona pudiera hacer exactamente el mismo trabajo y del mismo modo desde una tienda de campaña en Afganistán que desde la sede central de la CIA. La agencia —y en realidad, el conjunto de la dirección técnica de la Intelligence Community— no paraba de quejarse de los «silos»: el problema de tener mil millones de depósitos de datos esparcidos por todo el mundo a los que no podía seguir el rastro ni tener acceso. Así pues, yo estaba dirigiendo un equipo formado por algunas de las personas más listas de Dell para dar con la manera de que cualquiera, desde cualquier sitio, pudiera tener alcance a cualquier cosa.

Durante la fase de prueba de concepto, el nombre provisional de nuestra nube fue Frankie. Yo no tuve la culpa: entre los tecnólogos, la llamábamos sin más «la nube privada». Fue Cliff quien le puso el nombre, en mitad de una demostración ante la CIA, mientras les decía que les iba a encantar nuestro pequeño Frankenstein porque era «un monstruo real».

Cuantas más promesas hacía Cliff, más trabajo tenía yo, lo que nos dejaba a Lindsay y a mí solo los fines de semana para pasar tiempo con nuestros padres y amigos de siempre. Intentamos amueblar y equipar nuestra casa nueva. Habíamos entrado a vivir con las tres plantas de aquel sitio vacías, así que tuvimos que comprarlo todo, o todo lo que nuestros padres no nos dieron generosamente. Nos parecía una cosa muy madura, pero al mismo tiempo decía mucho sobre nuestras prioridades: compramos platos, cubiertos, una mesa y una silla, pero seguíamos durmiendo en un colchón en el suelo. Me había hecho alérgico a las tarjetas de crédito, por el rastreo que suponía su tecnología, así que lo comprábamos todo al contado, con dinero contante y sonante. Cuando necesitamos un coche, me hice con un Acura Integra del 98 que vi en un anuncio clasificado por 3.000 dólares en efectivo. Ganar dinero era una cosa, pero ni a Lindsay ni a mí nos gustaba gastarlo, a no ser que fuese en equipos informáticos o en alguna ocasión especial. Para San Valentín, le compré a Lindsay el revólver que siempre había querido.

Nuestra casa estaba a 20 minutos en coche de casi una docena de centros comerciales, el Columbia Mall entre ellos, con casi 150.000 metros cuadrados de espacio para comprar, ocupados por unas doscientas tiendas, un cine AMC con catorce pantallas, un restaurante PF Chang's y un local de Cheesecake Factory. Mientras recorríamos carreteras conocidas en nuestro ya cascado Integra, me quedé impresionado, aunque también ligeramente desconcertado, por todo lo que se había construido por allí en mi ausencia. El derroche de gasto protagonizado por el Gobierno tras el 11-S sin duda había servido para inyectar mucho dinero en muchos bolsillos de la zona. Me pareció una experiencia inquietante, e incluso abrumadora, regresar a Estados Unidos después de haber pasado un tiempo fuera y darme cuenta otra vez de lo rica que era esa parte del país, y de cuántas opciones de consumo ofrecía, cuántas tiendas enormes y lujosos expositores de diseño de interior. Y en todos había ofertas: por el Día del Presidente, el Día de los Caídos, el Día de la Independencia, el Día del Trabajo, el Día de Colón, el Día de los Veteranos... Unos festivos estandartes anunciaban los últimos descuentos justo debajo de todas las banderas.

La tarde en concreto que estoy recordando, habíamos centrado nuestra misión en los aparatos domésticos. Estábamos en un Best Buy. Tras habernos decidido por un microondas nuevo, nos pusimos a mirar una vitrina de licuadoras por la insistencia de Lindsay en llevar una vida sana. Mientras Lindsay buscaba en el móvil cuál de los diez o doce aparatos tenía las mejores críticas, me dio por acercarme de pronto a la sección de ordenadores, al fondo de la tienda.

Sin embargo, por el camino me detuve. Allí, al filo de la sección de aparatos de cocina, cómodamente colocado sobre una plataforma elevada de decoración e iluminación vivas, había un frigorífico nuevo y radiante. En realidad, era un frigorífico «inteligente», que se anunciaba como «equipado con internet».

Aquello me dejó a cuadros, sin más.

Se me acercó un dependiente, que interpretó mi estupefacción como interés —«Es increíble, ¿verdad?»—, y procedió a demostrarme algunas de las funciones del frigorífico. Había una pantalla incrustada en la puerta que tenía al lado un enganche para un lápiz óptico diminuto, con el que podías escribir mensajes. Si no querías escribir, estaba la opción de grabar una nota de audio o vídeo. Además, podías usar la pantalla como la de un ordenador normal, porque el frigorífico tenía wifi: te permitía consultar el correo electrónico o mirar el calendario; podías ver vídeos de YouTube o escuchar MP3, e incluso hacer llamadas de teléfono. Tuve que contenerme para no marcar el número de Lindsay y decirle, desde el otro lado de la tienda, que la estaba llamando por un frigorífico.

Aparte de eso, continuó el dependiente, el ordenador del frigorífico llevaba un registro de la temperatura interna y además, gracias a un escáner de códigos de barras, de la frescura de los alimentos. Ofrecía asimismo información nutricional y sugería recetas. Creo que el precio superaba los 9.000 dólares. «Envío incluido», me aclaró el dependiente.

Recuerdo ir conduciendo de vuelta a casa sumido en un confuso silencio. Aquello no era precisamente el alucinante futuro tecnológico de viajes a la Luna que nos habían prometido. Estaba convencido de que el único motivo para que esa cosa estuviese equipada con internet era poder enviar al fabricante informes sobre el uso que le daba su propietario y cualquier otro dato que se pudiera obtener relacionado con el ámbito doméstico. Por su parte, el fabricante monetizaría esos datos vendiéndolos. Y se suponía que debíamos pagar por tener ese privilegio.

Me preguntaba qué sentido tenía agobiarme tanto con la vigilancia gubernamental cuando mis amigos, vecinos y conciudadanos metían la vigilancia corporativa en sus casas tan alegremente, dejándose rastrear mientras buscaban cosas en la despensa como si estuviesen buscando algo en la red, con la misma eficacia. Quedaría aún media década más hasta que llegase la revolución domótica, hasta que «asistentes virtuales» como Amazon Echo o Google Home fuesen más que bienvenidos en los dormitorios y colocados con orgullo sobre las mesitas de noche para registrar y transmitir toda actividad dentro de un radio de acción determinado, y grabar todas las costumbres y preferencias (por no mencionar los fetiches y manías) que luego se desarrollarían en algoritmos publicitarios y se convertirían en dinero. Los datos que generamos tan solo con vivir (o con dejar que nos vigilen mientras vivimos) iban a enriquecer a las empresas privadas en la misma medida que empobrecerían nuestra existencia privada. Mientras que la vigilancia gubernamental estaba teniendo el efecto de convertir al ciudadano en súbdito, a merced del poder estatal, la vigilancia corporativa estaba convirtiendo al consumidor en un producto, que las corporaciones vendían a otras corporaciones, corredores de datos y publicistas.

Entretanto, parecía como si todas las grandes empresas tecnológicas, Dell incluida, estuviesen lanzando versiones civiles nuevas de lo que yo estaba haciendo para la CIA: una nube. (A decir verdad, Dell había intentado ya cuatro años antes registrar el término «computación en nube», pero no se lo permitieron.) Me sorprendía cómo la gente se estaba apuntando a esto voluntariamente, tan emocionada ante la perspectiva de tener una copia de seguridad de sus fotos, vídeos, canciones y *ebooks*, universal y siempre disponible, que nunca reflexionó mucho sobre por qué, de entrada, se le estaba ofreciendo una solución de almacenamiento así de hipersofisticada y cómoda de manera «gratuita» o «barata».

Creo que nunca antes había visto un concepto de este tipo integrarse de un modo tan uniforme y en todas partes. «La nube» era un término de ventas que Dell podía vender a la CIA con la misma eficacia con la que Amazon, Apple y Google se lo podían vender a sus usuarios. Todavía cierro los ojos y oigo a Cliff congraciarse con algún tipo trajeado de la CIA comentando cómo «con la nube, podréis meter actualizaciones de seguridad en los ordenadores de la agencia en todo el mundo» o «cuando la nube esté lista y en marcha, la agencia podrá rastrear quién ha leído qué archivo en todo el mundo». La nube era blanca, esponjosa y tranquila, y flotaba muy por encima de toda la batalla. Aunque muchas nubes generan un cielo tormentoso, una sola nube ofrecía un trocito de benévola sombra. Protegía. Creo que a todo el mundo le hacía pensar en el paraíso.

Dell, junto a las empresas privadas más grandes basadas en la nube (Amazon, Apple y Google), consideraba el ascenso de la nube como una nueva era en la informática. Sin embargo, como concepto al menos, se trataba de una especie de regresión a la vieja arquitectura de unidad central presente en la más temprana historia de la informática, cuando muchos usuarios dependían de un único núcleo central muy potente, de cuyo mantenimiento solo podía ocuparse un cuadro elitista de profesionales. El mundo había abandonado ese modelo «impersonal» de unidad central hacía solo una generación, en cuanto negocios como Dell desarrollaron ordenadores «personales» lo bastante baratos, y sencillos, para atraer a los más simples de los mortales. El consecuente renacimiento dio lugar a ordenadores de mesa, portátiles, tabletas y *smartphones*, dispositivos todos que concedían a la gente la libertad de hacer una inmensa cantidad de trabajo creativo. El único problema era cómo almacenarlo.

Esa fue la génesis de la «computación en nube». Ya no importaba en realidad qué tipo de ordenador personal tuvieses, porque los auténticos ordenadores de los que dependíamos estaban guardados en los enormes centros de datos que las empresas basadas en la nube construyeron en todo el mundo. En cierto sentido, esas eran las nuevas unidades centrales: una fila tras otra de servidores idénticos en bastidores, unidos de tal manera que las máquinas actuaban de forma conjunta dentro de un sistema informático colectivo. Ya no importaba que se perdiese un solo servidor, ni siquiera un centro de datos entero, porque no serían más que gotitas en una nube más amplia, global.

Desde el punto de vista de un usuario normal, una nube no es más que un mecanismo de almacenamiento que garantiza que tus datos se procesen o almacenen no en tu dispositivo personal, sino en una serie de servidores distintos cuya propiedad y funcionamiento, en última instancia, pueden ser cosa de diferentes empresas. Como resultado, tus datos ya no son tuyos de verdad. Están controlados por las empresas, que podrán usarlos con casi cualquier finalidad.

Aconsejo leer los contratos de condiciones de servicio para el almacenamiento en nube, que cada año que pasa son más largos; los actuales tienen más de seis mil palabras, dos veces la longitud media de uno de los capítulos de este libro. Cuando elegimos almacenar nuestros datos *online*, a menudo cedemos nuestro derecho a reclamar su propiedad. Las empresas pueden decidir qué tipo de datos conservarán para nosotros y pueden eliminar a voluntad cualquier dato que no quieran guardar. A no ser que hayamos almacenado una copia independiente en nuestras máquinas o unidades de disco, esos datos se perderían para siempre llegado el caso. Si las empresas consideran que algunos de nuestros datos son especialmente inaceptables o infringen de algún modo las condiciones de servicio, tienen el poder de eliminar nuestras cuentas de forma unilateral, negarnos el acceso a nuestros propios datos y aun así conservar una copia de ellos para sus propios registros, que podrán ceder a su vez a las autoridades sin nuestro conocimiento ni consentimiento. Al final, la privacidad de nuestros datos depende de la propiedad de nuestros datos. No hay ninguna propiedad menos protegida, y pese a ello ninguna propiedad es más privada.

El internet con el que me crie, el internet que me ayudó a crecer, estaba desapareciendo, y con él desaparecía mi juventud. El mero acto de entrar en internet, que en otros tiempos me había parecido una aventura maravillosa, me resultaba entonces un calvario muy tenso. Expresarte requería a esas alturas tal nivel de autoprotección que desaparecían las libertades que eso entrañaba y se anulaban sus placeres. Todas las comunicaciones radicaban no en la creatividad, sino en la seguridad. Todas las transacciones suponían un peligro potencial.

Por su parte, el sector privado estaba ocupado aprovechando nuestra dependencia de la tecnología para consolidar el mercado. La mayoría de los usuarios estadounidenses de internet vivía toda su vida digital en plataformas de correo electrónico, redes sociales y comercio electrónico que pertenecían a un triunvirato imperial de empresas (Google, Facebook y Amazon), y la Intelligence Community estadounidense buscaba sacar provecho de ello obteniendo acceso a las redes de dichas compañías, tanto con órdenes directas que se ocultaban al público como con intentos clandestinos de subversión que se ocultaban a las propias empresas. Nuestros datos de usuarios estaban generando unos beneficios enormes para las empresas, y el Gobierno los birlaba gratis. Creo que nunca había sentido tanta impotencia.

Notaba en mí otra emoción más, una curiosa sensación de ir a la deriva, y aun así, al mismo tiempo, estar sufriendo una violación de mi privacidad. Era como si estuviese disperso (con partes de mi vida esparcidas por servidores de todo el globo), pero, a la vez, me notase importunado o molestado. Todas las mañanas, al salir de casa, saludaba con la cabeza a las cámaras de seguridad que había salpicadas por nuestra urbanización. Antes nunca les había prestado atención, pero entonces, cuando un semáforo se ponía en rojo en mi ruta, no podía evitar pensar en su malicioso sensor, controlándome por si me pasaba el cruce o me detenía. Los lectores de matrículas estaban registrando mis idas y venidas, aunque mantuviese una velocidad de 50 km/h.

Las leyes fundamentales de Estados Unidos existen para que la labor de las fuerzas de orden público sea no más fácil, sino más dura. No se trata de un error: es una función básica de la democracia. En el sistema estadounidense, se espera que las fuerzas de orden público protejan a los ciudadanos unos de otros. A su vez, se espera que los tribunales limiten ese poder cuando se abuse de él y puedan ofrecer una reparación frente a los únicos miembros de la sociedad con autoridad nacional para detener, arrestar y usar la fuerza, incluida la letal. Entre las más importantes de esas limitaciones están la prohibición de procurar el orden público mediante la vigilancia de los ciudadanos particulares en sus propiedades y la prohibición de adueñarse de sus grabaciones privadas sin una orden judicial. Sin embargo, existen pocas leyes que limiten la vigilancia de la propiedad pública, lo que incluye la gran mayoría de las calles y aceras de Estados Unidos.

El uso de cámaras de vigilancia en zonas de propiedad pública por parte de las fuerzas de orden público se concibió en sus orígenes como una medida disuasoria de la delincuencia y una ayuda para los investigadores cuando se produjese un delito. Sin embargo, al caer sus costes, estos dispositivos se fueron haciendo ubicuos y adquirieron una función preventiva: las fuerzas de orden público pasaron a usarlos para rastrear a gente que no había cometido ningún delito, y que ni siquiera era sospechosa. No obstante, el mayor peligro está aún por llegar, con la sofisticación del potencial de la inteligencia artificial, como el reconocimiento facial y el de patrones. Una cámara de vigilancia equipada con IA no sería un mero dispositivo de grabación, sino que podría convertirse en algo más similar a un agente de policía automatizado: un auténtico *robocop* destinado a buscar en serio actividades «sospechosas», como aparentes movimientos de tráfico de drogas (es decir, gente abrazándose o dándose la mano) y aparentes indicios de pertenencia a una banda (por ejemplo, gente vestida con colores concretos y marcas de ropa específicas). Ya en 2011, me quedó claro que a eso nos estaba llevando la tecnología, sin que hubiese ningún debate público sustancial al respecto.

Se me iban amontonando en la cabeza posibles abusos en materia de vigilancia, que al acumularse generaban una visión de un futuro espantoso. Un mundo en el que todas las personas estuviesen bajo una vigilancia absoluta se convertiría lógicamente en un mundo en el que todas las leyes se aplicarían de forma absoluta y automática mediante ordenadores. Al fin y al cabo, cuesta imaginar un dispositivo de IA que sea capaz de detectar que una persona está quebrantando la ley, pero que no la haga responsable de ello. Aunque fuese posible, nunca se programaría un algoritmo policial orientado a la clemencia o al perdón.

Me preguntaba si se cumpliría así de manera definitiva pero grotesca la promesa estadounidense original de que todos los ciudadanos eran iguales ante la ley: una igualdad de opresión mediante unas fuerzas de orden público completamente automatizadas. Me imaginé el futuro frigorífico inteligente instalado en mi cocina, supervisando mi conducta y mis costumbres, y usando mi tendencia a beber del cartón y a no lavarme las manos para evaluar la probabilidad de que fuese un criminal.

Un mundo así, con unas fuerzas de orden público completamente automatizadas (y, por ejemplo, leyes absolutas sobre propiedad de mascotas o leyes absolutas sobre zonificación para regular la actividad empresarial desde casa), sería intolerable. La justicia extrema puede terminar siendo injusticia extrema, no solo en términos de la gravedad del castigo por una infracción, sino también en términos de la coherencia y la rigurosidad en la aplicación de las leyes y en el procesamiento. Casi todas las sociedades de gran tamaño y larga tradición están llenas de leyes no escritas cuyo cumplimiento se presupone para toda la ciudadanía, junto a bibliotecas gigantes de leyes escritas que nadie espera que se vayan a cumplir, ni siquiera a conocer. Según el derecho penal de Maryland, en su sección 10-501, el adulterio es ilegal y punible con una multa de 10 dólares. En Carolina del Norte, el estatuto 14-309.8 describe como ilegal que una partida de bingo dure más de 5 horas. Ambas leyes proceden de un pasado más mojigato, y aun así, por un motivo u otro, nunca se han revocado. La mayoría de nuestras vidas, aunque no nos demos cuenta de ello, no se desarrolla en blanco y negro, sino en zonas grises en las que cruzamos con el semáforo en rojo, ponemos basura orgánica en el cubo del reciclaje y deshechos reciclables en el cubo normal, vamos en bici por el carril incorrecto y pillamos el wifi de un desconocido para descargarnos un libro por el que no pagamos. En palabras llanas, un mundo en el que se aplicasen siempre todas las leyes sería un mundo en el que habría que considerar delincuente a todo el mundo.

Traté de hablarle a Lindsay de todo esto. Sin embargo, pese a que en general se solidarizó con mis preocupaciones, no llegó al punto de estar dispuesta a desconectarse del todo, ni siquiera de Facebook o de Instagram. «Si lo hiciese, estaría dejando de lado mi arte y abandonando a mis amigos. Antes te gustaba estar en contacto con otra gente», me dijo.

Tenía razón. Y tenía razón en preocuparse por mí. Pensaba que estaba demasiado tenso y sometido a mucho estrés. Y así era, pero no por mi trabajo, sino por mi deseo de contarle una verdad que no podía contarle. No podía decirle que mis antiguos compañeros de trabajo de la NSA podían elegirla como objetivo de vigilancia y leer los poemas de amor que me mandaba. No podía contarle a Lindsay que tenían la posibilidad de acceder a todas las fotos que hacía, y no solo a las públicas, sino también a las íntimas. No podía decirle que estaban recopilando información suya, información de todo el mundo, algo equivalente a una amenaza por parte del Gobierno: «Si alguna vez te pasas de la raya, usaremos tu vida privada contra ti».

Traté de explicárselo de forma indirecta, mediante una analogía. Le dije que se imaginase que un día abría el portátil y se encontraba en el escritorio una hoja de cálculo.

—¿Por qué? No me gustan las hojas de cálculo —me respondió.

No estaba preparado para esa respuesta, así que le dije lo primero que se me vino a la cabeza.

—Ni a ti ni a nadie, pero, bueno, ese archivo se llama «El Fin».

—Uuuh, qué misterioso.

—No recuerdas haber creado esa hoja de cálculo, pero una vez que la abres, reconoces el contenido. Porque ahí dentro está todo, absolutamente todo lo que podría arruinarte, hasta la más mínima información que te destrozaría la vida.

Lindsay sonrió.

—¿Puedo ver tu hoja?

Estaba de broma, pero yo no. Una hoja de cálculo con toda la información que hubiese sobre ti sería un peligro mortal. No hay más que pensarlo: todos los secretos, grandes y pequeños, que podrían acabar con tu matrimonio, poner fin a tu carrera, envenenar incluso tus relaciones más cercanas y hasta dejarte en la quiebra, sin amigos y en la cárcel. La hoja podría incluir ese porro que te fumaste el fin de semana pasado en casa de un amigo, o la raya de coca que te esnifaste sobre la pantalla de tu móvil en un bar, estando en la universidad; o el rollo de una noche de borrachera que tuviste con la novia de tu amigo, que ahora es su mujer, y del que los dos os arrepentís y que habéis acordado no contarle nunca a nadie; o un aborto por el que pasaste de adolescente, que sigues ocultando a tus padres y que quisieras mantenerle oculto a tu cónyuge; o a lo mejor es solo información sobre una petición que has firmado, o una protesta en la que participaste. Todo el mundo tiene algo, alguna información comprometedora enterrada entre sus bytes, si no en sus archivos, sí en sus *emails*; si no en esos mensajes, sí en su historial de navegación. Y de pronto esa información la estaba almacenando el Gobierno de Estados Unidos.

Un tiempo después de aquella conversación, Lindsay se me acercó un día y me dijo:

—Ya he pensado lo que habría en mi hoja de cálculo de destrucción total, cuál sería el secreto que me arruinaría.

—¿Cuál?

—No voy a decírtelo.

Intentaba estar tranquilo, pero tenía unos síntomas físicos extraños que no se iban. Me había convertido en una persona extrañamente torpe. Me caía por las escaleras (más de una vez me pasó) y me daba contra los quicios de las puertas. A veces me tropezaba, o se me caían cucharas de las manos, no lograba calcular bien las distancias y no alcanzaba a lo que quería coger. Me tiraba agua encima, o me atragantaba con ella. Lindsay y yo podíamos estar en mitad de una conversación y a mí pasárseme por completo lo que acababa de decirme, y ella me preguntaba que dónde tenía la cabeza, porque parecía estar congelado en otro mundo.

Un día había quedado con Lindsay después de su clase de *pole dance* y empecé a sentirme mareado. Fue el síntoma más perturbador de los que había notado hasta entonces. Me asusté, igual que Lindsay, sobre todo cuando el mareo derivó en una disminución gradual de mis sentidos. Tenía demasiadas explicaciones para todos esos incidentes: mala alimentación, falta de ejercicio, falta de sueño. Y también tenía demasiadas racionalizaciones: el plato estaba demasiado cerca del borde de la encimera, las escaleras resbalaban. No terminaba de saber qué sería peor, si estar experimentando algo psicosomático o real. Decidí ir al médico, aunque me dieron cita para semanas después.

Transcurridos un par de días, en torno al mediodía, estaba en casa tratando de ponerme al día con el trabajo a distancia. Tenía a un agente de seguridad de Dell al teléfono cuando me sobrevino un mareo fuerte. De inmediato, me excusé de la llamada mascullando unas palabras, y mientras luchaba por colgar el teléfono, lo supe: iba a morirme.

Para quienes la hayan experimentado, la sensación de muerte inminente no necesita descripción, y para quienes no, es imposible de explicar. Llega de forma tan repentina y primaria que borra cualquier otra sensación, cualquier pensamiento más allá de una desamparada resignación. Mi vida se había acabado. Me senté desparramado en la silla, una Aeron grande y negra acolchada que se recostó bajo mi peso cuando caí a un vacío y perdí el conocimiento.

Cuando volví en mí estaba aún sentado y el reloj de la mesa marcaba poco antes de las 13.00. Había estado inconsciente menos de una hora, pero me notaba agotado. Era como si llevase despierto desde el principio de los tiempos.

Eché mano del teléfono en estado de pánico, pero mi mano no daba con él, no dejaba de agarrar el aire. Cuando conseguí cogerlo y oí el tono de llamada, me di cuenta de que no recordaba el número de Lindsay, o que solo me venían los dígitos, pero no el orden.

De algún modo, logré bajar las escaleras, dando todos los pasos de forma deliberada, con la mano apoyada en la pared. Saqué un zumo de la nevera y me lo tomé a varios tragos, sujetando el cartón con las dos manos y derramándome bastante por la barbilla. Entonces, me tumbé en el suelo, apreté la mejilla contra el frío linóleo y me quedé dormido. Así fue como me encontró Lindsay.

Había tenido un ataque de epilepsia.

Mi madre sufría de epilepsia, y durante un tiempo al menos fue propensa a los ataques *grand mal*: la espuma por la boca, las extremidades agitadas, el cuerpo dando vueltas hasta que se quedaba quieto en una rigidez horrible e inconsciente... No podía creerme que no hubiese asociado antes mis síntomas con los de ella, aunque era la misma negación que mi madre había vivido durante décadas, cuando atribuía sus caídas frecuentes a la «torpeza» y a la «falta de coordinación». No la diagnosticaron hasta su primer *grand mal*, que sufrió con casi cuarenta años, y después de una breve temporada medicándose, los ataques pararon. Mi madre siempre nos había dicho a mi hermana y a mí que la epilepsia no era hereditaria, y aún hoy sigo sin saber seguro si eso era lo que le había contado su médico, o si solo estaba intentando asegurarnos que su destino no iba a ser el nuestro.

No existe ninguna prueba diagnóstica para la epilepsia. El diagnóstico clínico consiste sencillamente en sufrir dos o más ataques sin explicación, eso es todo. Se sabe muy poco sobre esta enfermedad. La medicina tiende a tratar la epilepsia con un enfoque fenomenológico. Los médicos no hablan de «epilepsia», sino de «ataques», que suelen dividir en dos tipos: localizados y generalizados. Los primeros son un fallo eléctrico en una determinada parte del cerebro que no se extiende, y los segundos son un fallo eléctrico que provoca una reacción en cadena. Básicamente, se trata de una oleada de sinapsis de fallos que recorre tu cerebro y te provoca la pérdida de la función motora y, en última instancia, de la consciencia.

La epilepsia es un síndrome muy extraño. Quienes la sufren sienten cosas distintas, según qué parte del cerebro padezca el fallo eléctrico inicial en cascada. Las personas que sufren ese fallo en el centro auditivo suelen oír campanas. Las que lo tienen en el centro visual pasan a ver oscuro o a ver destellos. Si el fallo ocurre en las zonas centrales más profundas del cerebro (donde fue el mío), puede generarse un vértigo grave. Con el tiempo, terminé por conocer las señales de advertencia, así que podía prepararme para cuando me iba a dar un ataque. Esas señales se llaman «auras» en el lenguaje popular de la epilepsia, pero en cuanto a hechos científicos, las auras son el ataque en sí, ya que representan la experiencia propioceptiva del fallo eléctrico.

Consulté con todos los especialistas en epilepsia que encontré. La mejor parte de trabajar para Dell era el seguro médico: tuve a mi disposición TAC, resonancias magnéticas... Todo lo necesario. Entretanto, Lindsay —que fue mi ángel incondicional a lo largo de todo el proceso, y me llevaba a las citas y me traía siempre— se puso a investigar cualquier información disponible sobre el síndrome. Buscó en Google tratamientos alopáticos y homeopáticos con tanta profusión que básicamente todos los anuncios que le aparecían en Gmail luego eran de fármacos para la epilepsia.

Me sentía derrotado. Las dos grandes instituciones de mi vida habían sufrido una traición y me estaban traicionando a mí: mi país e internet. Y para colmo, mi cuerpo decidió seguirles la estela.

Mi cerebro había cortocircuitado, casi al pie de la letra.

18

EN EL SOFÁ

Era la noche del 1 de mayo de 2011, ya tarde, cuando vi la alerta de una noticia en mi móvil: un equipo de la fuerza especial estadounidense Navy Seal había localizado a Osama bin Laden en Abbottabad (Pakistán), y lo había matado.

Pues nada. El hombre que había planeado los ataques que me impulsaron a meterme en el Ejército, y de ahí en la Intelligence Community, estaba muerto: un paciente de diálisis con un disparo a bocajarro abrazado a sus múltiples esposas, en el suntuoso complejo situado en la carretera que salía de la principal academia militar de Pakistán. Los sitios web no paraban de mostrar mapas que indicaban dónde estaba la puñetera Abbottabad, alternando esas imágenes con escenas de ciudades de todo Estados Unidos, en las que la gente se chocaba los puños, se chocaba los pechos, gritaba, se emborrachaba. Incluso en Nueva York lo estaban celebrando, cosa que casi nunca ocurre.

Apagué el teléfono. Sencillamente, no quería tener que participar en eso. Que no se me entienda mal: estaba encantado de que ese hijo de puta hubiese muerto. Pero me encontraba en un momento reflexivo de mi vida y sentía que se cerraba un círculo.

Diez años. Ese era el tiempo que había transcurrido desde que los dos aviones se estrellaron contra las Torres Gemelas, y ¿qué habíamos tenido que demostrar a cambio? ¿Cuáles eran los logros reales de ese decenio? Me senté en el sofá que había heredado del piso de mi madre y miré por la ventana a la calle, a lo lejos, cuando un vecino tocó el claxon de su coche aparcado. No lograba quitarme de la cabeza la idea de que había desperdiciado la última década de mi vida.

Los diez años previos habían sido un desfile de tragedias fabricadas en Estados Unidos: la guerra eterna en Afganistán, el catastrófico cambio de régimen en Irak, las infinitas detenciones en la Bahía de Guantánamo, las rendiciones extraordinarias, la tortura, los asesinatos selectivos de civiles (incluso estadounidenses) mediante ataques con drones... En nuestro país, aplicábamos la «seguridad nacional» por doquier, sobre cuya base se asignaba una calificación de amenaza nueva a cada día (rojo-grave, naranja-alta, amarillo-elevada), y desde la aprobación de la Patriot Act en adelante, vivimos una erosión constante de las libertades civiles, las mismas libertades que supuestamente estábamos luchando por proteger. Si te parabas a mirarlo, el daño acumulativo (el conjunto de toda la actividad ilícita) era gigantesco y parecía por completo irreversible, y pese a todo seguíamos dándoles al claxon y a las luces en señal de regocijo.

El mayor ataque terrorista en suelo estadounidense se produjo en paralelo al desarrollo de la tecnología digital, lo que convirtió gran parte del planeta en suelo estadounidense, nos gustase o no. Por supuesto, el terrorismo era el motivo que se alegaba para la puesta en marcha de la mayoría de los programas de vigilancia de mi país, en una época de un miedo y un oportunismo enormes. Sin embargo, resultó que el miedo era el auténtico terrorismo, perpetrado por un sistema político cada vez más dispuesto a utilizar casi cualquier justificación para autorizar el uso de la fuerza. Los políticos estadounidenses no le tenían tanto miedo al terrorismo como a parecer débiles, o a ser desleales a su partido, o a serlo a los donantes de sus campañas electorales, que mostraban un apetito voraz de contratos públicos y productos derivados del petróleo de Oriente Medio. La política del terrorismo se hizo más poderosa que el propio terrorismo, lo que generó un contraterrorismo: las acciones movidas por el pánico de un país sin parangón en cuanto a potencial, sin limitaciones políticas y, descaradamente, sin ninguna preocupación por mantener el Estado de derecho. Tras del 11-S, la orden de la Intelligence Community fue «nunca más», una misión imposible de cumplir con éxito. Una década después, había quedado claro —al menos para mí— que las repetidas evocaciones del terrorismo a cargo de la clase política no eran una respuesta a ninguna amenaza o preocupación concretas, sino un intento cínico por convertir el terrorismo en un peligro permanente que requiriese la aplicación de una vigilancia permanente por parte de una autoridad incuestionable.

Tras diez años de vigilancia masiva, la tecnología había demostrado ser un arma menos potente contra el terrorismo que contra la libertad misma. Al continuar con esos programas, con esas mentiras, Estados Unidos estaba protegiendo poco, ganando nada y perdiendo mucho. Y así seguiría, hasta que hubiese pocas diferencias entre los polos del «nosotros» y el «ellos» surgidos tras el 11-S.

La última mitad de 2011 transcurrió en una sucesión de ataques de epilepsia e innumerables consultas de médicos y hospitales. Me hicieron pruebas de imágenes, me examinaron, me recetaron fármacos que me estabilizaban el cuerpo, pero me nublaban la mente y me dejaban deprimido, letárgico, incapaz de concentrarme.

No estaba seguro de cómo iba a vivir con lo que Lindsay llamaba entonces mi «afección» sin perder mi trabajo. Ser el principal tecnólogo de la cuenta de la CIA en Dell suponía tener una enorme flexibilidad: mi despacho era mi teléfono y podía trabajar desde casa. Pero las reuniones eran un problema. Siempre se celebraban en Virginia y yo vivía en Maryland, un Estado cuyas leyes impedían conducir a las personas diagnosticadas con epilepsia. Si me pillaban al volante, podía perder el carné de conducir, y con ello mi posibilidad de asistir a las reuniones, que eran el único requisito no negociable de mi puesto.

Al final, cedí a lo inevitable, me cogí un permiso a corto plazo por enfermedad en Dell y acampé en el sofá de segunda mano de mi madre, que era del mismo color oscuro que mi estado de ánimo, pero cómodo. Durante semanas, ese sofá fue el centro de mi existencia, el lugar en el que dormía, comía, leía y seguía durmiendo, el sitio en el que, en general, me regodeaba en la desolación mientras el tiempo se burlaba de mí.

No recuerdo qué libros intenté leer, pero sí que nunca lograba acabar mucho más que una página antes de cerrar los ojos y hundirme de nuevo entre los cojines. No podía concentrarme en nada, salvo en mi propia debilidad: aquel bulto nada cooperativo que solía ser yo tirado sobre el tapizado, inmóvil salvo por un dedo solitario apoyado en la pantalla del móvil, que era la única luz de la habitación.

Repasaba las noticias, luego dormitaba, luego volvía a mirar la pantalla, luego a dormir... Y mientras tanto, en Túnez, Libia, Egipto, Yemen, Argelia, Marruecos, Irak, Líbano y Siria había manifestantes a los que arrestaban y torturaban, o recibían por las calles los disparos de agentes secretos estatales de unos regímenes desalmados, muchos de ellos en el poder gracias a la ayuda de Estados Unidos. Durante aquella temporada se vivió un sufrimiento inmenso, que escapaba a la espiral del ciclo normal de las noticias. Lo que yo estaba presenciando era una desesperación ante la que mis batallas parecían una chorrada, una cosa muy pequeña, moral y éticamente pequeña, y de privilegiados.

En todo Oriente Medio, civiles inocentes estaban viviendo bajo la amenaza constante de la violencia, con los trabajos y las clases interrumpidos, sin electricidad, sin alcantarillado. En muchas regiones, no parecía haber acceso siquiera a la atención médica más rudimentaria. No obstante, si en algún momento dudaba de que mi preocupación por la vigilancia y la privacidad fuese relevante, o apropiada siquiera, viéndome ante un peligro y una privación tan inmediatos, me bastaba con prestar un poco más de atención a las multitudes que se reunían en las calles y a sus proclamas, en El Cairo y Saná, en Beirut y Damasco, en Ahvaz, Juzestán y en todas las demás ciudades de la Primavera Árabe y el Movimiento Verde iraní: las masas pedían todas el final de la opresión, de la censura y de la precariedad. Declaraban que en una sociedad verdaderamente justa el pueblo no debía rendir cuentas ante el Gobierno, sino al revés. Aunque cada multitud de cada ciudad, incluso cada día, parecía tener sus propias motivaciones concretas y sus propios objetivos específicos, compartían algo en común: el rechazo al autoritarismo, la renovación del compromiso con el principio humanitario de que los derechos de los individuos son innatos e inalienables.

En un estado autoritario, los derechos emanan del estado y se conceden al pueblo. En un estado libre, los derechos emanan del pueblo y se conceden al estado. En el primero, al pueblo se lo considera súbdito, y solo tiene permitido ostentar propiedades, procurarse una educación, trabajar, rezar y hablar porque su gobierno se lo autoriza. En el segundo, al pueblo se lo considera ciudadanía, que acepta estar gobernada de acuerdo con un pacto de consentimiento que debe renovarse periódicamente y es constitucionalmente revocable. Considero que esta lucha entre el autoritarismo y la democracia liberal es el mayor conflicto ideológico de mis tiempos, y no esa noción orquestada y prejuiciosa sobre una división Este-Oeste, o sobre una cruzada resucitada contra el cristianismo o el islam.

Los estados autoritarios no son por lo general gobiernos de leyes, sino gobiernos de líderes, que exigen lealtad a sus súbditos y son hostiles a la disidencia. Los estados con una democracia liberal, por el contrario, hacen muy pocas exigencias de ese tipo, o ninguna, y dependen casi exclusivamente de que cada uno de sus ciudadanos asuma de forma voluntaria la responsabilidad de proteger las libertades de quienes le rodean, independientemente de su raza, etnia, credo, capacidad, sexualidad o género. Cualquier garantía colectiva, basada no en la sangre, sino en el acuerdo, acabará favoreciendo el igualitarismo, y aunque a menudo la democracia se ha quedado muy corta con este ideal, sigo pensando que es la única forma de gobernanza que permite más plenamente a personas de procedencias distintas convivir en igualdad ante la ley.

Dicha igualdad consiste no solo en derechos, sino también en libertades. A decir verdad, muchos de los derechos más apreciados por los ciudadanos de una democracia ni siquiera están contemplados por la ley, salvo de forma implícita. Se trata de derechos presentes en ese vacío indefinido que se crea restringiendo el poder del gobierno. Por ejemplo, los estadounidenses solo tienen «derecho» a la libertad de expresión porque al Gobierno se le prohíbe redactar una ley que restrinja esa libertad, y «derecho» a la libertad de prensa porque al Gobierno se le prohíbe redactar una ley que la reduzca. Tienen «derecho» a profesar una fe libremente porque al Gobierno se le prohíbe redactar una ley que instaure una religión, y «derecho» a reunirse tranquilamente y protestar porque al Gobierno se le prohíbe redactar una ley que diga lo contrario.

En la vida contemporánea, disponemos de un único concepto que abarca todo este espacio negativo o potencial ubicado fuera de los límites del Gobierno. Se trata del concepto de «privacidad»: una zona despejada, más allá del alcance del Estado, un vacío al que la ley solo tiene permitido entrar con una orden judicial, aunque no una orden judicial válida «para todo el mundo», como la que el Gobierno estadounidense se ha arrogado en pos de la vigilancia masiva, sino una orden para una persona en concreto o para una finalidad concreta, respaldada por una causa probable específica.

La propia palabra «privacidad» es en cierto modo un concepto vacío, porque en esencia carece de definición, o tiene una definición demasiado amplia. Todos tenemos una idea distinta de lo que es. «Privacidad» significa algo para todo el mundo. No hay nadie para quien no quiera decir nada.

Por esta falta de definición común, los ciudadanos de democracias plurales y tecnológicamente sofisticadas creen que deben justificar su deseo de privacidad y enmarcarla como un derecho. Sin embargo, los ciudadanos de una democracia no han de justificar ese deseo; por el contrario, es el estado el que debe justificar su violación. Negarte a reclamar tu privacidad equivale a cederla, bien a un estado que transgrede sus limitaciones constitucionales o a un negocio «privado».

Sencillamente, no hay forma de obviar la privacidad. Dado que las libertades de la ciudadanía son interdependientes, entregar tu privacidad supone en realidad entregar la de todo el mundo. Puedes optar por cederla por conveniencia, o alegando el pretexto tan extendido de que la privacidad solo la exigen quienes tienen algo que esconder. No obstante, afirmar que no necesitas o no quieres privacidad porque no tienes nada que esconder es dar por hecho que nadie debería, o podría, tener que esconder nada, y eso incluye el estatus migratorio, el historial de desempleo, el expediente económico y las historias médicas. De ese modo, se da por sentado que nadie, ni tú mismo, podría oponerse a desvelar ante nadie información sobre sus creencias religiosas, afiliaciones políticas y actividad sexual, con la misma despreocupación con la que se desvelan gustos cinematográficos y musicales o preferencias lectoras.

En última instancia, decir que no te importa la privacidad porque no tienes nada que esconder no es diferente a afirmar que no te importa la libertad de expresión porque no tienes nada que decir; o que no te importa la libertad de prensa porque no te gusta leer; o que no te importa la libertad de religión porque no crees en Dios; o que no te importa la libertad de reunión pacífica porque eres un agorafóbico perezoso y antisocial. El hecho de que esta o aquella libertad no tenga importancia para ti ahora mismo no quiere decir que la tenga o que no la vaya a tener mañana, para ti o para tu vecino... O para las masas de disidentes con principios que veía protestar desde mi teléfono al otro lado del océano, con la esperanza de alcanzar tan solo una fracción de las libertades que mi país se estaba afanando en desmantelar.

Quería ayudar, pero no sabía cómo. Estaba ya harto de sentirme impotente, de no ser más que un capullo vestido de franela, tumbado en un sofá gastado, comiendo Doritos Cool Ranch y bebiendo Coca-Cola *light* mientras el mundo echaba a arder.

La juventud de Oriente Medio se estaba levantando por unos salarios más altos, unos precios más bajos y mejores pensiones, pero yo no podía darles nada de eso, y nadie podía ofrecerles una mejor vía hacia la autogobernanza que la que ya estaban eligiendo. Sin embargo, también abogaban por un internet más libre. Criticaban al ayatolá Jamenei por intensificar cada vez más la censura y el bloqueo de contenido web amenazante, el rastreo y hackeo del tráfico por plataformas y servicios ofensivos, y el cierre de ciertos ISP extranjeros. Protestaban contra el presidente egipcio Mubarak, que había interrumpido el acceso a internet para todo el país, con lo que solo consiguió enfurecer y aburrir aún más a todo Egipto, y atraer con ello a la gente a las calles.

Desde que en Ginebra me dieron a conocer el Tor Project, usaba su navegador y tenía mi propio servidor Tor, con intención de hacer mi trabajo profesional desde casa y de navegar a nivel personal por internet sin vigilancia. Así pues, me sacudí la desesperación, me levanté del sofá de un salto y me tambaleé hasta el despacho de mi casa para abrir un transmisor de puente que superase los bloqueos a internet en Irán. A continuación, distribuí la identidad de configuración encriptada de ese transmisor a los desarrolladores principales de Tor.

Era lo menos que podía hacer. Si existía la más mínima posibilidad de que un solo chaval iraní incapaz hasta ese momento de entrar a internet pudiera eludir los filtros y restricciones impuestos y conectarse a mí (a través de mí), protegido por el sistema Tor y el anonimato de mi servidor, desde luego merecía la pena mi diminuto esfuerzo.

Me imaginé a esa persona leyendo sus *emails*, o mirando sus cuentas en redes sociales para asegurarse de que sus amigos y su familia no estuviesen detenidos. Yo no tenía manera de saber si era eso lo que iba a hacer, o si había siquiera alguien conectado a mi servidor desde Irán. Pero en eso consistía: la ayuda que les estaba ofreciendo era privada.

El tío que inició la Primavera Árabe tenía casi mi edad. Era un vendedor ambulante de productos básicos de Túnez, de frutas y verduras que vendía con un carrito. En protesta contra el acoso y la extorsión constantes de las autoridades, se plantó en la plaza y se prendió fuego. Murió como un mártir. Si morir quemado fue el último acto de libertad que pudo hacer aquel hombre en señal de resistencia frente a un régimen ilegítimo, yo sin duda podía levantarme del sofá y pulsar unas cuantas teclas.

TERCERA PARTE

19

EL TÚNEL

Imaginad que estáis entrando en un túnel. Pensad en la perspectiva: al mirar al fondo y ver la longitud que se extiende por delante, os dais cuenta de cómo las paredes parecen estrecharse hacia el diminuto punto de luz que hay al otro extremo. La luz al final del túnel es un símbolo de esperanza, y es también lo que la gente dice que ve en las experiencias cercanas a la muerte. Tienen que ir hacia allí, cuentan. Se ven arrastradas hacia ese lugar. Pero ¿a qué otro sitio puedes ir en un túnel, más allá de atravesarlo? ¿Acaso no lleva todo a ese mismo punto?

Mi túnel era el Túnel: una fábrica de aviones enorme de la época de Pearl Harbor convertida en una instalación de la NSA y ubicada bajo un campo de piñas de Kunia, en la isla de Oahu, en Hawái. Las instalaciones estaban hechas de cemento armado, y el túnel que les daba nombre era un tubo de 1 kilómetro de longitud situado en la falda de un monte, que se abría a tres niveles cavernosos ocupados por cámaras de servidores y oficinas. Cuando se construyó el Túnel, cubrieron el monte con enormes cantidades de arena, tierra, hojas de piña disecadas y parches de hierba con trozos resecos por el sol para camuflarlo de los bombarderos japoneses. Sesenta años después, aquel sitio se asemejaba al vasto túmulo funerario de una civilización perdida, o a una pila árida y gigante que algún dios extraño hubiese amontonado en mitad de un arenero acorde a su tamaño. El nombre oficial era Centro de Operaciones de Seguridad Regional de Kunia.

Fui allí a principios de 2012 a trabajar de nuevo para la NSA, aunque aún contratado por Dell. Un día de ese verano (en realidad, era mi cumpleaños), mientras pasaba los controles de seguridad y avanzaba por el túnel, lo vi claro: eso que tenía delante de mí era mi futuro.

No estoy diciendo que tomase una decisión en ese momento. Las decisiones más importantes de la vida nunca se toman así, sino de manera subconsciente, y no las expresas conscientemente hasta que no terminan de coger forma, hasta que no eres lo bastante fuerte al fin para reconocer que eso es lo que tu conciencia ya ha elegido para ti, que ese es el rumbo que han decretado tus creencias. Aquel fue el regalo que me hice cuando cumplí los veintinueve años: asumir que había entrado en un túnel que iría estrechando mi vida camino de una única acción, aún difuminada.

En la misma medida en que Hawái ha sido siempre una estación de paso importante (históricamente, el Ejército de Estados Unidos ha tratado el archipiélago como poco más que un centro de repostaje en mitad del Pacífico para barcos y aviones), también se había convertido en un relevante conmutador para las comunicaciones estadounidenses; eso incluía la información de inteligencia que fluía entre los cuarenta y ocho estados contiguos y mi antiguo destino laboral, Japón, junto a otros puntos de Asia.

El empleo que había aceptado suponía un descenso considerable en la escala profesional, con tareas que, llegado ese punto, podía hacer hasta dormido. Se suponía que implicaría menos estrés, que sería una carga más ligera. Era el único empleado que había en la Oficina de intercambio de información (nombre muy apropiado), en la que trabajaba como administrador de sistemas de SharePoint. SharePoint es un producto de Microsoft, un programita muy tonto —o más bien, un cajón de sastre de programas— centrado en la gestión de documentos internos: quién puede leer qué, quién puede editar qué, quién puede enviar y recibir qué, etcétera. Al hacerme administrador de sistemas de Share-Point en Hawái, la NSA me había convertido en el gestor de la gestión de documentos. A efectos prácticos, era el lector jefe en uno de los centros más importantes de la agencia. Tal y como solía hacer en cualquier puesto técnico nuevo al que llegaba, me pasé los primeros días automatizando mis tareas, es decir, escribiendo comandos que hicieran el trabajo por mí, para que así me quedase tiempo libre para cosas más interesantes.

Antes de seguir adelante, quiero subrayar algo: mi búsqueda activa de abusos por parte de la NSA no empezó con la copia de documentos, sino con su lectura. Mi intención inicial era simplemente confirmar las sospechas que había tenido por primera vez en 2009 en Tokio. Tres años después, estaba decidido a descubrir si existía un sistema estadounidense de vigilancia masiva, y si así era, a enterarme de cómo funcionaba. Pese a no saber con certeza cómo hacer esa investigación, al menos estaba seguro de una cosa: debía comprender perfectamente el funcionamiento del sistema antes de decidir qué hacer con él, si es que hacía algo.

Por supuesto, ese no fue el motivo de que Lindsay y yo nos mudásemos a Hawái. No recorrimos todo ese camino hasta el paraíso para que yo tirase nuestras vidas por la borda a cuenta de mis principios.

Nos fuimos allí a empezar de nuevo. A empezar de nuevo una vez más.

Los médicos me dijeron que el clima y el estilo de vida más relajado de Hawái podrían ser buenos para mi epilepsia, dado que se creía que la falta de sueño era un desencadenante básico de los ataques. Además, con ese traslado desaparecía el problema del coche: al Túnel se llegaba en bici desde varias comunidades de Kunia, el tranquilo corazón del interior seco y rojo de la isla. El camino al trabajo era un paseo agradable de 20 minutos a través de campos de cañas de azúcar bajo un sol luminoso. Con las montañas a la distancia, alzándose tranquilas e imponentes sobre un fondo azul claro, mis ánimos sombríos de los últimos meses se despejaron como una neblina matinal.

Lindsay y yo encontramos una casa tipo bungaló de tamaño decente en Eleu Street, en Royal Kunia, una zona de Waipahu, y la amueblamos con las cosas que nos llevamos de Columbia (Maryland), dado que Dell pagaba los gastos de la mudanza. De todos modos, a los muebles no les dábamos mucho uso, porque con aquel sol y aquel calor solíamos entrar por la puerta, quitarnos la ropa y tumbarnos desnudos en la moqueta, con el aire acondicionado a tope. Al final, Lindsay convirtió el garaje en un gimnasio, con esterillas de yoga y la barra de *pole dance* que se llevó de Columbia. Yo monté un servidor Tor nuevo. Al poco, tráfico de todo el mundo se conectaba a internet a través del portátil que teníamos en el mueble de la tele, y de paso yo ocultaba mi actividad *online* entre el ruido.

Una noche del verano que cumplí veintinueve años, Lindsay por fin se impuso y me sacó a una fiesta luau. Llevaba un tiempo detrás de mí para que fuésemos, porque algunas de sus amigas del *pole dance* se habían metido a hacer algo de hula, pero siempre me había resistido. Me parecía una cosa muy turística y hortera, y en cierto modo me resultaba irrespetuoso. Aunque las tradiciones hawaianas estén muy vivas, se trata de una cultura ancestral, y lo último que quería era perturbar el ritual sagrado de un pueblo.

Pero al final capitulé, y me alegro mucho de haberlo hecho. Lo que más me impresionó no fue la luau en sí (pese a ser todo un espectáculo de giros y fuego), sino el anciano que estaba dando audiencia en un pequeño anfiteatro junto al mar. Se trataba de un nativo de Hawái, un hombre erudito, con esa característica voz insular suave pero nasal, que le contaba a un grupo de gente en torno a un fuego las historias sobre la creación narradas por los pueblos indígenas de las islas.

El relato que más me impactó hablaba de las doce islas sagradas de los dioses. Supuestamente, había existido una docena de islas en el Pacífico tan bonitas, puras y bendecidas con agua dulce que los dioses tuvieron que mantenerlas ocultas a los humanos para que no las echasen a perder. Tres de esas islas eran objeto de veneración especial: Kanehunamoku, Kahiki y Pali-uli. Los afortunados dioses que las habitaban decidieron esconderlas porque creían que la gente se volvería loca tan solo con ver aquel regalo. Tras pensar en numerosos sistemas ingeniosos para ocultar las islas —como teñirlas del color del mar o hundirlas al fondo del océano—, al final decidieron hacerlas flotar en el aire.

Una vez que las islas estuvieron flotando, las iban cambiando de sitio a soplidos, de forma que se movían constantemente. Sobre todo al amanecer y al anochecer, podías creer haber visto una isla cerniéndose a lo lejos, en el horizonte; pero en cuanto se la señalabas a alguien, se alejaba de repente o asumía una forma totalmente distinta, como una balsa de piedra pómez, un trozo de roca arrojado por una erupción volcánica... o una nube.

Pensé mucho en esa leyenda mientras avanzaba en mi investigación. Las revelaciones que iba buscando eran exactamente como esas islas: terrenos exóticos que un panteón de gobernantes vanidosos y autoproclamados creía que debía mantener en secreto y ocultos a la humanidad. Mi intención era conocer con exactitud el potencial de vigilancia de la NSA; si se extendía más allá de las actividades reales de vigilancia de la agencia, y cómo; quién la autorizaba; quién sabía de su existencia; y, lo último pero no menos importante, cómo funcionaban de verdad esos sistemas, tanto desde un punto de vista técnico como institucional.

En cuanto creía ver una de esas «islas» (algún nombre en clave en mayúsculas que no entendía, un programa mencionado en una nota enterrada al final de un informe), me lanzaba a la caza de más referencias a ella en otros documentos, sin éxito. Era como si el programa que buscaba se hubiese alejado flotando de mí y se hubiera perdido. Luego, días o semanas después, a lo mejor salía de nuevo a la superficie, con un nombre distinto, en un documento de un departamento diferente.

A veces encontraba un programa con un nombre reconocible, pero no se explicaba lo que hacía. Otras, solo hallaba una explicación sin nombre, sin indicación ninguna de si la función ahí descrita era un programa activo o un deseo al que se aspiraba. Me enfrentaba a compartimentos dentro de compartimentos, advertencias dentro de advertencias, conjuntos dentro de conjuntos, programas dentro de programas. Esa era la naturaleza misma de la NSA: por su propio diseño, la mano izquierda raras veces sabía lo que hacía la mano derecha.

En cierto modo, lo que estaba haciendo me recordó a un documental que había visto sobre diseños de mapas; concretamente, sobre cómo se creaban las cartas náuticas en los tiempos previos a la digitalización y al GPS. Los capitanes de los barcos llevaban registros y anotaban las coordenadas, que los creadores de mapas, en tierra, intentaban luego interpretar. Gracias a la acumulación de estos datos, a lo largo de cientos de años, se llegó a conocer la extensión total del Pacífico y se identificaron todas sus islas.

Pero yo no disponía de cientos de años ni de cientos de barcos. Estaba solo: un hombre asomado a un océano azul en blanco, tratando de encontrar dónde se ubicaba esa manchita de tierra seca, ese fragmento de información en concreto, con respecto a todo lo demás.

20

LATIDO

En 2009, en Japón, cuando fui a aquella profética conferencia sobre China como ponente sustituto, supongo que hice algunos amigos, en especial entre la JCITA (Joint Counterintelligence Training Academy o Academia de Formación en Contrainteligencia Conjunta) y su agencia matriz, la DIA (Defense Intelligence Agency o Agencia de Inteligencia de Defensa). En los tres años siguientes, la JCITA me había invitado media docena de veces a dar seminarios y charlas en las instalaciones de la DIA. Básicamente, daba clases sobre cómo podía protegerse la Intelligence Community estadounidense de los hackers chinos y aprovechar la información obtenida al analizar esos hackeos chinos para poder hackearlos a ellos como respuesta.

Siempre me ha gustado dar clases (sin duda, más de lo que me gustó nunca recibirlas) y, además, en los primeros días de mi desencanto, hacia el final de la época en Japón y durante toda mi temporada en Dell, tuve siempre la sensación de que, si me pasaba toda mi trayectoria profesional trabajando en inteligencia, los puestos en los que mis principios se verían menos comprometidos (y mi mente más expuesta a retos) serían casi seguro los académicos. Enseñar con la JCITA era un modo de mantener abierta esa puerta, y al mismo tiempo de seguir estando al día, porque cuando das clases, no puedes dejar que tus alumnos vayan por delante de ti, sobre todo en el campo de la tecnología.

A raíz de esto, adquirí el hábito de leer detenidamente lo que la NSA llamaba *readboards*, es decir, tablones de anuncios digitales que funcionan más o menos como blogs de noticias, solo que esas noticias son el producto de actividades de inteligencia clasificadas. Todas las bases principales de la NSA tienen su propio *readboard*, que el personal de cada una actualiza a diario con lo que considera que son los documentos más importantes e interesantes del día, esto es, todo lo que debe leer un empleado para mantenerse al tanto.

Como vestigio de mi preparación para las charlas con la JCITA, y sinceramente también porque me aburría en Hawái, cogí la costumbre de consultar todos los días algunos de esos tablones: el *readboard* de mi propia base en Hawái, el de mi antiguo puesto en Tokio y varios otros de Fort Meade. Gracias a ese nuevo empleo de baja presión, tenía todo el tiempo que quisiera para leer. El alcance de mi curiosidad podía haber levantado algunas sospechas en alguna fase anterior de mi carrera; sin embargo, como único empleado entonces de la Oficina de Intercambio de Información (yo era básicamente la oficina entera), mi trabajo consistía en saber qué información había por ahí susceptible de compartirse. Por su parte, la mayoría de mis colegas del Túnel se pasaba los descansos viendo las noticias de la Fox en internet.

Con la intención de organizar todos los documentos de esos *readboards* que me interesaba leer, creé una cola de *readboards* por orden de prioridad personal. Los archivos empezaron a amontonarse rápido, hasta que la amable señora que gestionaba las cuotas de almacenamiento digital vino a quejarse por el tamaño de mi carpeta. Me di cuenta de que mi *readboard* particular había pasado de ser un resumen diario a convertirse en un archivador de información confidencial cuya relevancia iba mucho más allá de la inmediatez del día. Dado que no quería borrar nada ni dejar de añadir cosas, algo que habría sido un desperdicio, decidí compartirlo todo con otros. Fue la mejor justificación que se me ocurrió para lo que estaba haciendo, en especial porque eso me permitía recopilar, de un modo más o menos legítimo, material procedente de una gama más amplia de fuentes. Así pues, con la autorización de mi jefe, me dispuse a crear una *readboard* automatizada, es decir, que no dependiese de que nadie publicase cosas, sino que se editase sola.

Al igual que EPICSHELTER, mi plataforma automatizada de *readboard* estaba diseñada para explorar constantemente en busca de documentos nuevos y únicos. Sin embargo, lo hacía de una manera mucho más exhaustiva, ya que miraba más allá de la NSAnet (la red de la NSA), en las redes de la CIA y del FBI, así como en la JWICS (Joint Worldwide Intelligence Communications System o Unión Mundial de Sistemas de Comunicaciones de Inteligencia), la intranet secreta del Ministerio de Defensa. La idea era que cualquier agente de la NSA pudiera acceder a los hallazgos de esa *readboard* tras contrastar su identificación digital (llamada certificado PKI) con el nivel de clasificación de cada documento; eso generaría una *readboard* personalizada según las habilitaciones de seguridad, intereses y afiliaciones laborales de cada agente. En esencia, sería una *readboard* de *readboards*, un agregador de fuentes de noticias individualizado que llevaría a cada uno de los agentes la información más nueva adecuada para su trabajo, es decir, todos los documentos que necesitasen leer para estar al día. Se gestionaría desde un servidor que manejaría yo solo, ubicado en el mismo pasillo de mi oficina. Ese servidor almacenaría además una copia de todos los documentos que originase, y así me resultaría más fácil hacer el tipo de búsquedas profundas entre agencias con el que los directores de muchas de ellas solo podían soñar.

A este sistema lo llamé Heartbeat*, porque le tomaba el pulso a la NSA y a la Intelligence Community en su conjunto. El volumen de información que pasaba por sus venas era sencillamente enorme, al extraer documentos de sitios internos dedicados a todas las especialidades existentes, desde actualizaciones sobre los proyectos más nuevos de investigación criptográfica hasta actas de las reuniones del Consejo de Seguridad Nacional. Configuré la herramienta de forma minuciosa para poder consumir el material a un ritmo lento pero constante, sin monopolizar el cable submarino de fibra óptica que unía Hawái con Fort Meade, pero aun así manejaba muchos más documentos que cualquier humano, hasta tal punto que de inmediato se convirtió en la *readboard* más exhaustiva de la NSAnet.

Al muy poco de entrar en funcionamiento, recibí un *email* que casi puso fin a Heartbeat para siempre. Un administrador lejano (según parece, el único de toda la Intelligence Community que de verdad se molestó en mirar sus registros de acceso) quería saber por qué un sistema de Hawái estaba copiando, uno a uno, todos los registros de su base de datos. Por precaución, ese administrador me había bloqueado de inmediato, lo que me había dejado fuera a todos los efectos, y en su mensaje me exigía una explica-

---

* Este es el término inglés para denominar el latido del corazón, que además da título al capítulo. *(N. de la T.)*

ción. Le conté lo que estaba haciendo y le enseñé a utilizar el sitio web interno que le permitiría leer Heartbeat. Su respuesta me recordó una característica inusual del lado tecnológico del Estado de seguridad: cuando le di acceso, sus recelos se convirtieron en curiosidad al instante. Aquel hombre podía haber dudado de una persona, pero nunca de una máquina. Al entrar, vio que Heartbeat estaba haciendo lo que se esperaba que hiciese, y a la perfección. Se quedó fascinado. Me desbloqueó de su almacén de registros e incluso se ofreció a ayudarme haciendo circular información sobre Heartbeat entre sus colegas.

Casi todos los documentos que después desvelé a los periodistas me llegaron a través de Heartbeat. Esta herramienta no me enseñó solo los objetivos del sistema de vigilancia masiva de la Intelligence Community, sino también sus capacidades. Hay algo que quisiera subrayar: a mediados de 2012, yo solo estaba intentando pillarle el truco a la vigilancia masiva, entender su funcionamiento real. Casi todos los periodistas que más adelante informaron sobre las revelaciones se preocuparon por los objetivos de la vigilancia, por las actividades de espionaje a ciudadanos estadounidenses, por ejemplo, o a líderes de aliados de Estados Unidos; es decir, les interesaban más los temas tratados en los informes de vigilancia que el sistema que los generaba. Por supuesto, respeto ese interés, ya que yo mismo lo compartí en su momento, aunque mi principal curiosidad fue de naturaleza técnica. Está muy bien leerse un documento o ir pasando las diapositivas de una presentación en PowerPoint para enterarse de lo que se pretende hacer con un programa, pero cuanto mejor entiendas los mecanismos de ese programa, mejor comprenderás su potencial abusivo.

En conclusión, a mí no me interesaban mucho los materiales de contenido informativo, como es el caso del que quizá se haya convertido en el archivo más famoso de los que desvelé, una diapositiva de una presentación en Power-Point de 2011 que describía la nueva postura de la NSA en materia de vigilancia como una cuestión de seis protocolos: «Husmea en todo, Entérate de todo, Recógelo todo, Procésalo todo, Aprovéchalo todo, Asócialo todo». Eso no era más que pura charla de relaciones públicas, jerga de mercadotecnia destinada a impresionar a los aliados de Estados Unidos: Australia, Canadá, Nueva Zelanda y Reino Unido, los principales países con los que Estados Unidos comparte información de inteligencia. (Junto con Estados Unidos, se conocen como los Cinco Ojos.) «Husmea en todo» quería decir que buscases una fuente de información; «Entérate de todo», que descubrieras los datos que había ahí; «Recógelo todo», que registraras esos datos; «Procésalo todo», que analizases los datos en busca de información de inteligencia utilizable; «Aprovéchalo todo», que usaras esa información de inteligencia en beneficio de los objetivos de la agencia; y «Asócialo todo», que compartieses la nueva fuente de información con los aliados. Pese a que esta taxonomía de seis puntas era fácil de recordar y de vender —además de representar una escala precisa para medir hasta dónde llegaban la ambición de la agencia y su nivel de conspiración con Gobiernos extranjeros—, a mí no me aportaba ninguna información sobre cómo se materializaba exactamente esa ambición en términos tecnológicos.

Mucho más reveladora fue una orden que encontré del tribunal de la FISA: una reclamación por vía legal a una empresa privada para que entregase información personal de sus clientes al Gobierno federal. Este tipo de órdenes se emitían teóricamente basándose en la autoridad de la legislación pública, y sin embargo, su contenido, su mera existencia incluso, estaban clasificados como secretos. De acuerdo con la sección 215 de la Patriot Act, esto es, la disposición sobre «registros de empresas», el Gobierno estaba autorizado a obtener órdenes del tribunal de la FISA que obligasen a terceras partes a entregar «cualquier cosa tangible» que fuese «relevante» en investigaciones sobre inteligencia extranjera o terrorismo. Sin embargo, según dejaba claro la orden del tribunal que encontré, la NSA había interpretado en secreto dicha autorización como una licencia para recopilar todos los «registros de empresas», o metadatos, de las comunicaciones telefónicas que pasaran por empresas de telecomunicación estadounidenses, como Verizon y AT&T, «a diario y de forma permanente». Por supuesto, eso incluía los registros de las comunicaciones telefónicas entre ciudadanos estadounidenses, una práctica que era inconstitucional.

Por otro lado, la sección 702 de la FISA Amendments Act permite a la Intelligence Community elegir como objetivo a cualquier extranjero emplazado fuera de Estados Unidos que sea una fuente probable de comunicación de «información de inteligencia extranjera». Esta medida genera una amplia categoría de objetivos potenciales, en la que se incluyen periodistas, empleados de empresas, académicos, cooperantes y un sinfín de personas más, inocentes de cualquier tipo de delito. La NSA estaba utilizando esta legislación para justificar sus dos métodos de vigilancia por internet más prominentes: el programa PRISM y la recopilación Upstream.

PRISM permitía a la NSA recopilar de forma rutinaria datos de Microsoft, Yahoo!, Google, Facebook, PalTalk, YouTube, Skype, AOL y Apple, lo que incluía *emails*, fotos, conversaciones de vídeo y audio, contenido de navegación web, consultas en motores de búsqueda y todos los demás datos almacenados en sus nubes, de forma que las empresas se convertían en co-conspiradoras conscientes. Por su parte, la recopilación Upstream era un método sin duda más invasivo: permitía recoger datos rutinaria y directamente de la infraestructura de internet del sector privado, eso es, de los conmutadores y enrutadores que derivan el tráfico de internet en todo el mundo, mediante los satélites en órbita y los cables de fibra óptica de alta capacidad que van por debajo del océano. Esta recopilación de datos se gestionaba desde la unidad SSO (Special Source Operations u Operaciones de Fuentes Especiales) de la NSA, que fabricó un equipo secreto de escuchas y lo incrustó en los centros corporativos de solícitos proveedores de servicios de internet de todo el mundo. Juntos, PRISM (recopilación de datos en los servidores de grandes proveedores de servicios) y la recopilación Upstream (recogida directa en la infraestructura de internet), garantizaban la posibilidad de someter a vigilancia la información de todo el planeta, estuviese almacenada o en tránsito.

La siguiente fase de mi investigación consistió en averiguar cómo se conseguía hacer de verdad esta recopilación de datos, es decir, examinar los documentos que explicaban en qué herramientas se apoyaba este sistema y cómo, entre la enorme masa de comunicaciones sonsacadas, se hacía la selección para elegir las que había que someter a una inspección más de cerca. La dificultad radicaba en que esa información no estaba recogida en ninguna presentación de PowerPoint, tuviese el nivel de clasificación que tuviese, sino solo en diagramas de ingeniería y esquemas básicos. Esos eran los materiales más importantes para mí, los que quería encontrar, pues, al contrario que aquel discurso comercial para los Cinco Ojos, sí serían una prueba real de que el potencial sobre el que estaba leyendo información no era solo la fantasía de un gestor de proyectos con subidón de cafeína. Como especialista en sistemas al que siempre estaban pinchando para que fabricase cosas más rápido y generase más resultados, era muy consciente de que las agencias a veces anunciaban tecnologías antes de que existieran, en ocasiones porque el Cliff de turno había hecho demasiadas promesas y otras veces por pura ambición.

En este caso, las tecnologías que había tras la recopilación Upstream sí que existían, y según llegué a entender, se trataba de los elementos más invasivos del sistema de vigilancia masiva de la NSA, aunque solo fuera porque eran los que más se acercaban al usuario, es decir, a la persona sometida a esa vigilancia. Imagínate que estás delante de un ordenador, a punto de visitar un sitio web. Abres un navegador web, escribes una URL y le das a Intro. La URL es, en efecto, una petición, y esa petición sale en busca de su servidor destino. Sin embargo, en algún punto en mitad de sus viajes, antes de que tu petición llegue a ese servidor, tendrá que pasar por TURBULENCE, una de las armas más potentes de la NSA.

Concretamente, tu petición pasa por unos cuantos servidores negros apilados unos encima de otros, que en conjunto ocupan más o menos el tamaño de una librería de cuatro baldas. Se encuentran instalados en salas especiales de los principales edificios privados de telecomunicaciones de diversos países aliados, así como en embajadas y bases militares de Estados Unidos, e incluyen dos herramientas cruciales. La primera, TURMOIL, se encarga de la «recopilación pasiva», es decir, hace una copia de los datos que pasan por ella. La segunda, TURBINE, se ocupa de la «recopilación activa», es decir, se entromete activamente en la actividad de los usuarios.

TURMOIL se asemeja a un guarda emplazado ante un cortafuegos invisible por el que debe pasar tráfico de internet. Al ver tu petición, comprueba sus metadatos en busca de selectores, o criterios, que indiquen que hace falta escrutarla mejor. Esos selectores pueden ser cualquier cosa que decida la NSA, que la NSA considere sospechosa: una dirección de correo electrónico, una tarjeta de crédito o un número de teléfono en concreto; el origen o destino geográficos de tu actividad en internet; o simplemente algunas palabras clave como «*proxy* de internet anónimo» o «protesta».

Si TURMOIL marca tu tráfico como sospechoso, se lo pasará a TURBINE, que desviará tu petición a los servidores de la NSA. Allí, los algoritmos deciden cuál de los *exploits*, o programas de *malware*, de la agencia van a usar contra ti. Esta elección se basa en el tipo de sitio web que estés intentando visitar y, en la misma medida, del *software* de tu ordenador y de la conexión a internet. Los *exploits* elegidos vuelven a TURBINE (a través de programas del conjunto QUANTUM, por si alguien se lo está preguntando), que los inyecta en el canal de tráfico y te los envía junto con el sitio web que hayas solicitado. El resultado final es que recibes todo el contenido que quieres, y también toda la vigilancia que no quieres, y todo eso ocurre en menos de 686 milisegundos. Sin que tengas la más remota idea.

Una vez que los *exploits* están en tu ordenador, la NSA puede acceder no solo a tus metadatos, sino también a tus datos. Toda tu vida digital les pertenece desde entonces.

21

SOPLOS

Cualquier empleado de la NSA que no trabajase con el *software* SharePoint podía conocer perfectamente una cosa de SharePoint, y esa cosa eran los calendarios. Se parecían bastante a cualquier calendario de grupo no gubernamental normal, solo que eran más caros, y ofrecían al personal de la NSA en Hawái la interfaz de programación básica del tipo «cuándo y dónde tengo que ir a una reunión». Es fácil imaginar lo emocionante que me resultaba gestionar esta función, por eso traté de aderezarla y me aseguré de que el calendario incluyese recordatorios de todos los festivos; y cuando digo todos, me refiero a todos: no solo los federales, sino también otras fiestas como Rosh Hashanah, Eid al-Fitr, Eid al-Adha, Diwali.

Mi favorita era el 17 de septiembre. El nombre oficial de esta festividad es el Día de la Constitución y la Ciudadanía, y conmemora el momento de 1787 en el que los delegados enviados a la Convención Constitucional ratificaron, o firmaron, de manera oficial el documento. Técnicamente, el Día de la Constitución no es una festividad federal, sino solo una costumbre, es decir, que el Congreso no consideraba que el documento fundador de nuestro país y la constitución nacional más antigua aún en uso en todo el mundo fuese lo bastante importante para justificar darle a la gente un día libre remunerado.

La Intelligence Community siempre había mantenido una relación incómoda con el Día de la Constitución, lo que suponía que su implicación en la celebración se limitaba normalmente a hacer circular un *email* insulso redactado por las oficinas de prensa de las agencias y firmado por el director Tal y Cual, aparte de montar una triste mesita en un rincón olvidado de la cafetería. En esa mesa colocaban unas cuantas copias gratis de la Constitución impresa, encuadernada y donada al Gobierno por esos amables y generosos agitadores que salían de instituciones como el Cato Institute o la Heritage Foundation, dado que la IC raras veces se mostraba interesada en destinar una parte de sus miles de millones a promover las libertades civiles con documentos grapados.

Supongo que el personal de Inteligencia entendía el mensaje, o no: durante los siete Días de la Constitución que pasé en la IC, creo que nunca conocí a nadie, aparte de mí, que de verdad se llevase una copia de esa mesa. Como me encanta la ironía casi tanto como las cosas gratis, siempre cogía unas cuantas: una para mí y las otras para repartirlas por los puestos de trabajo de mis amigos. Mi copia la dejaba siempre apoyada en el cubo de Rubik de mi mesa, y durante un tiempo tuve por costumbre leerla mientras almorzaba, intentando no derramar grasa sobre ningún «Nosotros, el pueblo» por culpa de uno de los deprimentes trozos de pizza de colegio que servían en la cafetería.

Me gustaba leer la Constitución en parte porque tiene unas ideas geniales y en parte porque la prosa es buena, aunque en realidad la razón principal era aterrorizar a mis compañeros de trabajo. En una oficina en la que todo lo que imprimías tenía que ir directo a la trituradora cuando hubieses terminado, siempre habría alguien que se sentiría intrigado ante la presencia de unas páginas impresas sobre una mesa. Alguno se acercaba de pasada a preguntar:

—¿Qué tienes ahí?

—La Constitución.

Entonces, hacía algún gesto con la cara y se marchaba lentamente.

El Día de la Constitución de 2012, cogí aquel documento en serio. En realidad, llevaba bastantes años sin leerlo entero, aunque me agradó constatar que aún me sabía el preámbulo de memoria. Aquella vez me lo leí todo al completo, desde los artículos hasta las enmiendas. Me sorprendió recordar mientras leía que el 50 por ciento de la Carta de Derechos, las primeras diez enmiendas enteras del documento, estaba destinado a complicar la tarea de las fuerzas de orden público. Las enmiendas cuarta, quinta, sexta, séptima y octava se habían diseñado deliberadamente y con mucho cuidado para crear ineficacias y dificultar la capacidad del Gobierno para ejercer su poder y llevar a cabo actividades de vigilancia.

Esta cuestión destaca especialmente en la Cuarta Enmienda, que protege a las personas y sus propiedades del escrutinio del Gobierno: «No se violará nunca el derecho del pueblo a estar seguro frente a cualquier tipo de registro e incautación injustificados, lo que se aplicará a su persona y a sus casas, documentos y efectos, y tampoco se emitirá ninguna orden judicial, salvo ante la existencia de una causa probable que vaya respaldada por un juramento o una declaración, y que describa particularmente el lugar que ha de registrarse y las personas o cosas que han de incautarse o detenerse».

Traducción: si los agentes de la ley quieren ponerse a hurgar en tu vida, primero tienen que presentarse ante un juez y enseñarle una causa probable bajo juramento. Eso significa que deben explicarle a un juez por qué tienen alguna razón para creer que a lo mejor has cometido un delito en concreto, o que a lo mejor se encuentra una evidencia concreta de un delito concreto en una parte concreta de tu propiedad. Están obligados asimismo a jurar que esa razón ha llegado a su conocimiento honradamente y de buena fe. Solo si el juez autoriza una orden, los agentes tendrán permitido ir a hacer un registro. E incluso en ese caso, solo podrán hacerlo durante un tiempo limitado.

La Constitución se redactó en el siglo XVIII, cuando los únicos ordenadores que existían eran los ábacos, las calculadoras de engranajes y los telares, y una comunicación podía tardar semanas o meses en cruzar el océano en barco. Es razonable pensar que los archivos informáticos, independientemente de su contenido, son nuestra versión de esos «documentos» que menciona la Constitución. Desde luego, los usamos como «documentos», en especial nuestros archivos de procesadores de texto y hojas de cálculo, nuestros mensajes e historiales de búsqueda. Por su parte, los datos serían nuestra versión de los «efectos», un término general que designa todas las cosas que poseemos, producimos, vendemos y compramos *online*. En eso irían incluidos por defecto los metadatos, es decir, el registro de todas las cosas que poseemos, producimos, vendemos y compramos *online*: un libro mayor perfecto de nuestras vidas privadas.

En los siglos transcurridos desde el Día de la Constitución original, nuestras nubes, ordenadores y teléfonos se han convertido en nuestra casa, ya que actualmente son igual de personales e íntimos que nuestros hogares de verdad. Quien no esté de acuerdo, que responda a lo siguiente: ¿Preferirías que tus compañeros de trabajo se pasearan por tu casa solos durante una hora, o dejarles pasar diez minutos a solas con tu móvil desbloqueado?

Los programas de vigilancia de la NSA —en concreto, sus programas de vigilancia nacional— incumplían la Cuarta Enmienda por completo. La agencia básicamente estaba afirmando que las protecciones recogidas en esa enmienda no tenían ninguna aplicación en la vida moderna. Las políticas internas de la agencia no consideraban nuestros datos como una propiedad personal protegida por la ley, ni tampoco creían que la recopilación de esos datos fuese un «registro» ni una «incautación». Por el contrario, la NSA mantenía que, como ya habíamos «compartido» nuestros registros telefónicos con un «tercero» (nuestro proveedor de servicios telefónicos), habíamos perdido cualquier interés constitucional en materia de privacidad que hubiésemos podido tener. E insistía asimismo en que el «registro» y la «incautación» solo se producían cuando sus analistas, no sus algoritmos, hacían consultas activas en lo que ya se había recopilado de forma automática.

De haber funcionado correctamente los mecanismos de supervisión constitucionales, esta interpretación extremista de la Cuarta Enmienda (según la cual, en efecto, el mero acto de usar tecnologías modernas equivale a una cesión de tus derechos de privacidad) se habría rechazado en el Congreso o en los tribunales. Los Padres Fundadores de Estados Unidos eran hábiles ingenieros del poder político, y estaban especialmente acostumbrados a los peligros planteados por los subterfugios legales y las tentaciones de la presidencia a ejercer una autoridad monárquica. Para prevenir eventualidades de esa clase, diseñaron un sistema que se describe en los tres primeros artículos de la Constitución, y que configuraba el Gobierno estadounidense en tres ramas iguales entre sí. Cada una de esas ramas, supuestamente, debía ocuparse de controlar y equilibrar a las demás. Sin embargo, cuando llegó el momento de proteger la privacidad de los ciudadanos estadounidenses en la era digital, todas esas ramas fallaron a su modo, provocando que el sistema en su totalidad se detuviese y se incendiase.

La rama legislativa, es decir, las dos cámaras del Congreso, abandonaron voluntariamente su papel supervisor: incluso mientras se disparaba el número de empleados del Gobierno y de contratados externos que trabajaban en la Intelligence Community, el número de congresistas a quienes se mantenía informados sobre el potencial y las actividades de la IC siguió disminuyendo, hasta que llegó un punto en el que solo recibían información unos cuantos miembros de una comisión especial, en audiencias a puerta cerrada; e incluso entonces, solo se les informaba sobre algunas actividades de la IC, pero no de todas. En las raras ocasiones en las que se celebraban audiencias públicas sobre la IC, la postura de la NSA quedaba clara como el agua: la agencia no iba a cooperar, no iba a ser sincera y, lo que era peor, basándose en la confidencialidad y su naturaleza secreta, iba a obligar a las asambleas legislativas federales del país a colaborar en sus engaños. A principios de 2013, por ejemplo, James Clapper, el entonces director de Inteligencia Nacional, testificó bajo juramento ante la Comisión Selecta sobre Inteligencia del Senado de Estados Unidos que la NSA no estaba implicada en la recopilación indiscriminada de las comunicaciones de los ciudadanos estadounidenses. A la pregunta «¿Está recopilando la NSA algún tipo de datos sobre millones o cientos de millones de estadounidenses?», Clapper respondió: «No, señor». Y luego añadió: «Hay casos en los que quizá, de manera desapercibida, sí se recopilen, pero no a sabiendas». Eso era una mentira a sabiendas, descarada, por supuesto, y no solo le mentía al Congreso, sino a todo el pueblo estadounidense. Más de unos cuantos congresistas ante quienes Clapper estaba testificando sabían muy bien que lo que estaba diciendo ese hombre era incierto, y aun así se negaron a reclamarle nada, o se vieron legalmente impotentes para hacerlo.

El fallo de la rama judicial fue incluso más decepcionante, si cabía. El FISC (Foreign Intelligence Surveillance Court o Tribunal de Vigilancia de Inteligencia Extranjera), que supervisa la vigilancia de inteligencia dentro de Estados Unidos, es un organismo especializado que se reúne en secreto y solo celebra audiencias con el Gobierno. Este tribunal se diseñó para emitir órdenes judiciales individuales en materia de recopilación de inteligencia extranjera, y siempre se ha mostrado especialmente complaciente ante la NSA: ha autorizado más del 99 por ciento de las peticiones de la agencia, un porcentaje que apunta más al uso de un sello ministerial que a un proceso judicial deliberativo. Después del 11-S, el tribunal amplió su papel y pasó de autorizar la vigilancia de individuos concretos a decidir sobre la legalidad y la constitucionalidad de la vigilancia programática más amplia, sin que existiese ningún escrutinio antagonista. Un organismo que anteriormente se había ocupado de autorizar la vigilancia del terrorista extranjero número 1 y del espía extranjero número 2 pasaba a utilizarse para legitimar toda la infraestructura combinada de PRISM y la recopilación Upstream. La revisión judicial de esa infraestructura se reducía, en palabras de la ACLU, a un tribunal secreto que apoyaba programas secretos reinterpretando, en secreto, la ley federal.

Cuando grupos de la sociedad civil como la ACLU trataron de poner en entredicho las actividades de la NSA en tribunales federales ordinarios, en audiencia pública, ocurrió algo curioso. El Gobierno no se defendió arguyendo que las actividades de vigilancia fuesen legales o constitucionales. Por el contrario, declaró que la ACLU y sus clientes no tenían ningún derecho a personarse ante un tribunal, porque la ACLU no podía demostrar que sus clientes hubiesen sido objeto de ninguna vigilancia real. Y lo que era más: que la ACLU no podía recurrir al litigio para buscar pruebas de esa vigilancia, porque la existencia, o no, de dichas pruebas era «un secreto de Estado» y las filtraciones a periodistas no contaban. En otras palabras, el tribunal no podía reconocer la información que ya era de dominio público porque se había publicado en los medios de comunicación; solo podía reconocer la información que el Gobierno confirmase oficialmente como de dominio público. Esta invocación a la confidencialidad significaba que ni la ACLU, ni nadie, podía encontrarse nunca en posición de presentar un recurso legal en audiencia pública. Para mi indignación, en febrero de 2013 el Tribunal Supremo de Estados Unidos decidió, por cinco votos a cuatro, aceptar el razonamiento del Gobierno y desestimar una demanda de la ACLU y Amnistía Internacional contra la vigilancia masiva, sin ni siquiera plantearse la legalidad de las actividades de la NSA.

Por último, estaba la rama ejecutiva, la causa principal de esta rotura constitucional. La Oficina del Presidente, mediante el Ministerio de Justicia, había cometido el pecado original de emitir en secreto directivas que autorizaban la vigilancia masiva a raíz del 11-S. La extralimitación en las funciones ejecutivas no ha hecho más que continuar en las décadas siguientes. Las administraciones de ambos partidos políticos han buscado actuar de forma unilateral y establecer directivas políticas que circunvalen la ley, directivas ante las que no hay recurso posible, dado que su confidencialidad evita que sean de dominio público.

El sistema constitucional solo funciona como un todo si sus tres ramas trabajan como se espera de ellas. Cuando las tres no solo fallan, sino que lo hacen deliberadamente y de forma coordinada, el resultado es una cultura de la impunidad. Me di cuenta de que había sido un insensato por pensar que el Tribunal Supremo, o el Congreso, o el presidente Obama, en un intento de distanciar su administración de la del presidente George W. Bush, responsabilizarían legalmente a la IC de algo, alguna vez. Ya era hora de afrontar el hecho de que la IC se creía por encima de la ley y, en vista de lo corrompido que estaba el proceso entero, tenía razón. La IC había llegado a entender las reglas de nuestro sistema mejor que la gente que lo había creado, y utilizó ese conocimiento en beneficio propio.

Habían hackeado la Constitución.

Estados Unidos nació de un acto de traición. La Declaración de Independencia suponía una violación flagrante de las leyes de Inglaterra y aun así demostró ser la expresión más plena de lo que los Padres Fundadores llamaron Leyes de la Naturaleza, entre las que se encontraba el derecho a desafiar los poderes del momento y a rebelarse por principios, según los dictados de tu conciencia. Los primeros estadounidenses en ejercer ese derecho, los primeros «soplones» o denunciantes en la historia de Estados Unidos, aparecieron un año después, en 1777.

Esos hombres, como muchos de los hombres de mi familia, eran marineros, oficiales de la Marina Continental que, en defensa de su nueva tierra, se habían hecho a la mar. Durante la Revolución, sirvieron en el Warren, una fragata de Estados Unidos con treinta y dos cañones, bajo el mando del comodoro Esek Hopkins, comandante general de la Marina Continental. Hopkins era un líder perezoso e intratable que se negó a meter su nave en combate. Sus oficiales afirmaban además haberlo visto pegar a prisioneros de guerra británicos y dejarlos morir de hambre. Diez de los oficiales del Warren, tras consultar con sus conciencias y sin pararse a pensar apenas nada en sus carreras profesionales, informaron de todo ello a un escalón más alto en la cadena de mando. Escribieron al Comité naval:

Estimados caballeros:

Quienes presentan esta petición viajan destinados a bordo del navío Warren con sincero deseo y firmes expectativas de prestar un servicio a nuestro país. Aún seguimos ansiosos de alcanzar el Bienestar de Estados Unidos y no deseamos otra cosa con mayor sinceridad que ver nuestro país en paz y prosperidad. Estamos dispuestos a arriesgar todo lo que nos es querido y, si fuera necesario, a sacrificar nuestras vidas por el bien de nuestro país. Nos sentimos deseosos de participar activamente en la defensa de nuestras libertades y privilegios constitucionales frente a las injustas y crueles demandas de tiranía y opresión. Sin embargo, tal y como se presentan ahora mismo las cosas a bordo de esta fragata, parece no haber perspectivas de que podamos prestar ningún servicio desde nuestro puesto actual. Llevamos en esta situación una cantidad de tiempo considerable. Personalmente, estamos muy familiarizados con el auténtico carácter y comportamiento de nuestro comandante, el comodoro Hopkins, y hemos recurrido a este método al no disponer de una oportunidad mejor para solicitar con sinceridad y humildad al honorable Comité naval que se dé parte sobre dicho carácter y comportamiento, pues suponemos que esa es la naturaleza del comodoro Hopkins, y que este es culpable asimismo de unos crímenes que lo hacen muy poco apropiado para la misión pública que ahora ocupa, crímenes que nosotros mismos, los abajo firmantes, podemos atestiguar de sobra.

Tras recibir esta carta, el Comité naval investigó al comodoro Hopkins. El comandante reaccionó expulsando a sus oficiales y a la tripulación, y en un ataque de ira interpuso una demanda criminal por difamaciones contra el guardiamarina Samuel Shaw y el alférez Richard Marvin, los dos oficiales que admitieron haber redactado la petición. La demanda se presentó en los tribunales de Rhode Island, cuyo último gobernador colonial había sido Stephen Hopkins, firmante de la Declaración de Independencia y hermano del comodoro.

El caso se asignó a un juez nombrado por el gobernador Hopkins. Sin embargo, antes de que empezase el juicio, John Grannis, oficial naval compañero de Shaw y Marvin, salvó a estos dos últimos al romper filas y presentar el caso directamente ante el Congreso Continental. El Congreso intervino, alarmado ante la idea del precedente que sentaría permitir que una queja militar por negligencia quedase sometida a una acusación criminal por difamación. Así, el

30 de julio de 1778, puso fin al mando del comodoro Hopkins, ordenó al Departamento del Tesoro abonar las tasas judiciales de Shaw y Marvin y promulgó por unanimidad la primera ley estadounidense de protección de los informantes. Dicha ley estipulaba que era «el deber de todas las personas al servicio de Estados Unidos, así como del resto de los habitantes de este país, notificar lo antes posible al Congreso o a cualquier otra autoridad pertinente cualquier mala conducta, fraude o falta cometidos por cualquier oficial o persona al servicio de dicho estado y que pudiese haber llegado a su conocimiento».

Esta ley me dio esperanzas entonces, y aún me las da. Incluso en las horas más oscuras de la Revolución, con la existencia misma del país en juego, el Congreso no solo agradeció un acto de disidencia por principios, sino que consagró ese tipo de actos como un deber. Llegada la última mitad de 2012, yo estaba decidido a ejercer ese deber, aunque sabía que mis revelaciones las iba a hacer en un momento muy distinto: un momento más cómodo y a la vez más cínico. Pocos de mis superiores en la Intelligence Community, si es que había alguno, habrían sacrificado sus carreras por los mismos principios estadounidenses por los que el personal militar sacrifica con frecuencia su vida. Y en mi caso, recurrir a un escalón más alto en «la cadena de mando» —que la IC prefiere denominar «los canales adecuados»— no era una opción, como sí lo fue para los diez hombres de la tripulación del Warren. Mis superiores no solo eran conscientes de lo que estaba haciendo la agencia, sino que estaban dirigiendo esas acciones ellos mismos: eran cómplices.

En organizaciones como la NSA —en las que las prácticas ilícitas se han convertido en algo tan estructural que no son ya cuestión de una iniciativa en concreto, sino de una ideología—, los canales adecuados no acaban siendo más que una trampa en la que atrapar a los herejes y adversos. Yo ya había experimentado un fallo de mando en Warrenton, y luego de nuevo en Ginebra, donde en el desarrollo de mis deberes había descubierto una vulnerabilidad de seguridad en un programa crucial. Había informado sobre esa vulnerabilidad, y cuando nadie hizo nada al respecto, también lo comuniqué. A mis supervisores no les gustó que hiciese tal cosa, porque a sus supervisores tampoco les había gustado. La cadena de mando es realmente una cadena que ata, y los eslabones de abajo solo pueden subir si lo hacen los de arriba.

Pertenecer a una familia de guardas costeros me había permitido fascinarme desde siempre con la cantidad de vocabulario correspondiente al ámbito de la revelación de secretos que tiene un trasfondo náutico en inglés. Antes incluso de los tiempos de la fragata Warren, las organizaciones, igual que los navíos, sufrían filtraciones, o *leaks* en inglés. Cuando el vapor sustituyó al viento como mecanismo de propulsión, se soplaban silbatos, o *whistles*, en el mar para indicar distintas intenciones y emergencias: un soplo para pasar por el puerto, dos soplos para pasar a estribor, cinco para una advertencia.

Por su parte, en otras lenguas europeas esos mismos términos están con frecuencia cargados con valencias políticas que vienen condicionadas por el contexto histórico. Los franceses utilizaron *denonciateur* durante gran parte del siglo xx, hasta que en la época de la Segunda Guerra Mundial la asociación de la palabra con ser un «denunciante» o «informante» para los alemanes provocó que se diese preferencia al uso de *lanceur d'alerte* («el que lanza una alerta»).

El alemán, una lengua que ha luchado contra su pasado cultural ligado a los nazis y a la Stasi, evolucionó más allá de su propio *Denunziant* e *Informant* para incorporar el poco satisfactorio *Hinweisgeber* («el que da consejos»), *Enthueller* («revelador»), *Skandalaufdecker* («descubridor de escándalos») e incluso un término marcadamente político como *ethische Dissidenten* («disidente ético»). No obstante, el alemán usa pocas de esas palabras *online*; con respecto a las revelaciones actuales basadas en internet, sencillamente ha cogido prestado el término inglés *whistleblower* y ha creado el verbo *leaken* a partir también del inglés. Por otro lado, los idiomas de regímenes como el de Rusia y China emplean términos cargados con una connotación peyorativa de «chivato» o «traidor». En dichas sociedades, haría falta una prensa libre y fuerte para imbuir esas palabras de unos tintes más positivos, o para acuñar otras nuevas que enmarcasen las revelaciones no en el terreno de la traición, sino en el de un honroso deber.

En última instancia, todos los idiomas, incluido el inglés, demuestran la relación de su cultura con el poder por el modo en el que eligen definir el acto de revelar información. Incluso las palabras inglesas derivadas del lenguaje marino que parecen neutrales y benignas enmarcan ese acto desde la perspectiva de la institución que se percibe a sí misma como perjudicada, no desde el punto de vista del público al que esa institución ha fallado. Cuando un organismo denuncia «una filtración», eso lleva implícito que el «filtrador» ha dañado o saboteado algo.

Actualmente, los términos «filtración» y «soplo» se tratan a menudo como conceptos intercambiables. Sin embargo, en mi opinión, «filtración» debería utilizarse de un modo distinto a como se usa comúnmente. Habría que usarlo para describir actos de revelación hechos no por el interés público, sino por el interés personal, o en beneficio de unos objetivos institucionales o políticos. Para ser más preciso, entiendo una filtración como algo más próximo al trabajo de un infiltrado, o un caso de «siembra de propaganda»: la liberación selectiva de información protegida para influir en la opinión pública o afectar a un proceso de toma de decisiones. Es raro que pase un solo día sin que algún funcionario de alto rango del Gobierno «sin nombre» o «anónimo» filtre, mediante una insinuación o un apunte a un periodista, alguna información clasificada que suponga un adelanto de su agenda o de las actividades de su agencia o partido.

Esta dinámica quizá tenga su ejemplo más descarado en un incidente ocurrido en 2013, cuando unos agentes de la Intelligence Community, probablemente con intención de inflar la amenaza del terrorismo y desviar las críticas contra la vigilancia masiva, filtraron a varios sitios web de noticias unos relatos con todo lujo de detalles sobre una teleconferencia entre el líder de Al Qaeda Ayman al-Zawahiri y sus afiliados internacionales. En esa llamada «teleconferencia de la muerte», Al-Zawahiri debatía supuestamente cuestiones de cooperación organizativa con Nasser al-Wuhayshi, líder de Al Qaeda en Yemen, y con representantes de los talibanes y de Boko Haram. Al desvelar su capacidad para interceptar esa teleconferencia (es decir, si nos creemos la filtración, que consistía en una descripción de la llamada, no en una grabación), la IC estaba tirando por la borda, sin posibilidad de volver atrás, un método extraordinario gracias al cual recibía información sobre los planes e intenciones de los más altos rangos del liderazgo terrorista, y lo hacía únicamente para ganarse una posición ventajosa momentánea en las noticias. No procesaron ni a una sola persona como resultado de esta artimaña, aunque fuese sin ninguna duda una maniobra ilegal y le costase a Estados Unidos la posibilidad de seguir teniendo pinchada la supuesta línea directa de Al Qaeda.

La clase política estadounidense había demostrado por activa y por pasiva su voluntad de tolerar filtraciones que sirviesen a sus propios fines, e incluso de generarlas. La IC anuncia a menudo sus «éxitos», independientemente del nivel de clasificación que puedan tener y de las posibles consecuencias de hacerlo. En la memoria reciente, no hay ningún ejemplo más claro en este sentido que las filtraciones relacionadas con el asesinato extrajudicial en Yemen del clérigo extremista Anwar al-Aulaqi, estadounidense de nacimiento. Al hacer público sin respiro alguno el ataque con drones contra Al-Aulaqi a través del *Washington Post* y *The New York Times*, la Administración Obama admitía tácitamente la existencia del programa de drones de la CIA y su «matriz de disposición», o lista de asesinatos, cuestiones ambas que oficialmente son secretas. Asimismo, el Gobierno confirmaba con ello, de forma implícita, que tomaba parte no solo en asesinatos selectivos, sino además en asesinatos selectivos de ciudadanos estadounidenses. Estas filtraciones, conseguidas del mismo modo coordinado que sigue cualquier campaña mediática, fueron demostraciones impactantes del enfoque circunstancial que el Estado da a la confidencialidad: un precinto que debe conservarse para que el Gobierno actúe con impunidad, pero que puede romperse siempre que el Gobierno quiera atribuirse méritos.

Únicamente en este contexto puede entenderse por completo la relación latitudinal del Gobierno estadounidense con las filtraciones. Ha perdonado filtraciones «no autorizadas» cuando estas han generado unos beneficios inesperados, y ha olvidado filtraciones «autorizadas» cuando han provocado algún daño. Sin embargo, si el carácter inocuo y la falta de autorización de una filtración, por no mencionar su ilegalidad esencial, suponen poca diferencia en cuanto a la reacción del Gobierno, ¿qué es entonces lo que marca esa diferencia? ¿Qué hace que una revelación sea permisible y otra no?

La respuesta es el poder. La respuesta es el control. Una revelación se considera aceptable solo si no supone un desafío a las prerrogativas fundamentales de una institución. Si puede suponerse que los diversos componentes de una organización, desde la oficina de clasificación de correspondencia hasta el conjunto ejecutivo, tienen todos el mismo poder para debatir asuntos internos, eso quiere decir que los ejecutivos han cedido su control sobre la información y está en peligro el funcionamiento ininterrumpido de la organización. Aprovechar esa igualdad en cuanto a voz, independiente de la jerarquía administrativa o decisoria de una organización, es lo que significa propiamente el término «dar un soplo», o ser un denunciante; y este acto resulta particularmente amenazante para la IC, una institución que funciona de acuerdo con una estricta compartimentación y bajo un velo de confidencialidad legalmente codificado.

Un «soplón» o denunciante, según mi definición, es una persona que, tras pasar por una dura experiencia, ha llegado a la conclusión de que su vida dentro de una institución se ha hecho incompatible con los principios desarrollados en el conjunto de la sociedad que está fuera de ella, y con la lealtad debida a dicha sociedad, cuestión por la que esa institución debería rendir cuentas. La persona es consciente de que no puede permanecer en la institución, y sabe además que la institución no se puede desmantelar, o que no va a hacerse tal cosa. Sin embargo, considera que la institución sí podría reformarse, así que da el soplo y revela la información pertinente para incorporar el factor de la presión pública.

Lo anterior es una buena descripción de mi situación, con un añadido crucial: toda la información que yo pretendía desvelar estaba clasificada como secreta. Para dar un soplo sobre programas secretos, me veía obligado además a dar un soplo sobre el sistema de confidencialidad en su conjunto, de forma que lo expusiera no como la prerrogativa estatal absoluta que la IC afirmaba que era, sino más bien como un privilegio ocasional del que la IC abusaba para subvertir la supervisión democrática. Sin sacar a la luz el alcance completo de este esquema de confidencialidad sistémica, no habría esperanza ninguna de restaurar un equilibrio de poder entre los ciudadanos y su gobernanza. Esta restauración es el motivo que considero esencial en el acto de dar un soplo: marca la revelación de información no como un acto radical de disensión o resistencia, sino como un acto convencional de regreso; le indica al barco que vuelva a puerto, donde lo van a desmantelar y a reformar y van a tapar las filtraciones, antes de darle la oportunidad de empezar de nuevo.

Esa era la única respuesta adecuada a la dimensión del delito: una exposición absoluta del aparato de vigilancia masiva al completo, y no hecha por mí, sino por los medios de comunicación, esto es, la cuarta rama *de facto* del Gobierno estadounidense, protegida por la Carta de Derechos. Después de todo, no iba a bastar con desvelar sencillamente un abuso en concreto, o una serie de abusos, que la agencia pudiera dejar de cometer (o fingir que lo hacía), mientras el resto del aparato en la sombra permanecía intacto. Por el contrario, estaba decidido a sacar a la luz un hecho único que lo abarcaba todo: que mi Gobierno había desarrollado un sistema global de vigilancia masiva, y lo estaba usando sin el conocimiento ni el consentimiento de su ciudadanía.

Las circunstancias pueden hacer que un denunciante o «soplón» surja en cualquier nivel activo de una institución. Sin embargo, la tecnología digital nos ha llevado a una era en la que, por primera vez en la historia desde que se tienen registros, los denunciantes más efectivos llegarán de abajo arriba, de las filas tradicionalmente menos incentivadas para mantener el *statu quo*. En la IC, como en casi cualquier institución descentralizada de tamaño enorme que dependa de ordenadores, esas filas inferiores están plagadas de tecnólogos como yo, cuyo acceso legítimo a una infraestructura vital resulta extremadamente desproporcionado con respecto a su autoridad formal para influir en decisiones institucionales. En otras palabras, suele existir un desequilibrio prevalente entre lo que la gente como yo debe saber, supuestamente, y lo que tenemos la capacidad de saber, así como entre el poco poder del que disponemos para cambiar la cultura institucional y el enorme poder que tenemos para trasladar nuestras preocupaciones a la cultura en general. Pese a que sin duda se puede abusar de esos privilegios tecnológicos (al fin y al cabo, la mayoría de los tecnólogos que trabajan en sistemas tiene acceso a todo), el mayor ejercicio que se hace de ellos es en casos relacionados con la propia tecnología. Unas habilidades especiales conllevan unas mayores responsabilidades. Los tecnólogos que pretendan informar sobre el mal uso sistémico de la tecnología deberán hacer algo más que publicar sus hallazgos, si es que quieren que se entienda la importancia de dichos hallazgos. Tienen el deber de contextualizarlos y explicarlos, de desmitificarlos.

Unas pocas docenas de las personas mejor posicionadas en todo el mundo para hacer esto se encontraban allí: estaban sentadas a mi alrededor en el Túnel. Mis compañeros tecnólogos llegaban todos los días y se sentaban ante sus terminales para seguir haciendo el trabajo del Estado. No eran inconscientes sin más de los abusos cometidos por ese Estado, sino que no tenían ninguna curiosidad al respecto, y esa falta de curiosidad no los hacía malvados, sino trágicos. Daba igual que hubiesen recalado en la IC por patriotismo o por oportunismo: una vez que habían entrado en la maquinaria, se habían convertido ellos mismos en máquinas.

22

EL CUARTO PODER

No hay nada más duro que vivir con un secreto que no se puede contar. Quizá parezca que mentirles a unos desconocidos sobre una identidad secreta, u ocultar el hecho de que tu oficina está bajo el campo de piñas más ultrasecreto del mundo, te capacita también para algo así, pero en esos casos al menos formas parte de un equipo: aunque tu trabajo sea secreto, es un secreto compartido, y por tanto, una carga compartida. Hay una parte de amargura, pero también de risas.

No obstante, cuando tienes un secreto real que no puedes compartir con nadie, incluso las risas son de mentira. A lo mejor comentaba mis preocupaciones, pero nunca hablaba de hacia dónde me estaban llevando. Recordaré hasta el día en que me muera cuando les expliqué a mis compañeros que nuestro trabajo se estaba usando para violar los juramentos que habíamos prometido defender y, como respuesta, ellos se encogieron de hombros: «¿Y qué vamos a hacer nosotros?». Odiaba esa pregunta, su tono de resignación, su tono de derrota, pero aun así me pareció lo bastante válida para preguntarme a mí mismo: «Eso, ¿qué voy a hacer?».

Cuando se materializó la respuesta, decidí convertirme en un soplón, en un denunciante. Sin embargo, tan solo susurrarle a Lindsay, al amor de mi vida, una palabra sobre esa decisión habría supuesto someter nuestra relación a una prueba aún más cruel que no decirle nada. Por no querer causarle más daños de los que ya me había resignado a causar, me mantuve en silencio, y en mi silencio, estaba solo.

Creía que esa soledad y ese aislamiento me resultarían fáciles, o al menos más fáciles de lo que lo habían sido para quienes me precedieron en el mundo de los soplos. ¿Acaso no habían servido todos los pasos de mi vida como una especie de preparación? ¿No me había acostumbrado a estar solo, después de los años que había pasado en silencio, embelesado, delante de una pantalla? Había sido el hacker solitario, el práctico del puerto en el turno de noche, el guardián de las llaves en una oficina vacía. Pero también era humano, y la falta de compañía resultaba dura. Todos los días me atormentaba la misma batalla cuando intentaba reconciliar sin éxito lo moral y lo legal, mis deberes y mis deseos. Tenía todo lo que había querido en la vida: amor, familia y éxito más allá del merecido... Y vivía en el Jardín del Edén, rodeado de un montón de árboles, uno de ellos, prohibido para mí. Lo más fácil habría sido seguir las normas.

Incluso después de haber aceptado los peligros de mi decisión, aún no me había metido del todo en el papel. Al fin y al cabo, ¿quién era yo para poner toda esa información ante los ojos del pueblo estadounidense? ¿Quién me había erigido a mí presidente de los secretos?

La información que pretendía revelar sobre el régimen secreto de vigilancia masiva de mi país era una auténtica bomba, aunque demasiado técnica, hasta tal punto que tenía tanto miedo de que se me pusiese en duda como de que no se me entendiera. Por este motivo, una vez tomada la determinación de publicar la información, mi primera decisión fue hacerlo acompañándola de documentación. La manera de desvelar un programa secreto podría ser describir sin más su existencia, pero la manera de revelar un esquema de confidencialidad programática era describir su funcionamiento. Eso requería documentos, los archivos reales de la agencia, tantos como fuese necesario para exponer el alcance del abuso, aunque sabía que desvelar tan solo un PDF sería suficiente para ganarme una pena de cárcel.

La amenaza del castigo que impondría el Gobierno a cualquier entidad o plataforma a la que hiciese mi revelación me llevó a plantearme brevemente la posibilidad de una autopublicación. Habría sido el método más práctico y seguro: recopilar los documentos que mejor transmitiesen mis preocupaciones, publicarlos en internet tal cual estaban, y luego poner en circulación un enlace. En última instancia, una de mis razones para no elegir este camino estuvo ligada a la autentificación. Un montón de personas publica «secretos clasificados» en internet todos los días, y muchos de ellos tratan sobre tecnologías para viajar en el tiempo y extraterrestres. Yo no quería que mis revelaciones, que ya eran bastante increíbles, quedaran amontonadas junto con las cosas más disparatadas y se perdiesen entre toda la locura.

Desde las primeras fases del proceso, tuve claro que necesitaba que alguna persona o institución garantizase la veracidad de esos documentos, y la ciudadanía así lo merecía. Quería asimismo que algún compañero examinara los riesgos potenciales que planteaba la revelación de información clasificada, y ayudase a explicar esa información poniéndola en un contexto tecnológico y legal. Confiaba en mí mismo para exponer los problemas que planteaba la vigilancia, e incluso para analizarlos, pero tendría que confiar en otros para aportar soluciones. Independientemente de mis recelos hacia las instituciones llegado ese punto, eran todavía mayores mis reticencias ante la idea de intentar actuar como una de ellas. Cooperar con algún tipo de organización mediática me defendería frente a las peores acusaciones de actividad delictiva, y me permitiría corregir mis propios sesgos, ya fuesen conscientes o inconscientes, personales o profesionales. No quería que ninguna de mis opiniones políticas personales supusiera un prejuicio para nada relacionado con la presentación, o recepción, de las revelaciones. Al fin y al cabo, en un país en el que a todo el mundo lo estaban vigilando, nada había menos partidista que la vigilancia.

En retrospectiva, debo reconocer que al menos una parte de mi deseo de buscar filtros ideológicos es mérito de la edificante influencia de Lindsay. Se había pasado años infundiéndome con mucha paciencia la lección de que mis intereses y preocupaciones no siempre eran los de ella (y desde luego no eran siempre los del resto del mundo) y de que compartir mis conocimientos no equivalía automáticamente a que alguien tuviese que compartir mi opinión. No todo el mundo que se oponía a las invasiones de la privacidad iba a estar dispuesto a adoptar niveles de encriptación de 256 bits o a abandonar por completo internet. Un acto ilegal que perturbase a una persona por suponer una violación de la Constitución podía molestar a otra persona por suponer una violación de su privacidad, o la de su cónyuge o sus hijos. Lindsay fue mi clave para hallar la siguiente certeza: que la diversidad de motivos y enfoques no hace más que aumentar las posibilidades de alcanzar objetivos comunes. Ella, sin tan siquiera saberlo, me dio la confianza para sobreponerme a mis recelos y acercarme a otra gente.

Pero ¿a qué otra gente? ¿A quién? A lo mejor es difícil recordarlo ahora, o incluso imaginarlo, pero cuando por primera vez pensé en dar aquel paso, el foro predilecto de los denunciantes era WikiLeaks. En aquel tiempo, funcionaba en muchos aspectos como una editorial tradicional, aunque una que mostraba un escepticismo radical ante el poder estatal. WikiLeaks se aliaba a menudo con grandes publicaciones internacionales como *The Guardian*, *The New York Times*, *Der Spiegel*, *Le Monde* y *El País* para publicar los documentos suministrados por sus fuentes. El trabajo que esas organizaciones de noticias asociadas llevaron a cabo a lo largo de 2010 y 2011 me sugirió entonces que el principal valor de WikiLeaks era actuar como intermediaria entre las fuentes y los periodistas, y también como un cortafuegos para preservar el anonimato de esas fuentes.

Las prácticas de WikiLeaks cambiaron tras la publicación de las revelaciones hechas por la soldado del Ejército estadounidense Chelsea Manning: unos alijos enormes de informes de campo del Ejército estadounidense correspondientes a las guerras de Irak y Afganistán, información sobre detenidos en la Bahía de Guantánamo y cables diplomáticos de Estados Unidos. Ante las represalias del Gobierno y la polémica mediática causada por cómo el sitio web editó el material de Manning, WikiLeaks decidió cambiar de método y publicar futuras filtraciones tal y como las recibiese: puras y sin editar. Ese cambio a una política de transparencia absoluta suponía que hacer mis revelaciones con WikiLeaks no respondería a mis necesidades. En términos de eficacia, habría sido lo mismo que autopublicarlas, un camino que ya había descartado por ser insuficiente. Sabía que la historia que contaban los documentos de la NSA sobre un sistema global de vigilancia masiva desarrollado en la confidencialidad más absoluta era complicada de entender: se trataba de una historia tan enmarañada y técnica que cada vez estaba más convencido de que no podía presentarla toda de una vez, en un «volcado de documentos». Solo valdría el trabajo paciente y cuidadoso de los periodistas, llevado a cabo —en el mejor escenario que podía imaginarme— con el apoyo de múltiples instituciones de prensa independientes.

Pese a que sentí cierto alivio cuando me decidí a desvelar la información directamente a los periodistas, seguía teniendo algunas reservas persistentes. La mayoría de ellas guardaba relación con las publicaciones más prestigiosas de mi país, en especial, con el periódico de referencia de Estados Unidos, *The New York Times*. Siempre que pensaba en ponerme en contacto con esta publicación, me entraban las dudas. Pese a que *The New York Times* había demostrado cierta disposición a desagradar al Gobierno estadounidense con sus reportajes de WikiLeaks, no podía dejar de recordarme a mí mismo la postura adoptada en el pasado por este mismo periódico ante un importante artículo sobre el programa de escuchas sin orden judicial del Gobierno, escrito por Eric Lichtblau y James Risen.

Tras combinar la información obtenida gracias a unos denunciantes del Ministerio de Justicia con varios informes propios, Lichtblau y Risen lograron destapar un elemento de STELLARWIND, la iniciativa de vigilancia posterior al 11-S, receta original de la NSA. Redactaron un texto escrito, editado y verificado que trataba exclusivamente sobre ese tema, y que estuvo listo para salir en prensa a mediados de 2004. Fue en ese momento cuando el director del periódico, Bill Keller, le pasó el artículo al Gobierno, como parte de un procedimiento de cortesía cuya finalidad básica es que el departamento de redacción de una publicación en concreto tenga la oportunidad de estudiar los argumentos en los que se basa el Gobierno para afirmar que sacar cierta información puede poner en peligro la seguridad nacional. En este caso en concreto, igual que en la mayoría de los casos, el Gobierno se negó a ofrecer un motivo específico, pero dejó implícito que lo había, y que también era secreto. La Administración Bush les dijo a Keller y al editor del periódico, Arthur Sulzberger, sin aportar ninguna prueba, que *The New York Times* estaría dando alas a los enemigos de Estados Unidos y posibilitando acciones terroristas si salía a la calle con la información de que el Gobierno tenía pinchadas comunicaciones de ciudadanos estadounidenses sin orden judicial. Por desgracia, el periódico se dejó convencer y descartó el artículo. Al final, el texto de Lichtblau y Risen salió a la luz, pero más de un año después, en diciembre de 2005, y solo porque Risen había presionado al periódico comunicándole que había incluido todo el material en un libro que estaba a punto de editarse. De haberse publicado el artículo en el momento en el que se había escrito, quizá el resultado de las elecciones de 2004 hubiese sido considerablemente distinto.

Si *The New York Times*, o cualquier otro periódico, me hacía algo similar a mí (me refiero a coger mis revelaciones, comunicarlas, enviar el informe recibido a analizar y descartar al final su publicación), eso supondría mi hundimiento. Dada la probabilidad de que me identificasen como la fuente, equivaldría a entregarme antes incluso de que se hiciese pública ninguna revelación.

Pero, si no podía confiar en un periódico con peso y

tradición, ¿iba a poder confiar en alguna institución? ¿Por qué molestarme siquiera? No me había comprometido por escrito a nada. Mi único deseo en la vida había sido andar tonteando con ordenadores y, si acaso, hacer algo bueno por mi país de paso. Tenía una casa de alquiler y una pareja y mi salud estaba mejorando. Me tomé todas las señales de STOP que había entre mi casa y el trabajo como un consejo para que abandonase mi locura voluntaria. Vivía un conflicto entre mi cabeza y mi corazón, y la única constante que se mantenía era la esperanza desesperada de que otra persona, en un sitio diferente, lo averiguase todo por su cuenta. ¿Acaso el periodismo no consistía en seguir las miguitas de pan y unir los puntos? ¿A qué otra cosa se dedican los periodistas todo el día, aparte de a tuitear?

Tenía dos cosas claras al menos sobre los moradores del cuarto poder: competían entre ellos por las primicias y sabían muy poco de tecnología. Fue esa falta de conocimiento tecnológico, de interés puro y duro, lo que en gran medida provocó que los periodistas pasaran por alto dos acontecimientos que me dejaron pasmado mientras recogía información concreta sobre la vigilancia masiva.

El primero fue el anuncio de la NSA de la construcción de un nuevo centro de datos gigantesco en Bluffdale (Utah). La agencia lo llamó MDR (Massive Data Repository o almacén de datos masivos), hasta que alguien con mano para las relaciones públicas se dio cuenta de que ese nombre podría ser complicado de explicar si alguna vez salía al exterior, así que lo cambiaron por Mission Data Repository (o almacén de datos de misiones, porque mientras no cambies el acrónimo, no hace falta tocar todas las diapositivas informativas). Según el proyecto, el MDR debía incluir un total de cuatro salas de 2.300 metros cuadrados llenas de servidores.

Podía albergar una cantidad inmensa de datos, básicamente, un historial agregado del patrón de vida del planeta entero, en la medida en que la vida puede entenderse mediante la conexión entre pagos y personas, personas y teléfonos, teléfonos y llamadas, llamadas y redes, y toda la variedad sinóptica de actividad en internet que se mueve por las líneas de esas redes.

El único periodista prominente que pareció percatarse de este anuncio fue James Bamford, que escribió sobre ello en el *Wired* en marzo de 2012. En la prensa no tecnológica hubo un seguimiento mínimo, pero nadie ahondó más en la información. Nadie planteó las que, para mí al menos, eran las preguntas más básicas: ¿Por qué una agencia gubernamental, es más, una agencia de inteligencia necesita tanto espacio? ¿Qué datos, y cuántos, pretenden almacenar ahí de verdad, y durante cuánto tiempo? Y es que, sencillamente, no había ningún motivo para construir algo que cumpliera esas especificaciones, salvo que estuvieses planeando almacenarlo absolutamente todo, para siempre. En mi opinión, ahí estaba el cuerpo del delito: la corroboración clara como el agua de un delito, en un búnker gigante de cemento rodeado por alambres de espino y torres de vigilancia, chupando de su propia red eléctrica la energía equivalente a la consumida por una ciudad, en mitad del desierto de Utah. Y nadie le prestaba atención.

El segundo acontecimiento tuvo lugar un año después, en marzo de 2013, a la semana siguiente de que Clapper mintiese ante el Congreso y el Congreso le diera su aprobación. Unos cuantos medios habían cubierto esa declaración, aunque se limitaron a regurgitar la negativa de Clapper de que la NSA recopilase datos sobre estadounidenses de forma indiscriminada. Sin embargo, ninguna publicación de las llamadas «populares» cubrió en absoluto una extraña aparición pública protagonizada por Ira Hunt, el director de tecnología de la CIA, al que apodaban Gus.

Conocí por encima a Gus cuando estuve trabajando para Dell con la CIA. Era uno de nuestros clientes principales y a todos los vendedores les encantaba su aparente incapacidad para ser discreto: siempre te contaba más de lo que se suponía que debía decirte. Para la gente de ventas, era como una bolsa de dinero con un boquete. Aquel mes de marzo de 2013 apareció como ponente invitado especial en un acto sobre tecnología civil en Nueva York, la conferencia GigaOM Structure: Data. Cualquiera que tuviese 40 dólares podía asistir, y las charlas principales, como la de Gus, se retransmitían en directo gratis por internet.

El motivo por el que me aseguré de ver su charla fue que acababa de leer, por canales internos de la NSA, que la CIA había tomado al fin una decisión sobre la asignación de su contrato para la nube. Habían rechazado a mi antiguo equipo de Dell y también descartaron a HP. En su lugar, habían firmado un trato de diez años por 600 millones de dólares para el desarrollo y la gestión de la nube con Amazon. Aquello no me despertó ningún sentimiento negativo; en realidad, llegado ese punto, me alegraba de que la agencia no fuese a utilizar mi trabajo. Solo sentía curiosidad, desde un punto de vista profesional, por saber si Gus mencionaría de pasada el anuncio y ofrecería algún detalle de por qué habían elegido a Amazon, dado que se rumoreaba que el proceso de selección se había manipulado a favor de esta empresa.

Al final, sí que obtuve detalles, aunque de una naturaleza inesperada. Tuve la oportunidad de ver al agente técnico de mayor rango de la CIA subir al escenario, con el traje arrugado, para informar a una multitud de gente normal, sin ninguna habilitación de seguridad (y, a través de internet, al mundo entero, que tampoco tenía habilitación), sobre las ambiciones y el potencial de la agencia. Conforme avanzaba la presentación de Gus y aquel hombre alternaba chistes malos con un manejo aún peor del PowerPoint, mi incredulidad no hacía más que crecer.

«En la CIA, básicamente intentamos recopilarlo todo y guardarlo para siempre», dijo Gus. Y, por si eso no quedaba lo bastante claro, añadió: «Tenemos prácticamente a nuestro alcance la posibilidad de procesar toda la información generada por el ser humano». El subrayado era del propio Gus, que estaba leyendo directamente la diapositiva: unas palabras feas en una fuente fea ilustradas con las imágenes prediseñadas en cuatro colores marca del Gobierno.

Aparentemente, entre la multitud había algunos periodistas, aunque diría que todos pertenecían a publicaciones especializadas en tecnología gubernamental, como *Federal Computer Week*. Fue revelador que Gus abriese un turno de ruegos y preguntas al concluir su presentación. En realidad, no consistió tanto en un turno de ruegos y preguntas como en una presentación auxiliar ofrecida directamente a los periodistas. Debía estar intentando sacarse algo que lo oprimía, y no era solo la corbata de payaso.

Gus les dijo a los periodistas que la agencia podría rastrear sus *smartphones*, incluso estando apagados, y que la agencia podría vigilar todas y cada una de sus comunicaciones. Repito: aquel era un grupo de periodistas nacionales. Periodistas estadounidenses. Y la manera en la que Gus dijo «podría» sonó a «lo ha hecho, lo hace y lo hará». Soltó su perorata en un tono inquieto, e inquietante, al menos para un pope de la CIA como él: «La tecnología va más rápido de lo que el Gobierno o la ley pueden avanzar para seguirle el paso. Va más rápido... de lo que ustedes pueden avanzar. Deberían estar preguntando cuáles son sus derechos y quién tiene la propiedad de sus datos». Me quedé helado. Cualquiera con menor rango que Gus que hubiese hecho una presentación así habría acabado entre rejas al final del día.

La confesión de Gus únicamente la cubrió *The Huffington Post*. Pero la charla en sí siguió viva en YouTube, donde todavía está, o al menos lo estaba cuando escribí esto, seis años después. La última vez que miré, tenía 313 visualizaciones, y una docena de ellas era mía.

La lección que extraje de todo esto fue que, para que mis revelaciones surtiesen algún efecto, debía hacer algo más que entregarles unos cuantos documentos a unos periodistas, algo más incluso que ayudarlos a interpretar dichos documentos. Debía convertirme en su socio, ofrecerles formación tecnológica y herramientas para ayudarlos a hacer sus reportajes de manera precisa y segura. Optar por ese modo de proceder significaría entregarme por completo a uno de los mayores crímenes del trabajo en inteligencia: si bien otros espías han cometido delitos de espionaje, sedición y traición, con eso yo estaría ayudando y cooperando en un acto de periodismo. Lo perverso es que, legalmente, esos delitos son casi sinónimos. Las leyes estadounidenses no hacen distinción entre ofrecer información clasificada a la prensa por el interés público y ofrecer esa información, e incluso venderla, al enemigo. La única opinión contraria al respecto que he conocido nunca la encontré en mi primer adoctrinamiento en la Intelligence Community: allí me dijeron que en realidad era un poco mejor ofrecer secretos en venta al enemigo que ofrecerlos gratis a un periodista. Un periodista los haría públicos, mientras que un enemigo seguramente no compartiese su premio ni con sus aliados.

En vista de los riesgos que estaba asumiendo, necesitaba identificar a gente en la que pudiera confiar y en la que también confiase la ciudadanía. Necesitaba a periodistas que fuesen diligentes pero discretos, independientes pero fiables. Tendrían que ser lo bastante fuertes para cuestionarme y comprobar si distinguía bien entre lo que sospechaba y lo que demostraban las pruebas, y para enfrentarse al Gobierno cuando falsamente los acusara de poner en peligro vidas ajenas con su trabajo. Ante todo, debía asegurarme de que, eligiese a quien eligiese, esas personas no acabaran derrumbándose ante el poder cuando los presionaran de un modo que, con total seguridad, no se parecería a nada que ni ellos ni yo hubiésemos vivido antes.

Lancé mi red, con reservas para no poner en peligro la misión, pero no con demasiadas, para evitar la única fuente de error: el problema de *The New York Times*. Un solo periodista, una sola publicación, incluso un solo país de publicación no serían suficientes, porque el Gobierno estadounidense ya había demostrado su disposición a reprimir esos reportajes informativos. En el mejor de los casos, le daría a cada uno de los periodistas una copia de los documentos de forma simultánea y me quedaría con nada. Eso pondría el foco del escrutinio sobre ellos y garantizaría que, aunque me arrestasen, la verdad saliese a la luz.

Mientras reducía mi lista de posibles socios, me di cuenta de que había estado abordando el asunto mal de raíz, o al menos sin saber aprovechar bien lo que tenía. En vez de intentar seleccionar a los periodistas por mi cuenta, debía dejar que los eligiese para mí el mismo sistema al que quería dejar expuesto. Decidí que mis mejores socios serían periodistas que ya fuesen objetivos señalados por el Estado de Seguridad Nacional.

Conocía a Laura Poitras como documentalista a la que le interesaba sobre todo la política de exteriores estadounidense posterior al 11-S. Su documental *My Country, My Country* era un retrato de las elecciones nacionales de 2005 en Iraq, que se desarrollaron bajo la ocupación estadounidense y quedaron frustradas por ese mismo motivo. También había filmado *The Program*, sobre William Binney, el criptoanalista de la NSA que, a través de los canales adecuados, había planteado sus objeciones a TRAILBLAZER, el predecesor de STELLARWIND, tras lo que lo habían acusado de filtrar información clasificada, lo habían sometido a acoso repetido y lo habían arrestado a punta de pistola en su casa, aunque nunca presentaron cargos contra él. La propia Laura había sufrido acoso frecuente por parte del Gobierno a causa de su trabajo; siempre que salía del país, o al regresar, los agentes fronterizos la detenían o la interrogaban.

De Glenn Greenwald sabía que había trabajado como abogado defensor de las libertades civiles antes de hacerse columnista, primero para *Salon* (donde fue uno de los pocos que escribió sobre la versión sin clasificar del informe de inspectores generales de la NSA, en 2009) y más tarde para la edición en Estados Unidos de *The Guardian*. Me caía bien, porque era escéptico y polémico, de ese tipo de hombres que luchaba contra el demonio y, si el demonio no estaba, contra sí mismo. Pese a que Ewen MacAskill, de la edición británica de *The Guardian*, y Bart Gellman, del *Washington Post*, demostrarían luego ser socios incondicionales (y guías pacientes a través de las tierras salvajes del periodismo), con quienes primero sentí conexión fue con Laura y con Glenn, quizá porque su interés por informar sobre la Intelligence Community iba unido a un interés personal por conocer bien la institución.

El único impedimento era ponerme en contacto con ellos.

Al no poder desvelar mi verdadero nombre, me dirigí a los periodistas usando varias identidades, máscaras desechables que llevaba durante un tiempo y luego tiraba. La primera de esas identidades fue Cincinnatus, por Cincinato, el legendario granjero que se hizo cónsul romano y luego renunció voluntariamente a su poder. A esa le siguió Citizenfour, un alias que algunos periodistas interpretaron como si yo me considerase el cuarto empleado disidente en la historia reciente de la NSA, después de Binney y sus compañeros denunciantes del caso TRAILBLAZER, J. Kirk Wiebe y Ed Loomis; sin embargo, el triunvirato que en realidad tenía en mi cabeza estaba formado por Thomas Drake, que desveló la existencia de TRAILBLAZER a la prensa, y Daniel Ellsberg y Anthony Russo, cuya revelación de *Los archivos del Pentágono* ayudó a sacar a la luz los engaños de la Guerra de Vietnam y poner fin al conflicto. El último nombre que elegí para mi correspondencia fue Verax, el término en latín para «el que dice la verdad», con la esperanza de plantear una alternativa al modelo de un hacker llamado Mendax («el que dice mentiras»), seudónimo del joven que creció hasta convertirse en el Julian Assange de WikiLeaks.

No es posible apreciar realmente lo duro que es mantener el anonimato en internet hasta que intentas funcionar como si tu vida dependiese de ello. La mayoría de los sistemas de comunicaciones instalados en la Intelligence Community tienen un único objetivo básico: el observador de una comunicación no debe ser capaz de discernir las identidades de quienes están implicados, ni atribuirlas de ningún modo a una agencia. Por este motivo, la IC habla de intercambios «no atribuibles» en esos casos. El espionaje anónimo previo a la existencia de internet es famoso, sobre todo, por la televisión y las películas: la dirección de una casa-refugio codificada en una pintada de un baño público, por ejemplo, o mezclada entre las abreviaturas de un anuncio clasificado; o también los puntos de entrega de la Guerra Fría, las marcas de tiza en un buzón para indicar que había un paquete secreto en el hueco de un árbol en un parque público. La versión moderna de todo esto podrían ser los perfiles falsos que intercambian chats falsos en un sitio web de citas, o cosas más comunes, como una aplicación superficialmente inocua que deja mensajes superficialmente inocuos en un servidor de Amazon superficialmente inocuo controlado en secreto por la CIA. Sin embargo, lo que yo quería era algo aún mejor, algo que no exigiera ni ese nivel de exposición ni ese presupuesto.

Decidí utilizar una conexión a internet ajena. Ojalá hubiera sido tan fácil como ir a un McDonald's o a un Starbucks y conectarme a su wifi, pero en esos sitios hay sistemas de videovigilancia, recibos y otras personas (memorias con piernas). Además, todos los dispositivos inalámbricos, desde un móvil hasta un portátil, tienen un identificador único en el mundo llamado MAC (Machine Address Code o código de dirección de máquina), que queda registrado en todos los puntos de acceso a los que se conecta, como un indicador forense de los movimientos de su usuario.

Así pues, no acudí ni a un McDonald's ni a un Starbucks, sino que decidí salir a conducir. Concretamente, salí de *wardriving*, que es cuando conviertes tu coche en un detector de wifi ambulante. Para hacerlo, necesitas un portátil, una antena de alta potencia y un detector GPS imantado, que pueda acoplarse en el techo del vehículo. La energía se obtiene del coche o de una batería portátil, o también del propio ordenador portátil. Todo lo necesario cabe en una mochila.

Me llevé un portátil barato con TAILS instalado, que es un sistema operativo «amnésico» basado en Linux, es decir, que lo olvida todo cuando lo apagas y empieza de nuevo cuando lo vuelves a arrancar, sin registros ni rastros de memoria de nada que se haya hecho con él. TAILS me permitía «suplantar» (o disfrazar) fácilmente la MAC del portátil: siempre que se conectaba a una red, dejaba tras de sí el registro de una máquina distinta, imposible de asociar a la mía. TAILS incluía además un soporte integrado para conectarse a la red anónima Tor, cosa bastante útil.

Por las noches y los fines de semana, me paseaba con el coche por lo que parecía ser la isla entera de Oahu, mientras la antena captaba los pulsos de todas las redes wifi. El detector GPS etiquetaba cada uno de los puntos de acceso con la ubicación en la que se hubiesen captado, gracias a un programa de cartografía que usaba llamado Kismet. El resultado era un mapa con las redes invisibles junto a las que pasábamos todos los días sin ni siquiera darnos cuenta, de las que un porcentaje escandalosamente alto no tenía ningún tipo de seguridad, o era de un nivel insignificante de burlar para mí. Algunas de las redes exigían un hackeo más sofisticado. Lo que hacía era atascar momentáneamente una red y de ese modo dejaba sin conexión a sus usuarios legítimos; cuando los usuarios intentaban volver a conectarse, automáticamente transmitían de nuevo sus «paquetes de autenticación», que yo interceptaba y descifraba en contraseñas que me permitían registrarme como cualquier otro usuario «autorizado».

Con este mapa de redes en mano, recorría Oahu con el coche como un loco, tratando de consultar mi correo electrónico para ver qué periodistas me habían respondido. Cuando logré establecer contacto con Laura Poitras, me pasé buena parte de la noche escribiéndole, sentado tras el volante del coche, en la playa, mangándole el wifi a un centro vacacional cercano. Tuve que convencer a algunos de los periodistas que había elegido para que usaran correos electrónicos encriptados, algo que en 2012 era un quebradero de cabeza. En ciertos casos, había que enseñarles a hacerlo, así que me puse a descargar tutoriales, metido en el coche al ralentí en un aparcamiento, aprovechándome de la red de una biblioteca. O de un colegio. O de una gasolinera. O de un banco (que tienen unas protecciones malísimas, horribles). La idea era no crear ningún patrón.

Sobre el garaje subterráneo del centro comercial, con la tranquilidad de saber que en cuanto cerrase la tapa del portátil mi secreto estaría a salvo, redactaba manifiestos en los que explicaba por qué había decidido saltar a la palestra, pero luego los borraba. Y entonces intentaba escribirle *emails* a Lindsay, y los borraba también. Sencillamente, era incapaz de encontrar las palabras.

23

LEER, ESCRIBIR, EJECUTAR

Lectura, escritura, ejecución: en informática, a estos tres elementos se les denomina «permisos». Desde un punto de vista funcional, determinan el alcance de tu autoridad dentro de un ordenador o de una red informática, ya que definen con exactitud lo que puedes hacer y lo que no. El derecho a «leer» un archivo te permite acceder a su contenido, mientras que el derecho a «escribir» un archivo te permite modificarlo. Por su parte, la «ejecución» significa que tienes la posibilidad de poner en marcha un archivo o programa, de llevar a cabo las acciones para las que esté diseñado.

Lectura, escritura, ejecución: ese era mi plan, simple, de tres pasos. Quería indagar en el corazón de la red más segura del mundo para encontrar la verdad, copiarla y sacarla al mundo. Y tenía que hacerlo sin que me pillasen: sin que me leyesen, me escribiesen ni me ejecutasen.

Casi todo lo que haces en un ordenador, y en cualquier dispositivo, deja un registro, y en ningún sitio la certeza de que ocurra es mayor que en la NSA. Todos los inicios y cierres de sesión crean una entrada de registro. Todos los permisos que usé dejaron su huella forense. Todas las veces que abrí un archivo, todas las veces que copié un archivo, mi acción se registró. También quedó constancia de todas las veces que descargué, moví o eliminé un archivo, y los registros de seguridad se iban actualizando para reflejar la actividad. Había registros de flujo de red, registros de infraestructura de clave pública... La gente incluso bromeaba con que había cámaras ocultas en los baños, dentro de los cubículos. La agencia contaba con un número nada despreciable de programas de contrainteligencia que espiaban a la gente que estaba espiando a gente, y si tan solo uno de esos programas me pillaba haciendo algo que se suponía que no debía estar haciendo, no iba a ser la eliminación de un archivo.

Por suerte, el punto fuerte de esos sistemas era al mismo tiempo su debilidad: su complejidad suponía que ni siquiera la gente que los manejaba sabía necesariamente cómo funcionaban. Nadie en realidad entendía dónde se solapaban o dónde tenían lagunas. Nadie, salvo los administradores de sistemas, claro. Después de todo, y para empezar, alguien tiene que instalar los sofisticados sistemas de supervisión que se le habrán venido a la cabeza a todo el mundo, esos que tienen nombres terroríficos como MIDNIGHTRIDER*. Puede que fuese la NSA la que pagaba la red, pero sus auténticos dueños éramos los administradores de sistemas como yo.

Mi fase de lectura consistiría en danzar por entre la malla digital de cables trampa colocada en las rutas que conectaban la NSA con las demás agencias de inteligencia nacionales y extranjeras. [Una de estas agencias era la socia de la NSA en Reino Unido, la GCHQ (Government Communications Headquarters o Cuartel General de Comunicaciones del Gobierno), que estaba instalando emboscadas como

* Combinación de los términos *midnight* («medianoche») y *rider* («piloto»). *(N. de la T.)*

343

OPTICNERVE (un programa que guardaba cada 5 minutos una imagen de las cámaras de la gente, mientras hacían videochats en plataformas como Yahoo! Messenger) o PHOTONTORPEDO (que cogía las direcciones IP de usuarios del MSN Messenger).] El uso de Heartbeat para recibir los documentos que quería me permitió volver la «recopilación indiscriminada» en contra de quienes la habían usado contra la ciudadanía, al crear un Frankenstein *de facto* con la Intelligence Community. Las herramientas de seguridad de la agencia llevaban un registro de quién leía qué, pero eso no importaba: cualquiera que se molestase en repasar los registros estaba a esas alturas acostumbrado a encontrarse con Heartbeat, así que no haría saltar ninguna alarma. Era la tapadera perfecta.

Sin embargo, pese a que Heartbeat funcionaba bien como un método para recopilar los archivos —muchísimos archivos—, lo único que hacía era llevarlos hasta el servidor de Hawái, un servidor que guardaba registros a los que yo ni siquiera podía acercarme. Necesitaba una manera de trabajar con los archivos, hacer búsquedas en ellos y descartar los que careciesen de interés o relevancia, además de aquellos que incluyesen secretos legítimos que no iba a darles a los periodistas. En esos momentos, cuando estaba aún en la fase de lectura, los riesgos eran múltiples, debido principalmente a que los protocolos a los que me enfrentaban ya no estaban preparados para supervisar, sino para prevenir. Si hacía mis búsquedas en el propio servidor Heartbeat, estaría activando una enorme señal electrónica de ARRESTADME.

Lo estuve pensando un tiempo. No podía limitarme a copiar los archivos directamente del servidor Heatbeat a un dispositivo de almacenamiento personal y salir tan ricamente del Túnel sin que me pillasen. Sin embargo, lo que sí podía hacer era acercarme más los archivos, dirigirlos a una estación de paso intermedia.

La posibilidad de enviarlos a uno de nuestros ordenadores normales no era real, porque en 2012 todo el Túnel estaba modernizado, con máquinas nuevas de «cliente ligero», es decir, ordenadores pequeños nada potentes con unidades de disco limitadas y CPU incapaces de almacenar y procesar datos por su cuenta; el almacenamiento y el procesamiento lo hacían en la nube. No obstante, en un rincón olvidado de la oficina, había una pirámide de ordenadores de mesa en desuso: unas máquinas antiguas y obsoletas ya, en proceso de deterioro, que la agencia había limpiado, vaciado y descartado. Cuando digo antiguas me refiero a cosas nuevas para los estándares de cualquiera que no viva de acuerdo con un presupuesto de la envergadura del que tiene la NSA. Eran PC de Dell, recientes, de 2009 o 2010, unos rectángulos grises y grandes de peso cómodo, capaces de almacenar y procesar datos por su cuenta sin estar conectados a la nube. Lo que me gustaba de ellos era que, pese a no haber salido del sistema de la NSA, en realidad no podían rastrearse de cerca mientras los mantuviese fuera de las redes centrales.

Me resultaba fácil justificar la necesidad de utilizar esas moles fiables e imperturbables, alegando que quería asegurarme de que Heartbeat funcionaba con sistemas operativos más antiguos. Al fin y al cabo, no todo el mundo en todas las bases de la NSA tenía ya uno de esos nuevos «clientes ligeros». ¿Y si Dell quería implementar una versión civil de Heartbeat? ¿O y si la CIA, el FBI o alguna organización igual de atrasada quisiera utilizarlo? Con la excusa de estar haciendo pruebas de compatibilidad, logré transferir los archivos a esos ordenadores antiguos, en los que podía usar esos documentos para hacer búsquedas, filtrarlos y organizarlos todo lo que quisiera, siempre que tuviese cuidado. Estaba precisamente llevándome uno de esos viejos mamotretos a mi mesa cuando pasé junto a uno de los directores de TI, que me paró y me preguntó para qué necesitaba aquello (él había sido uno de los principales partidarios de deshacerse de esos ordenadores). «Para robar secretos», le respondí, y nos echamos a reír.

La fase de lectura terminó con los archivos que yo quería organizados todos de manera ordenada en carpetas. No obstante, todavía estaban en un ordenador que no era mío, y que seguía en el Túnel, bajo tierra. Llegó entonces la fase de escritura, que, con el objetivo que yo tenía en mente, iba a consistir en el proceso dolorosamente lento y aburrido, a la par que escalofriante, de copiar los archivos desde los Dell obsoletos a algo que pudiera sacar clandestinamente del edificio.

La manera más fácil y segura de copiar un archivo desde cualquier estación de trabajo de la Intelligence Community es también la más antigua: usar una cámara. Por supuesto, los *smartphones* están prohibidos en los edificios de la NSA, pero los trabajadores los meten por accidente cada dos por tres sin que nadie se dé cuenta. Los dejan guardados en las bolsas de deporte o en los bolsillos de las cazadoras. Si los pillan con uno encima en algún registro aleatorio y actúan como tontos avergonzados, en vez de gritar en pánico hablándole en chino al reloj de muñeca, la cosa suele quedar en una simple advertencia, sobre todo si se trata de una primera infracción. Pero sacar un *smartphone* del Túnel cargado con secretos de la NSA era una estrategia de mayor riesgo. Es muy probable que nadie hubiese reparado en mí si salía con un *smartphone* (o que a nadie le hubiese importado), y seguramente esa habría sido una herramienta adecuada para un trabajador que hubiese querido copiar un único informe sobre torturas, pero no me hacía demasiada gracia la idea de hacerle miles de fotografías a la pantalla de mi ordenador en mitad de unas instalaciones secretas. Además, el teléfono tendría que haber estado configurado de manera que incluso los mayores expertos forenses del mundo pudieran cogerlo y registrarlo sin encontrar nada que no debiesen ver.

Voy a abstenerme de publicar cómo procedí exactamente con mi fase de escritura —mi copia y encriptación—, para que la NSA siga en pie de aquí en adelante. Sin embargo, sí mencionaré la tecnología de almacenamiento que utilicé para los archivos copiados. Nada de dispositivos USB; abultan demasiado para la capacidad relativamente pequeña que tienen. Por el contrario, recurrí a tarjetas SD, acrónimo que corresponde a Secure Digital (digital y seguro). Bueno, en realidad recurrí a tarjetas miniSD y microSD.

Cualquiera puede reconocer una tarjeta SD si ha utilizado alguna vez una cámara digital o una videocámara, o ha necesitado almacenamiento adicional en una tableta. Son cacharritos diminutos, milagros de la memoria *flash* permanente y facilísimos de esconder (con 20 x 21,5 mm las miniSD y 15 x 11 mm las microSD, básicamente el tamaño de la uña de un meñique). Puedes sacar uno de los cuadraditos de un cubo de Rubik, meter una de estas tarjetas dentro y volver a colocar el cuadradito, y nadie se dará cuenta. En otras ocasiones, opté por llevar una dentro del calcetín y, en el culmen de mi paranoia, me guardé una pegada a la mejilla por dentro, para poder tragármela si era necesario. Al final, cuando gané confianza y me sentía seguro con mis métodos de encriptación, me limitaba a meterme bien la tarjeta en el fondo del bolsillo. Prácticamente nunca hacía saltar los detectores de metales, y en cualquier caso, ¿quién no se iba a creer que me había dejado ahí olvidado algo tan pequeño?

No obstante, el tamaño de las tarjetas SD tiene una desventaja: escribir en ellas es un proceso lentísimo. El tiempo de copiado con volúmenes gigantes de datos siempre es lento, o al menos va siempre más lento de lo que uno quiere, pero la duración tiende a prolongarse aún más cuando las copias las haces no a un disco duro rápido, sino a una oblea minúscula de silicona incrustada en plástico. Por otro lado, yo no me estaba limitando solo a copiar. Estaba desduplicando, comprimiendo, encriptando, y ninguno de esos procesos podía llevarse a cabo de manera simultánea. Puse en práctica todas las habilidades que había adquirido en mi trabajo de almacenamiento, porque eso era lo que estaba haciendo, básicamente: estaba almacenando el almacenamiento de la NSA, haciendo una copia de seguridad externa de las evidencias de los abusos de la Intelligence Community.

En llenar una tarjeta podía tardar 8 horas o más, es decir, turnos enteros de trabajo. Pese a que hice cambios para volver a trabajar por las noches, eran unas horas espantosas. Tenía el traqueteo del ordenador viejo, con el monitor apagado y solo un panel fluorescente del techo encendido a media luz para ahorrar energía a deshoras. Y ahí estaba yo, encendiendo el monitor a cada tanto para comprobar el porcentaje de progreso y la cuenta atrás. Es una sensación bien conocida: el puro infierno de seguir el avance de la barra de progreso, que va indicando 84 por ciento completado, 85 por ciento completado... Quedan 1:58:53... Mientras la barra se llenaba camino del dulce alivio del 100 por ciento —todos los archivos copiados—, yo no paraba de sudar, de ver sombras y oír pasos por todos los rincones.

Ejecución: el paso final. Cuando se llenaba una tarjeta, tenía que poner en marcha mi rutina de huida. Debía sacar del edificio ese archivador vital, dejar atrás a los jefes y militares uniformados, bajar las escaleras y llegar al vestíbulo vacío, pasar por los controles de tarjetas de identificación, los guardas armados y los cepos, que eran esas zonas de seguridad de doble puerta en las que la segunda puerta no se abre hasta que la primera no se cierra y le dan el visto bueno a tu identificación; si no se lo dan, o si se tuerce alguna otra cosa, los guardas sacan las armas y las puertas se quedan bloqueadas y tú dices: «Vaya, qué vergüenza, ¿no?». Estaba seguro —por todos los informes que había analizado y por mis pesadillas— de que ahí sería donde me cogerían. Siempre que salía me quedaba petrificado. Tenía que obligarme a mí mismo a no pensar en la tarjeta SD. Si piensas en lo que llevas, actúas de manera distinta, sospechosa.

Como resultado inesperado de mis mayores conocimientos sobre la vigilancia de la NSA, aumentaron asimismo mis conocimientos de los peligros a los que me enfrentaba. En otras palabras, entender los sistemas de la agencia me había enseñado a no dejarme cazar por ellos. Mis guías a este respecto fueron los cargos que el Gobierno presentó contra antiguos agentes, en su mayoría, unos auténticos cabrones que, en jerga de la IC, habían «exfiltrado» información clasificada para sacar algún beneficio. Recopilé, y analicé, todos los cargos de este tipo que pude. El FBI (la agencia que investiga los delitos cometidos dentro de la IC) se tomaba muy en serio eso de explicar con exactitud cómo atrapaban a sus sospechosos y, con total sinceridad, no me molestó en absoluto beneficiarme de sus experiencias. Parecía que, en casi todos los casos, el FBI esperaba a que el sospechoso hubiese terminado su trabajo y se dispusiera a volver a casa para arrestarlo. A veces, dejaban que el sospechoso sacase el material de un SCIF (Sensitive Compartmented Information Facility o Centro de Información Confidencial Compartimentada, que son un tipo de edificios o salas con protección frente a la vigilancia) y lo llevase a un espacio público, donde la sola presencia de ese material era un delito federal. No podía dejar de imaginarme a un equipo de agentes del FBI esperándome allí, a la luz pública, en el otro extremo del Túnel.

Solía intentar charlar un rato con los guardas, y ahí fue donde mi cubo de Rubik resultó ser de lo más práctico. Los guardas, y todo el mundo, me conocían en el Túnel como el niño del cubo de Rubik, porque iba siempre por los pasillos dándoles vueltas a esos cuadrados. Le cogí tanto vicio que hasta era capaz de hacerlo con una mano. Se convirtió en mi tótem, en mi juguete espiritual y en un dispositivo de distracción para mí tanto como para mis compañeros de trabajo. La mayoría de ellos pensaban que era una pose, o una excusa de empollón para iniciar conversaciones. Y tenían razón, aunque sobre todo me servía para liberar ansiedad. Me calmaba.

Compré unos cuantos cubos y los regalé. A todo el que se aficionaba le daba pistas. Cuanto más se acostumbró la gente a ellos, menos hacían por mirar el mío más de cerca.

Me llevaba bien con los guardas, o eso me decía a mí mismo, sobre todo porque sabía dónde tenían la cabeza: en otra parte. Había desempeñado un trabajo parecido al suyo, en el CASL. Sabía lo aburridísimo que era pasarse la noche entera en pie, fingiendo vigilar. Te duelen los pies y, al rato, te duele todo, y puedes llegar a sentirte tan solo que hablarías hasta con una pared.

Yo aspiraba a ser más divertido que una pared, así que tenía preparada una charla distinta para cada uno de los obstáculos humanos. Estaba el guarda con el que hablaba sobre el insomnio y sobre las dificultades de dormir de día (cabe recordar que yo hacía turnos de noche, por lo que eso ocurría en torno a las 2.00 de la madrugada). Con otro tipo discutía de política; se refería a los demócratas como «ratas del demonio», así que yo leía las noticias de sitios web de extrema derecha como Breitbart News para prepararme la conversación. Lo que todos tenían en común era la reacción a mi cubo: les hacía sonreír. Durante la época que pasé trabajando en el Túnel, casi todos los guardas me soltaban alguna variante de: «Tío, yo jugaba con eso de chico», seguido siempre por «Intentaba quitarle las pegatinas para conseguir hacerlo». Yo también, colega. Yo también.

Hasta que no llegaba a casa no era capaz de relajarme, aunque tampoco del todo. Me seguía preocupando que tuviésemos la casa pinchada y vigilada, otro de los encantadores métodos usados por el FBI contra los sospechosos de lealtad insuficiente. Me dediqué a responder con desaires a las preocupaciones de Lindsay por mi estado de insomnio, hasta que terminó por odiarme y yo me odié a mí mismo. Se iba a la cama y yo me iba al sofá, con el portátil escondido bajo una manta como un niño chico, porque el algodón anula las cámaras. Con la amenaza de un arresto inmediato fuera de juego, podía centrarme en transferir los archivos a un dispositivo de almacenamiento externo mayor a través de mi portátil (solo alguien que no entienda muy bien la tecnología pensaría que los iba a guardar en el portátil para siempre) y bloquearlos con múltiples capas de algoritmos de encriptación usando diversas implementaciones, de manera que incluso aunque uno fallase los demás mantuviesen los archivos a salvo.

Había tenido cuidado de no dejar rastro ninguno en mi lugar de trabajo, y me ocupé de que la encriptación no dejase rastros de esos documentos en casa. Aun así, sabía que los documentos podrían conducir a mí una vez que los enviase a los periodistas y ellos los desencriptasen. Cualquier investigador que se fijara en qué empleados de las agencias habían accedido, o podían acceder, a todo ese material obtendría una lista compuesta seguramente por un solo nombre: el mío. Tenía la posibilidad de dar menos material a los periodistas, claro, pero entonces no iban a poder hacer su trabajo con la máxima eficacia. En última instancia, debía enfrentarme al hecho de que incluso una diapositiva o PDF me hacían vulnerable, porque todos los archivos digitales contienen metadatos, etiquetas invisibles que pueden utilizarse para identificar su origen.

Me esforcé mucho por averiguar cómo manejar el tema de los metadatos. Me preocupaba que, si no eliminaba de los documentos la información que permitiría una identificación, me incriminasen en cuanto los periodistas desencriptasen y abrieran los archivos. Sin embargo, también me preocupaba que, al eliminar del todo los metadatos, corriese el riesgo de alterar los archivos mismos: cualquier tipo de cambio podría arrojar dudas sobre su autenticidad. ¿Qué era más importante, la seguridad personal o el bien público? Quizá parezca una decisión fácil de tomar, pero me llevó bastante tiempo hacer de tripas corazón. Asumí el riesgo y dejé los metadatos intactos.

En parte, lo que me convenció fue mi miedo a que, incluso después de haber eliminado los metadatos que sabía que había, quedasen otras marcas digitales de las que no fuese consciente o que no pudiese detectar. Y por otra parte, estaba también la dificultad de limpiar documentos de usuario único. Un documento de usuario único es un documento marcado por un código específico de usuario, de manera que si el departamento de redacción de alguna publicación periodística decidía pasárselo al Gobierno, este identificaría a la fuente de inmediato. A veces, el identificador único estaba oculto en la codificación de fecha y hora, y otras, en el patrón de micropuntos de un gráfico o logotipo; pero también podía estar incrustado en algo, de alguna manera, que ni siquiera se me pasase por la cabeza. Este aspecto debería haberme disuadido, pero por el contrario me animó. La dificultad tecnológica me obligaba, por primera vez, a enfrentarme a la perspectiva de descartar la práctica del anonimato que había ejercido toda mi vida y dar un paso al frente para identificarme como la fuente. Abrazaría mis principios firmándolos con mi nombre y dejándome condenar.

En conjunto, los documentos que seleccioné cabían en una sola unidad de disco, que dejé tal cual en casa sobre mi mesa. Sabía que ahí la seguridad de los materiales era la misma que habían tenido en la oficina. Aunque, en realidad, estaban más seguros gracias a los múltiples niveles y métodos de encriptado. Esa es la incomparable belleza del arte de la criptología. Un poquito de matemáticas puede lograr lo que todas las armas y alambres de espino son incapaces de hacer: un poquito de matemáticas puede servir para guardar un secreto.

24

ENCRIPTADO

La mayoría de la gente que utiliza ordenadores —y eso incluye a los miembros del cuarto poder— cree que existe un cuarto permiso básico aparte de «lectura, escritura y ejecución»: la llamada «eliminación».

Eliminar aparece por todas partes en la informática a nivel de usuario. Está en el *hardware,* como una tecla del teclado, y está en el *software,* como una opción que se puede seleccionar en un menú desplegable. La elección de «eliminar» va acompañada por un cierto carácter definitivo y un cierto sentido de responsabilidad. A veces, incluso salta un cuadro para verificar esa elección: «¿seguro?». Si el ordenador te lo está preguntando y te exige que lo confirmes —que hagas clic en «sí»—, tiene sentido que «eliminar» sea una decisión significativa, quizá incluso la decisión final.

Sin ninguna duda, esto es cierto en el mundo ajeno a la informática, en el que los poderes de eliminación han sido históricamente enormes. Incluso así, tal y como han recordado innumerables déspotas, para deshacerse de verdad de un documento no te puedes limitar a destruir todas las copias que existan. También tienes que destruir sus recuerdos, lo que equivale a decir que tienes que destruir a toda la gente que lo recuerde, junto a todas las copias de todos los demás documentos que lo mencionen y a todas las personas que recuerden todos esos otros documentos. Y luego, quizá, solo quizá, haya desaparecido.

Las funciones de eliminación aparecieron desde el inicio mismo de la informática digital. Los ingenieros entendían que, en un mundo de opciones eficazmente ilimitadas, era inevitable que algunas elecciones resultaran ser erróneas. Daba igual que los usuarios tuviesen o no de verdad el control desde un punto de vista técnico: debían sentir que lo tenían, sobre todo en lo que respectaba a cualquier cosa que hubiesen creado ellos mismos. Si creaban un archivo, debían poder deshacer esa creación a voluntad. La capacidad de destruir lo que habían creado y volver a empezar de nuevo fue una función principal que inculcó en el usuario una sensación de intervención activa, pese al hecho de que pudiera depender de un *hardware* propietario que no supiera reparar y de un *software* que no supiera modificar, y que tuviese que ceñirse a las normas de plataformas de terceros.

Pensemos en las razones que nos llevan a darle a «eliminar». En nuestro ordenador personal, quizá queramos deshacernos de algún documento que hemos echado a perder, o algún archivo que hemos descargado y ya no necesitamos (o que no queremos que nadie sepa que hemos necesitado alguna vez). En nuestro correo electrónico, podemos eliminar un mensaje de un antiguo amante que no queramos recordar o no queramos que nuestro cónyuge encuentre, o una confirmación de asistencia a una manifestación a la que acudimos. En nuestro teléfono, a lo mejor eliminamos el historial de los sitios a los que ha ido ese móvil, o algunas de las imágenes, vídeos y registros privados cargados automáticamente a la nube. En todos esos casos, le damos a «eliminar» y la cosa en cuestión, el archivo, parece no existir ya.

Sin embargo, lo cierto es que la eliminación nunca ha existido tecnológicamente del modo en el que la concebimos. La eliminación no es más que una treta, una fantasía, una ficción pública, una mentira no tan piadosa que nos cuenta la informática para tranquilizarnos y darnos consuelo. Aunque el archivo eliminado desaparezca de la vista, raras veces deja de estar ahí. En términos técnicos, la eliminación es en realidad una forma de permiso intermedio, una especie de permiso de escritura. Por lo general, cuando pinchamos en «eliminar» para borrar uno de nuestros archivos, sus datos (que han estado guardados provisionalmente en la profundidad de un disco en algún sitio) en realidad quedan intactos. Los eficientes sistemas operativos modernos no están diseñados para viajar hasta las entrañas de un disco solo con el fin de borrar algo. En vez de eso, lo único que ocurre es que se reescribe el mapa del ordenador que recoge dónde están guardados todos los archivos (un mapa llamado «tabla de archivos») para que diga «Este espacio ya no lo uso para nada importante». Eso significa que, igual que un libro abandonado en una biblioteca enorme, el archivo supuestamente borrado lo podrá seguir leyendo cualquiera que lo busque con el suficiente ahínco. Si lo único que borras es la referencia, el libro seguirá existiendo.

En realidad, es posible confirmar todo esto de forma práctica. La próxima vez que copiéis un archivo, preguntaos por qué esa acción tarda tanto en comparación con la instantaneidad de la eliminación. La respuesta es que la eliminación no hace nada con un archivo más que ocultarlo. Simple y llanamente, los ordenadores no se diseñaron para corregir errores, sino para esconderlos, y esconderlos solo ante quienes no saben dónde mirar.

Los menguantes días de 2012 trajeron noticias aciagas: las pocas protecciones legales que quedaban para prohibir la vigilancia masiva a cargo de algunos de los miembros más prominentes de la red de los Cinco Ojos se estaban desmantelando. Los Gobiernos de Australia y Reino Unido proponían una legislación para la grabación obligatoria de metadatos de telefonía e internet. Era la primera vez que gobiernos en teoría democráticos manifestaban en público su ambición de crear una especie de máquina del tiempo de la vigilancia que les permitiría rebobinar tecnológicamente los acontecimientos de la vida de cualquier persona durante un periodo que se remontaría a meses e incluso años. Estas tentativas sin duda marcaron, al menos en mi opinión, la llamada «transformación del mundo occidental», que pasó de ser el creador y defensor del internet libre a convertirse en su oponente y futuro destructor. Pese a que esas leyes se justificaban como medidas de seguridad pública, representaban una intrusión tan descarada en la vida diaria de la gente inocente que incluso aterrorizaban (y con mucha razón) a los ciudadanos de otros países que no creían verse afectados (quizá porque sus Gobiernos elegían vigilarlos en secreto).

Dichas iniciativas públicas de vigilancia masiva demostraron, de una vez por todas, que no podía existir una alianza natural entre la tecnología y el Gobierno. La ruptura entre mis dos comunidades extrañamente interrelacionadas —la Intelligence Community estadounidense y la tribu global de tecnólogos *online*— se hizo más bien definitiva. En mis primeros años en la IC, aún podía reconciliar esas dos culturas, de manera que lograba hacer una transición suave entre mi trabajo de espía y mis relaciones con defensores activos de la privacidad del internet civil; entre estos últimos había de todo, desde los hackers anarquistas hasta los tipos más serios y académicos de Tor, que me tuvieron al tanto de la investigación informática y me inspiraron políticamente. Durante años, fui capaz de engañarme pensando que, en última instancia, todos estábamos en el mismo bando de la historia: todos tratábamos de proteger internet, de conservarlo como un espacio libre para expresarse y libre de sentir miedos. Sin embargo, mi capacidad para mantener esa ilusión había desaparecido. A esas alturas, el Gobierno, mi empleador, era sin ninguna duda el adversario. Lo que mis colegas tecnólogos siempre habían sospechado yo lo acababa de confirmar, y no podía decírselo. O al menos, todavía no.

Sin embargo, lo que sí podía hacer era echarles una mano, siempre que eso no pusiera en peligro mis planes. Así fue como aparecí en Honolulú —una ciudad preciosa que nunca me había interesado mucho— en calidad de organizador y profesor de una CryptoParty. Se trataba de un nuevo tipo de reunión creada por un movimiento internacional criptológico de base popular, en la que tecnólogos ofrecían su tiempo voluntariamente para dar clases gratis al público sobre la cuestión de la defensa propia digital, es decir: consistía básicamente en enseñarle a quien estuviese interesado a proteger la seguridad de sus comunicaciones. En muchos sentidos, se trataba del mismo tema sobre el que había impartido charlas para la JCITA, así que aproveché sin dudar la oportunidad de participar.

Pese a lo sorprendente de esta decisión por los peligros que podría suponer para mí, en vista del resto de las actividades en las que por entonces estaba implicado, la participación en dicha reunión debía servir, por el contrario, para reafirmar mi fe en los métodos de encriptación sobre los que iba a hablar; esto es, los mismos métodos que protegían la unidad de disco llena de abusos de la IC que había en mi casa, con candados imposibles de romper incluso para la NSA. Sabía que nunca habría documentos ni periodismo suficiente para abordar del modo adecuado la amenaza a la que se enfrentaba el mundo. La gente necesitaba herramientas para protegerse y tenía que saber cómo usarlas. Dado que yo estaba intentando facilitar también esas herramientas a periodistas, me preocupaba que mi enfoque fuese demasiado técnico. Después de tantas sesiones enseñando a colegas de profesión, la oportunidad de simplificar el modo en el que trataba el tema para llevarlo a un público más general me beneficiaría a mí tanto como a cualquiera. Asimismo, he de reconocer que echaba de menos la docencia: había pasado un año desde la última vez que había estado ante una clase, y en cuanto me vi de nuevo en esa posición entendí que había estado enseñando las cosas adecuadas a la gente inadecuada.

Cuando digo clase no me refiero a nada parecido a las escuelas o salas de reuniones de la IC. La CryptoParty se celebraba en una galería de arte de tan solo una sala, detrás de una tienda de muebles y un espacio de *coworking*. Mientras instalaba el proyector para compartir algunas diapositivas sobre lo fácil que era ejecutar un servidor Tor para, por ejemplo, ayudar a los ciudadanos de Irán (aunque también a los de Australia, Reino Unido y Estados Unidos), fueron llegando mis alumnos, un grupo diverso de desconocidos y unos pocos amigos nuevos a quienes acababa de conocer por internet. En general, diría que aparecieron unas veinte personas esa noche de diciembre para aprender algo de mí y de mi compañera ponente, Runa Sandvik, una brillante joven noruega del Tor Project. (Runa terminaría trabajando como directora de seguridad de la información para *The New York Times*, que patrocinaría las siguientes CryptoParty organizadas por ella.) Lo que unía a nuestro público no era el interés en Tor, ni siquiera el miedo a que los espiasen, sino más bien un deseo de recuperar una sensación de control sobre los espacios privados de su vida. Había unos cuantos abuelos que entraron porque pasaban por allí, un periodista local que cubría las noticias del movimiento Occupy! en Hawái y una mujer víctima de acoso por porno vengativo. Además, yo había invitado a algunos de mis colegas de la NSA, con la esperanza de que se interesasen por el movimiento y con el deseo de demostrar que no le estaba ocultando mi participación en aquello a la agencia; pero solo apareció uno, que se sentó atrás, con las piernas abiertas, los brazos cruzados y una sonrisa de superioridad.

Empecé la presentación hablando sobre la naturaleza ilusoria de la eliminación, cuyo objetivo de borrado absoluto era imposible de alcanzar. La gente lo entendió de inmediato. Pasé entonces a explicar que, a lo sumo, los datos que uno no quisiera que viese nadie no podían «desescribirse» tanto como sobrescribirse: escribirles encima, en cierto sentido, añadiendo datos aleatorios o pseudoaleatorios hasta que el original quedase ilegible. Sin embargo, los advertí de que incluso ese mecanismo tenía sus desventajas. Siempre existía la posibilidad de que el sistema operativo hubiese ocultado en silencio una copia del archivo que pretendían eliminar en algún rincón de almacenamiento temporal del que no estuviesen al tanto.

Ahí fue cuando pasé a hablar de encriptación.

La eliminación es un sueño para el vigilante y una pesadilla para el vigilado, pero la encriptación es una realidad para ambos, o debería serlo. Es la única verdadera protección frente a la vigilancia. Si la totalidad de tu unidad de almacenamiento está encriptada, para empezar, tus adversarios no pueden hurgar en ella en busca de archivos eliminados, ni de nada más, a no ser que dispongan de la clave de encriptación. Si todos los *emails* de tu bandeja de entrada están encriptados, Google no podrá leerlos para generarte un perfil, a no ser que disponga de la clave de encriptación. Si todas tus comunicaciones que pasan por redes hostiles australianas, británicas, estadounidenses, chinas o rusas están encriptadas, los espías no podrán leerlas, a no ser que dispongan de las claves de encriptación. Este es el principio director de la encriptación: todo el poder para quien tiene la clave.

La encriptación funciona, les expliqué, mediante algoritmos. Un algoritmo de encriptación suena a algo intimidante, y desde luego lo parece cuando se escribe, pero el concepto es bastante elemental. Se trata de un método matemático para transformar de manera reversible la información —por ejemplo, *emails*, llamadas telefónicas, fotos, vídeos y archivos—, de tal forma que se haga incomprensible para cualquiera que no tenga una copia de la clave de encriptación. Un algoritmo de encriptación moderno puede concebirse como una varita mágica que agitas sobre un documento para cambiar todas las letras y pasarlas a un lenguaje que solo podéis leer tú y la gente en la que confías, mientras que la clave de encriptación son las palabras mágicas únicas que activan el hechizo y hacen funcionar la varita. Da igual cuánta gente sepa que has usado la varita, siempre que puedas ocultar tus palabras mágicas personales de las personas en las que no confías.

Los algoritmos de encriptación son básicamente conjuntos de problemas matemáticos diseñados para resultar muy complicados de resolver incluso para los ordenadores. La clave de encriptación es la única pista que permite a un ordenador resolver el conjunto concreto de problemas matemáticos que se está usando. Por un extremo de un algoritmo de encriptación introduces tus datos legibles, que se denominan «texto simple», y por el otro extremo sale un galimatías incomprensible, llamado «texto cifrado». Cuando alguien quiere leer el texto cifrado, tiene que introducirlo de nuevo en el algoritmo junto con la clave correcta (esto es crucial), para que así salga de nuevo el texto simple. Si bien los distintos algoritmos ofrecen grados diferentes de protección, la seguridad de una clave de encriptación suele basarse en su longitud, que indicará el nivel de dificultad que entraña la resolución de un problema matemático subyacente a un algoritmo concreto. En los algoritmos que vinculan claves más largas a una mayor seguridad, la mejora es exponencial. Si damos por sentado que un atacante tarda 1 día en descifrar una clave de 64 bits (que codifica tus datos de 2^{64} maneras posibles, es decir, un total de 18.446.744.073.709.551.616 permutaciones únicas), entonces tardará el doble de tiempo, 2 días, en descifrar una clave de 65 bits, y 4 días en averiguar una de 66 bits. Descodificar una clave de 128 bits conllevaría 2^{64} veces más que un día, o 50.000 billones de años. Para entonces, a lo mejor hasta me habían concedido el perdón.

En mis comunicaciones con periodistas, usé claves de 4.096 y 8.192 bits. Eso significaba que, en ausencia de grandes innovaciones en tecnología informática o de una redefinición fundamental de los principios de factorización de los números, ni todos los criptoanalistas de la NSA con todo el poder informático del mundo junto podrían entrar en mi unidad de disco. Por este motivo, la encriptación es la única gran esperanza para luchar contra vigilancias de cualquier tipo. Si todos nuestros datos, incluidas nuestras comunicaciones, estuviesen cifrados de este modo, de un extremo a otro (desde el extremo del emisor al del receptor), ningún gobierno —y lo que es más, ninguna entidad concebible según nuestros conocimientos actuales de física— tendría la capacidad de entenderlos. Un gobierno podría interceptar y recopilar las señales, sí, pero estaría interceptando y recopilando puro ruido. Encriptar nuestras comunicaciones, en esencia, las eliminaría de la memoria de toda entidad con la que tratásemos. Supondría *de facto* retirar los permisos a quienes, para empezar, nunca se les concedieron.

Cualquier gobierno con esperanzas de acceder a comunicaciones encriptadas tiene solo dos opciones: puede ir a por los dueños de las claves, o a por las claves en sí. Para lo primero, puede presionar a fabricantes de dispositivos para que vendan intencionadamente productos que hagan encriptaciones defectuosas, o bien engañar a organizaciones internacionales de normalización para que acepten algoritmos de encriptación con fallos, que incluyan puntos de acceso secretos conocidos como «puertas traseras». Para lo segundo, puede lanzar ataques selectivos contra los extremos de esas comunicaciones, esto es, el *hardware* y el *software* que llevan a cabo el proceso de encriptación. Con frecuencia, eso equivale a aprovechar una vulnerabilidad que no haya sido responsable de crear, pero que haya encontrado sin más, y utilizarla para hackearte y robarte tus claves; pese a que fueron los delincuentes los pioneros de esta técnica, ahora la abrazan los grandes poderes del Estado, incluso aunque eso suponga mantener a sabiendas brechas devastadoras en la ciberseguridad de cruciales infraestructuras internacionales.

El mejor medio que tenemos para mantener a salvo nuestras claves se llama «conocimiento cero», un método que garantiza que cualquier dato que intentes almacenar externamente (por ejemplo, en la plataforma en nube de una empresa) estará encriptado con un algoritmo que se ejecutará en tu dispositivo antes de que esos datos se carguen en el dispositivo externo, y que la clave nunca se compartirá. En el sistema de conocimiento cero, las claves están en manos de los usuarios, y solamente ahí. Ninguna empresa, ninguna agencia, ningún enemigo puede tocarlas.

Mi clave para los secretos de la NSA iba más allá del conocimiento cero: consistía en una clave de conocimiento cero compuesta por múltiples claves de conocimiento cero.

Imaginémoslo así: digamos que, al concluir mi charla en CryptoParty, me hubiese colocado junto a la salida mientras las veinte personas del público salían lentamente. Ahora, imaginemos que, al ir saliendo todas por la puerta a la noche de Honolulú, les hubiese susurrado a cada una de ellas una palabra distinta al oído, una sola palabra que nadie más podía escuchar, y que solo podrían repetir si coincidían todas juntas de nuevo en la misma habitación. La única manera de que alguien recompusiera el conjuro sería reunir otra vez a esas veinte personas y hacer que cada una repitiese su palabra en el mismo orden en el que originalmente yo las había asignado. Si una sola persona olvidaba su palabra, o el orden de recitado era distinto de algún modo al orden de reparto, no se activaría ningún hechizo, no se produciría la magia.

Mis claves para la unidad de disco que guardaba las revelaciones se parecían a este juego, pero con una vuelta de tuerca: pese a que distribuí la mayoría de los componentes del conjuro, me quedé uno para mí. Había fragmentos de mi hechizo mágico ocultos por todas partes. Sin embargo, si destruía el único fragmento que había conservado yo, destruiría todo el acceso que tenía a los secretos de la NSA para siempre.

25

EL NIÑO

Solo al verlo en retrospectiva he sido capaz de apreciar hasta qué punto creció mi estrella. Pasé de ser el estudiante que no podía hablar en clase a convertirme en el profesor del lenguaje de una nueva era; de ser el hijo de unos padres modestos de clase media de la Beltway al hombre que llevaba vida de isleño y ganaba tanto dinero que ya no tenía ni sentido. En solo siete años de trayectoria profesional, había ascendido desde el mantenimiento de servidores locales a la creación y aplicación de sistemas de implementación mundial; de ser el guarda de seguridad en turno de noche a ser el maestro de las llaves en el «palacio del enigma».

Sin embargo, siempre supone un riesgo permitir incluso a la persona más cualificada que suba demasiado alto y demasiado rápido antes de darle el tiempo suficiente para convertirse en una cínica y abandonar sus ideales. Yo ocupaba uno de los puestos más inesperadamente omniscientes en la Intelligence Community, cerca del último peldaño en la escalera directiva, pero en el mismo cielo en lo que a habilitaciones de acceso se refería. Y pese a que eso me dio la espectacular posibilidad (sinceramente, nada merecida) de observar la IC en su lúgubre plenitud, también despertó en mí mayor curiosidad que nunca por el único hecho que se me seguía escapando: cuál era el límite absoluto de las personas contra las que la agencia podía dirigir su mirada. Se trataba de un límite fijado de acuerdo no tanto con la política o la ley como con el implacable e inflexible potencial de una maquinaria que entonces sabía que era de alcance mundial. ¿Había alguien a quien esa maquinaria no pudiese vigilar? ¿Había algún sitio al que esa máquina no pudiese llegar?

La única manera de encontrar la respuesta era descender, abandonar mi pedestal panóptico para tener la visión estrecha de un puesto operativo. Los empleados de la NSA con el acceso más libre a las formas más básicas de inteligencia eran quienes se sentaban en la silla de los operadores y escribían en sus ordenadores los nombres de los individuos que habían caído bajo sospecha, extranjeros y estadounidenses por igual. Por uno u otro motivo, o por ninguno en absoluto, esos individuos se habían convertido en el objetivo del escrutinio más cercano de la agencia; la NSA estaba interesada en descubrirlo todo sobre ellos y sus comunicaciones. Mi destino final, lo sabía bien, era el sitio exacto de esa interfaz: el sitio exacto en el que el estado pone el ojo sobre el ser humano y el ser humano sigue sin ser consciente de ello.

El programa que permitía dicho acceso se llamaba XKEYSCORE, que quizá pueda entenderse mejor si se concibe como un motor de búsqueda que permite a un analista hacer búsquedas en todos los registros de tu vida. Es como una especie de Google que, en vez de mostrar páginas del internet público, ofrece resultados de nuestros *emails* privados, nuestros chats privados, nuestros archivos privados, de todo. Pese a que había leído bastante sobre ese programa para entender cómo funcionaba, aún no lo había usado, y me di cuenta de que debía conocerlo mejor. Hacerle un seguimiento a XKEYSCORE suponía buscar una confirmación personal de hasta dónde llegaban las intrusiones de vigilancia de la NSA; ese tipo de confirmación que no encuentras en los documentos, sino solo gracias a la experiencia directa.

Una de las pocas oficinas de Hawái con acceso verdaderamente ilimitado a XKEYSCORE era el NTOC (National Threat Operations Center o Centro de Operaciones de Amenazas Nacionales). El NTOC funcionaba desde la nueva oficina diáfana y resplandeciente, pero sin alma, a la que la NSA había dado el nombre oficial de Edificio Rochefort, en honor de Joseph Rochefort, un legendario criptoanalista naval de la época de la Segunda Guerra Mundial que descifró códigos japoneses. La mayoría de los empleados había terminado separando el nombre para llamarlo el Fuerte Roach, o simplemente el Roach. Cuando solicité trabajar allí, partes del Roach estaban aún en obras, y de inmediato me acordé de mi primer trabajo con habilitación de seguridad en el CASL: era mi destino empezar y acabar mi trayectoria en la IC en un edificio sin terminar.

Además de albergar a casi todos los traductores y analistas de la agencia con base en Hawái, en el Roach se ubicaba la sede local de la División TAO (Tailored Access Operations u Operaciones de Acceso Personalizado). Se trataba de la unidad de la NSA responsable del hackeo remoto de los ordenadores de gente a la que los analistas habían seleccionado como objetivos, es decir, era el equivalente en la agencia a los antiguos equipos de allanamiento que se colaban en las casas de los enemigos para colocar micrófonos y buscar material comprometedor. La principal tarea del NTOC, por el contrario, era supervisar y frustrar la actividad de los equivalentes extranjeros de la TAO. Quiso la suerte que en el NTOC hubiese un puesto disponible a través de un empleo externo con Booz Allen Hamilton, un puesto que describían con el eufemismo de «analista de infraestructuras». El trabajo implicaba utilizar el espectro completo de las herramientas de vigilancia masiva de la NSA, XKEYSCORE incluido, para supervisar la actividad en la «infraestructura» de interés, es decir, internet.

Pese a que iba a ganar algo más de dinero en Booz, unos 120.000 dólares al año, lo consideraba una degradación; la primera de muchas una vez que empecé mi descenso final, tirando por la borda mis accesos, mis habilitaciones y mis privilegios con la agencia. Era un ingeniero que se estaba convirtiendo en analista que al final terminaría siendo un exiliado, objetivo de las mismas tecnologías que había controlado en otros tiempos. Con esa perspectiva, esta disminución de prestigio en concreto me parecía bastante menor. Con esa perspectiva, todo parecía bastante menor, mientras el curso de mi vida se inclinaba en descenso hacia la tierra, acelerándose hacia el punto de impacto que pondría fin a mi carrera, a mis relaciones, a mi libertad y, seguramente, a mi vida.

Había decidido sacar todos mis documentos del país y pasárselos a los periodistas con los que me había puesto en contacto, pero antes de poder empezar siquiera a contemplar la logística de esa medida tenía que ir a estrechar algunas manos. Tenía que volar al este, a Washington D. C., y pasar unas cuantas semanas en reuniones, para conocer a mis nuevos jefes y colegas, que tenían muchas esperanzas puestas en cómo podrían aplicar mi afilado conocimiento de la anonimización *online* para desenmascarar a sus objetivos más inteligentes. Eso fue lo que me llevó de vuelta a la Beltway por última vez, y de vuelta al lugar de mi primer encuentro con una institución que había perdido el control: Fort Meade. En aquella ocasión, llegaba allí siendo uno de los de dentro.

El día que había marcado mi edad adulta, más de diez tumultuosos años antes, cambió profundamente no solo a la gente que trabajaba en la sede central de la NSA, sino también el lugar en sí. Me di cuenta de ello por primera vez cuando me pararon al intentar coger el desvío de Canine Road en mi coche de alquiler para acceder a uno de los aparcamientos de la agencia, que en mi memoria seguía envuelto en el clamor del pánico, los timbres telefónicos, los cláxones de coches y las sirenas. Desde el 11-S, todas las carreteras que llevaban a la sede central de la NSA habían quedado cerradas de forma permanente a quienes no llevasen una de las identificaciones especiales de la IC colgada al cuello.

Todo el tiempo que no perdía dándole la mano sin ganas a la plana mayor del NTOC en la sede central lo pasé aprendiendo cuanto pude. Compartía mesa con analistas que trabajaban en diferentes programas y distintos tipos de objetivos, lo que me permitiría después ser capaz de enseñarles a mis compañeros de equipo en Hawái las formas más recientes en las que se podían utilizar las herramientas de la agencia. Al menos, esa fue la explicación oficial que di a mi curiosidad, que como siempre excedía los requisitos básicos y se ganó la gratitud de quienes tenían inclinaciones tecnológicas. A su vez, ellos estaban más ansiosos que nunca por demostrar el poder de la maquinaria que habían desarrollado, sin expresar ni un solo escrúpulo por cómo se aplicaba ese poder. Mientras estuve en la sede central, también pasé por una serie de pruebas relativas al correcto uso del sistema, que se asemejaron más a ejercicios de cumplimiento normativo o escudos procesales que a una formación significativa. Los demás analistas me dijeron que como podía repetir las pruebas todas las veces que fuese necesario, no me tenía que molestar en aprenderme las normas: «Tú ve haciendo clic en las casillas hasta que las pases».

En los documentos que más tarde les pasé a los periodistas, la NSA describía XKEYSCORE como su herramienta «de más amplio alcance», usada para hacer búsquedas en «casi todo lo que un usuario hace en internet». Las especificaciones técnicas que estudié entraban en más detalles sobre cómo se conseguía eso exactamente (haciendo divisiones en «paquetes» o «sesiones», es decir, fragmentando los datos de las sesiones *online* de un usuario en paquetes manejables para su análisis), pero nada podía prepararme para verlo en acción.

Por decirlo llanamente, es lo más parecido a la ciencia ficción que yo haya visto en la realidad científica: una interfaz que te permite introducir la dirección, el número de teléfono o la dirección IP de casi cualquier persona, y luego, básicamente, repasar el historial reciente de su actividad *online*. En algunos casos, puedes incluso volver a reproducir grabaciones de sus sesiones *online*, así que la pantalla que ves es su misma pantalla, todo lo que haya en su escritorio. Puedes leer sus *emails*, su historial de navegación, su historial de búsquedas, sus publicaciones en redes sociales, todo. Puedes activar notificaciones que te avisen cuando alguna persona o dispositivo que te interesen tengan actividad en internet durante el día. Y puedes buscar en los paquetes de datos de internet para ver las consultas de alguien aparecer letra por letra, dado que muchos sitios web transmiten los caracteres según se escriben. Es como ver la función de autocompletar, con las letras y las palabras saltando por la pantalla. Solo que la inteligencia que había tras esa escritura no era artificial, sino humana: era una función de humanocompletar.

Las semanas que pasé en Fort Meade, y la breve temporada que trabajé para Booz de vuelta en Hawái, fueron las únicas oportunidades que tuve para ver, de primera mano, cómo se cometían de verdad los abusos sobre los que había leído previamente en la documentación interna. Presenciarlos me hizo darme cuenta de lo aislado que había estado mi puesto en el nivel de sistemas con respecto a la zona de impacto de daños inmediatos. Podía imaginarme bien el nivel de aislamiento que disfrutaría entonces la dirección de la agencia o, para el caso, el presidente del país.

No introduje los nombres del director de la agencia ni del presidente en XKEYSCORE, aunque después de pasar bastante tiempo con el sistema vi que podría haberlo hecho. En el sistema estaban las comunicaciones de todo el mundo. De todo el mundo. Al principio, me dio miedo que por buscar a personas situadas en los escalones más altos del Estado me pillaran y me despidiesen, o algo peor. Sin embargo, era excesivamente sencillo disfrazar una consulta relacionada incluso con la figura más prominente, codificando los términos de búsqueda en un formato de máquina que a los humanos les parecía un galimatías, pero que era perfectamente comprensible para XKEYSCORE. Si alguno de los auditores responsables de revisar las búsquedas se hubiese molestado alguna vez en mirar más de cerca, solo habría visto un pedacito de código ofuscado, mientras yo habría podido estar rebuscando en las actividades más personales de un juez del Tribunal Supremo o un congresista.

Por lo que pude ver, ninguno de mis compañeros tenía intención de abusar de su poder tan alegremente, aunque si lo hubiesen hecho tampoco es que lo fuesen a mencionar. En cualquier caso, cuando un analista pensaba en aprovecharse del sistema, lo normal era que se interesase mucho menos por el beneficio profesional que pudiera sacarle que por el beneficio personal. Eso condujo a una práctica conocida como LOVEINT, un chiste de mal gusto en el que se mezclaban las actividades de HUMINT y SIGINT y un travesti de la inteligencia. Consistía en que los analistas utilizaban los programas de la agencia para vigilar a sus amantes del presente y del pasado, aparte de a otros objetos de un afecto más relajado: les leían los *emails*, les escuchaban las llamadas telefónicas y les espiaban la actividad en internet. Los empleados de la NSA sabían que solo los analistas más tontos se dejaban coger con las manos en la masa; además, pese a que por ley podían encerrar un mínimo de diez años a todo el que se viese implicado en cualquier tipo de vigilancia para su uso personal, en toda la historia de la agencia nunca se había sentenciado a nadie ni a un solo día de prisión por ese delito. Los analistas entendían que el Gobierno nunca los iba a procesar públicamente, porque es un poco complicado culpar a alguien por abusar de tu sistema secreto de vigilancia masiva cuando te niegas a admitir la existencia del sistema en sí. Los costes obvios de una política como esta me quedaron claros cuando me senté ante la pared del fondo de la cámara n.º 22 en la sede central de la NSA junto a dos de los analistas de infraestructuras de mayor talento, cuyo espacio de trabajo estaba decorado con una imagen de 2 metros del famoso *wookiee* de *La guerra de las galaxias*, Chewbacca. Mientras uno de ellos me explicaba los detalles de las rutinas de seguridad de sus objetivos, me di cuenta de que los desnudos interceptados eran una especie de moneda de cambio informal en la oficina, porque su colega no dejaba de girarse en la silla para interrumpirnos con una sonrisa y decirle «Échale un ojo», a lo que mi instructor respondía siempre «¡Buena pieza!» o «¡Pibón!». La regla transaccional no escrita parecía ser que, si encontrabas un desnudo en foto o vídeo de una persona atractiva que fuese un objetivo —o de alguien que se comunicase con una persona objetivo—, tenías que enseñárselo al resto de los tíos, al menos siempre que no hubiese una mujer cerca. Así era como sabíais que podíais confiar unos en otros: porque habíais participado en los delitos de los demás.

Hay una cosa que entiendes muy rápido cuando usas XKEYSCORE, y es que casi todo el mundo que se conecta a internet tiene al menos dos cosas en común: todos han visto porno en algún momento y todos guardan fotos y vídeos de su familia. Esta máxima podría aplicarse a prácticamente todas las personas, de cualquier género, etnia, raza y edad, desde el terrorista más mezquino hasta el caballero más exquisito, que a su vez podía ser el abuelo, el padre o el primo del terrorista más mezquino.

El material de las familias fue lo que peor me sentó. Recuerdo a un chiquillo en concreto, un niño pequeño de Indonesia. Técnicamente, ese niño no debería haber despertado ningún interés en mí, pero lo hizo, porque mis empleadores estaban interesados en su padre. Me había leído el contenido de las carpetas de objetivo compartidas creadas por un analista de «personaje», es decir, alguien que suele pasarse la mayor parte de la jornada examinando minuciosamente elementos como registros de chats, bandejas de entrada de Gmail y mensajes de Facebook, en vez de ocuparse del tráfico más oscuro y complicado, generado normalmente por hackers, que era cosa de los analistas de infraestructuras.

El padre del chiquillo, igual que mi padre, era ingeniero, aunque al contrario que mi padre no estaba afiliado al Gobierno ni al Ejército. No era más que un académico raso al que habían pillado en una emboscada de vigilancia. No recuerdo cómo o por qué ese hombre había llamado la atención de la agencia, más allá de que había enviado una solicitud de empleo a una universidad de alto nivel investigador de Irán. Con frecuencia, los motivos que habían fundamentado una sospecha quedaban mal documentados (cuando lo estaban) y las conexiones llegaban a ser flojísimas, con explicaciones como «se cree que está potencialmente vinculado a» y a continuación el nombre de alguna organización internacional que podía ser cualquier cosa, desde un organismo de normalización de telecomunicaciones hasta Unicef o algo que de verdad pudiera considerarse una amenaza.

En el caso de este hombre, se había cribado el flujo de su tráfico de internet para extraer una selección de comunicaciones, agrupadas luego en carpetas. Por aquí estaba la funesta copia del currículum enviado a la universidad sospechosa; por allá, los artículos escritos por el hombre, un historial del navegador web, su última semana aproximadamente de correspondencia enviada y recibida, etiquetada con direcciones IP... Allí aparecían las coordenadas de una «geovalla» que el analista le había colocado alrededor para detectar si se alejaba demasiado de casa, o si viajaba a la universidad para hacer la entrevista.

Y luego, estaban también sus fotografías, y un vídeo. En esa grabación aparecía sentado delante del ordenador, igual que yo estaba sentado ante el mío. Salvo que en el regazo tenía a un bebé, a un niño en pañales.

El padre estaba intentando leer algo, pero el niño no dejaba de moverse y le iba dando a las teclas mientras se reía. El micrófono interno del ordenador captó sus risas, y ahí estaba yo escuchándolas en mis auriculares. El padre agarró mejor al niño, que se enderezó y miró directamente a la cámara del ordenador, con unos ojos oscuros en forma de media luna. No pude evitar sentir que me miraba a mí. De repente, me di cuenta de que estaba aguantando la respiración. Cerré la sesión, me levanté del ordenador y salí de la oficina para ir al baño situado en el mismo pasillo, con la cabeza gacha, los auriculares todavía puestos y el cable arrastrando.

Todo en ese niño, todo en ese padre me recordaba a mi padre, con quien me reuní para cenar una noche durante la temporada que pasé en Fort Meade. Llevaba un tiempo sin verlo, pero allí, en mitad de la cena, mientras me comía una ensalada César y me tomaba una limonada rosa, se me cruzó una idea por la cabeza: «No volveré a ver a mi familia nunca más». Los ojos no se me humedecieron siquiera (me estaba controlando todo lo que podía), pero por dentro me sentía desolado. Sabía que, si le contaba a mi padre lo que iba a hacer, llamaría a la policía, o a lo mejor me diría que estaba loco y me metería en un psiquiátrico. Habría hecho cualquier cosa que pensara que tenía que hacer para evitar que cometiese el más grave de los errores.

Solo podía confiar en que su dolor, con el tiempo, se curase gracias al orgullo.

De nuevo en Hawái, entre marzo y mayo de 2013, una sensación de punto de no retorno bañaba casi todas mis experiencias, y aunque esas experiencias en sí pudieran parecer triviales, me allanaban el camino. Me resultaba mucho menos doloroso pensar que era la última vez que me pasaba por el local de curri de Mililani, o visitaba el espacio de hackers en la galería de arte de Honolulú, o me sentaba en el techo del coche y exploraba el cielo nocturno en busca de estrellas fugaces que pensar que solo me quedaba un mes con Lindsay, o una semana de dormir junto a ella y despertarme a su lado, y aun así tratar de mantener las distancias por miedo a derrumbarme.

Los preparativos que estaba haciendo eran los de un hombre a punto de morir. Vacié las cuentas bancarias y metí el efectivo en una vieja caja de munición de acero, con idea de que fuera Lindsay quien lo encontrase y el Gobierno no se quedara con él. Iba por la casa haciendo tareas que había aplazado un montón de veces, como arreglar ventanas o cambiar bombillas. Limpié y encripté mis ordenadores viejos para dejarlos reducidos a las silenciosas carcasas de tiempos mejores. En resumen, estaba poniendo en orden mis asuntos para intentar hacerle las cosas más fáciles a Lindsay, o a mi conciencia, que periódicamente abandonaba su lealtad a un mundo que no se la había ganado para entregársela a la mujer que sí, y a la familia a la que tanto quería.

Todo estaba imbuido de esa sensación de punto final, y aun así había momentos en los que parecía que no aparecía ningún final a la vista, que el plan trazado se venía abajo. Me costó conseguir que los periodistas se comprometiesen a tener una reunión, sobre todo porque no podía contarles con quién se iban a reunir, ni tan siquiera, durante un tiempo al menos, dónde y cuándo iba a ser el encuentro. Tenía que contar con la posibilidad de que no se presentara ninguno, o de que apareciesen, pero luego se echaran atrás. Al final, decidí que, si ocurría una de esas dos cosas, abandonaría el plan y volvería al trabajo y junto a Lindsay, como si no hubiera pasado nada, a esperar una siguiente oportunidad.

En mis paseos de *wardriving* por toda Kunia (un recorrido de 20 minutos que podía convertirse en 2 horas mientras rapiñaba wifis), había estado investigando varios países para intentar encontrar una ubicación para mi reunión con los periodistas. Era como elegir mi cárcel, o más bien, mi tumba. Los Cinco Ojos estaban obviamente vedados; en realidad, toda Europa quedaba excluida, porque no podía contar con que sus países defendiesen la legislación internacional en materia de extradición de acusados de crímenes políticos frente a lo que seguro que iba a ser una considerable presión por parte de Estados Unidos. África y América Latina eran también zonas de riesgo, dado el historial de Estados Unidos de actuar allí con total impunidad. Rusia estaba descartada porque era Rusia, y China era China: ambos países quedaban excluidos por completo. El Gobierno estadounidense no tendría que hacer nada para desacreditarme más que señalar el mapa si elegía alguno de esos dos. La perspectiva solo empeoraba en Oriente Medio. A veces tenía la sensación de que el acto de hackeo más desafiante de mi vida no iba a ser desvalijar la NSA, sino intentar encontrar un lugar de reunión lo bastante independiente para mantener a la Casa Blanca alejada y lo bastante libre para que no interfiriese en mis actividades.

Del proceso de eliminación se salvó Hong Kong. En términos geopolíticos, era lo más cerca que podía estar de una tierra de nadie, pero con unos medios de comunicación y una cultura de protesta muy vivos, por no mencionar la relativa ausencia de filtros en la conexión a internet. Era una rareza, una ciudad global razonablemente progresista, cuya autonomía sobre el papel me distanciaría de China y frenaría la capacidad de Beijing para emprender acciones públicas contra mí o contra los periodistas (al menos, de manera inmediata), pero cuya existencia *de facto* en la esfera de influencia de Beijing reduciría la posibilidad de una intervención unilateral por parte de Estados Unidos. En una situación en la que no había ninguna promesa de seguridad, era suficiente contar con la garantía del tiempo. Pese a todo, cabía la posibilidad de que las cosas no acabasen bien para mí. Lo máximo que podía esperar era conseguir sacar los documentos a la luz antes de que me pillasen.

La última mañana que me desperté junto a Lindsay, ella se iba de acampada a Kauai; era una breve escapada con algunas amistades que yo mismo la animé a hacer. Estábamos tumbados en la cama y la abracé demasiado fuerte. Cuando me preguntó perpleja y somnolienta por qué de repente estaba tan cariñoso con ella, me disculpé. Le dije cuánto sentía haber estado tan ocupado y que iba a echarla de menos: era la mejor persona que había conocido en mi vida. Me sonrió, me dio un beso en la mejilla y se levantó para hacer la mochila.

En cuanto Lindsay salió por la puerta, me eché a llorar, por primera vez en años. Me sentía culpable por todo, salvo por aquello de lo que me acusaría mi Gobierno, y me sentía especialmente culpable por mis lágrimas, porque sabía que mi dolor no sería nada en comparación con el dolor que iba a causarle a la mujer a la que amaba, o con el daño y la confusión que iba a provocarle a mi familia.

Al menos, contaba con la ventaja de saber lo que estaba por venir. Cuando Lindsay regresara de su acampada yo ya me habría ido, en teoría por un asunto de trabajo, y mi madre estaría, más o menos, esperando en la puerta. La había invitado a visitarnos, en un acto tan poco típico de mí que seguramente se esperase otro tipo de sorpresa, como la noticia de que Lindsay y yo nos habíamos prometido, por ejemplo. Me sentía fatal por los falsos pretextos y me daba mucha pena pensar en la decepción que se llevaría mi madre, pero no dejaba de repetirme que tenía una justificación. Mi madre cuidaría de Lindsay y Lindsay cuidaría de ella. Las dos necesitarían la fuerza de la otra para capear el temporal que se avecinaba.

El día después de que Lindsay se marchase, pedí un permiso por urgencia médica en el trabajo (alegué mi epilepsia) y preparé un equipaje escaso y cuatro portátiles para llevarme: uno para comunicaciones seguras, otro para comunicaciones normales, otro más de señuelo y uno como «brecha de aire» (un ordenador que nunca había conectado ni conectaría a internet). Dejé mi *smartphone* en la encimera de la cocina, junto a un cuaderno en el que había escrito a boli: «Me han llamado del trabajo. Te quiero». Firmé con mi apodo distintivo, Echo. Luego me fui al aeropuerto y compré un billete en efectivo para el siguiente vuelo a Tokio. En Tokio, compré otro billete en efectivo, y el 20 de mayo llegué a Hong Kong, la ciudad en la que el mundo me conoció.

26

HONG KONG

El profundo atractivo psicológico de los juegos (que en realidad son solo una serie de retos cada vez más complicados)
es la creencia de que puedes ganarlos. El cubo de Rubik es
el ejemplo más claro de esto para mí, porque satisface una
fantasía universal: que si te esfuerzas lo suficiente y les das
vueltas y vueltas a todas las posibilidades, cualquier cosa
que parezca confusa e incoherente en este mundo acabará
encajando en su sitio y se alineará a la perfección; que la
ingenuidad humana basta para transformar el sistema más
corrompido y caótico en algo lógico y ordenado, con todas
las caras del espacio tridimensional relucientes en su perfecta uniformidad.

Yo había trazado un plan —bueno, múltiples planes—
con el que me habrían pillado si hubiese surgido un solo
fallo, pero eso no pasó: logré salir de la NSA, logré salir del
país. Había derrotado al juego. Lo duro ya había pasado,
pensando en todos los parámetros que me había imaginado.
Y sin embargo, no había tenido imaginación suficiente, porque los periodistas a quienes había pedido que se reuniesen
conmigo no aparecían. No dejaban de aplazar la reunión,
de poner excusas, de disculparse.

Sabía que Laura Poitras —a la que ya había enviado algunos documentos con la promesa de que serían muchos más— estaba lista para volar a cualquier sitio desde la ciudad de Nueva York casi sin previo aviso, pero no iba a hacerlo sola. Laura estaba intentando conseguir por todos los medios que Glenn Greenwald se comprometiera a venir, convencerlo de que se comprase un portátil nuevo que no fuese a conectar a internet, de que instalase programas de encriptación para que pudiésemos comunicarnos mejor. Y ahí estaba yo, en Hong Kong, viendo cómo el reloj marcaba las horas, cómo pasaban las hojas del calendario, suplicando, rogando: «Por favor, venid antes de que la NSA se dé cuenta de que llevo demasiado tiempo sin ir al trabajo». No era nada fácil pensar en todo lo que había tenido que hacer solo para enfrentarme a la perspectiva de quedarme en Hong Kong compuesto y sin novio. Traté de solidarizarme un poco con esos periodistas, que parecían estar demasiado ocupados o demasiado nerviosos para cerrar sus planes de viaje, pero también pensaba en el poquísimo material (del total de documentos por el que lo estaba arriesgando todo) que acabaría haciéndose público si la policía llegaba primero. Pensaba en mi familia y en Lindsay, y en lo estúpido que era haber dejado mi vida en manos de una gente que ni siquiera sabía mi nombre.

Me atrincheré en mi habitación del Mira Hotel, que había elegido por su ubicación céntrica, en un distrito comercial y empresarial muy poblado. Puse en el picaporte el letrero de «No molestar» para que no entrasen las limpiadoras. Durante diez días, no salí de la habitación por miedo a darle a un espía extranjero la oportunidad de colarse y poner micrófonos. Con todo lo que había en juego, lo único que podía hacer era esperar. Convertí la habitación en el centro de operaciones de un pobre, el corazón invisible de la red de túneles encriptados de internet desde la que enviaba súplicas cada vez más estridentes a los emisarios ausentes de nuestra prensa libre. Luego, me colocaba junto a la ventana con la esperanza de recibir una respuesta, contemplando el precioso parque que nunca había visitado. Para cuando Laura y Glenn llegaron por fin, había probado todo lo que ofrecía la carta del servicio de habitaciones.

Con esto no quiero decir que me pasara esa semana y media ahí sentado, escribiendo mensajes aduladores. También intenté organizar la última sesión informativa que iba a impartir en mi vida, así que fui repasando los archivos, pensando en cómo podría explicar mejor su contenido a los periodistas en el periodo de tiempo seguramente limitado que tendríamos. Me parecía un problema interesante: cómo explicar del modo más convincente posible, a unas personas no versadas en tecnología y que casi con total seguridad serían propensas a verme con escepticismo, el hecho de que el Gobierno estadounidense estaba vigilando al mundo, y los métodos que usaba para hacerlo. Creé unos diccionarios de términos técnicos como «metadatos» y «portador de comunicaciones». Monté unos glosarios de acrónimos y abreviaturas: CCE, CSS, DNI, NOFORN...* Tomé la decisión de no explicar con detalle las tecnologías o los sistemas, sino los programas de vigilancia —básicamente, explicar historias—, en un intento por hablar su

---

* Las abreviaturas y acrónimos mencionados corresponden a lo siguiente:

CCE = Center for Content Extraction o Centro de Extracción de Contenido.

CSS = Central Security Service o Servicio de Seguridad Central.

DNI= Digital Network Intelligence o inteligencia de red digital

NOFORN = abreviatura de *no foreigners,* es decir, vetado a extranjeros. *(N. de la T.)*

mismo idioma. Sin embargo, no terminaba de decidir qué historias contarles primero, y no dejaba de reorganizarlas, tratando de poner los peores delitos en el mejor orden.

Tenía que encontrar una manera de ayudar al menos a Laura y a Glenn a entender en unos días algo que me había llevado años desentrañar. Y había una cosa más: tenía que ayudarlos a entender quién era yo y por qué había decidido hacer aquello.

Por fin, Glenn y Laura aparecieron en Hong Kong el 2 de junio. Creo que se quedaron decepcionados cuando vinieron al Mira a reunirse conmigo, al menos en un principio. Llegaron a decírmelo más o menos claro, bueno, Glenn lo hizo: esperaba encontrarse a alguien más mayor, a un tío que fumara como un carretero, depresivo y un poco borrachuzo, con un cáncer terminal y mucha conciencia de culpa. No entendía cómo una persona tan joven como yo —me preguntaba la edad cada dos por tres— no solo tenía acceso a documentos tan confidenciales, sino que además estaba dispuesto a echar su vida al traste. Por mi parte, no me cabía en la cabeza que se hubieran esperado a un viejales, en vista de las instrucciones que les había dado para reunirse conmigo: id a un rincón tranquilo en concreto situado junto al restaurante del hotel, amueblado con un sofá de cuero sintético con estampado de cocodrilo, y esperad a que aparezca un tipo con un cubo de Rubik. Lo curioso era que en un primer momento tuve mis dudas sobre si usar esa táctica, pero el cubo era la única cosa que tenía y que podía distinguirse e identificarse a la distancia; además, el cubo me ayudó a ocultar el estrés de estar esperando con miedo la aparición sorpresa de unas esposas de policía.

Ese estrés alcanzaría su culmen visible unos diez minutos después, cuando subí a Laura y a Glenn a mi habitación, la 1014, en la décima planta. Glenn casi no había tenido tiempo de guardar su *smartphone* en el minibar (a petición mía) cuando Laura empezó a toquetear y ajustar las luces de la habitación. Seguidamente, sacó su videocámara digital. Pese a que en unos *emails* encriptados habíamos acordado que Laura podría grabar nuestro encuentro, yo no estaba preparado para la realidad.

No habría tenido manera de prepararme para ese momento en el que Laura me apuntó con la cámara, mientras estaba tirado en la cama deshecha de una habitación menuda y desordenada de la que llevaba diez días sin salir. Creo que a todo el mundo le ha pasado algo similar: cuanto más consciente eres de que te están grabando, más te cohíbes. El mero hecho de saber que hay, o puede haber, alguien dándole al botón de grabar en el móvil y apuntándote puede resultar incómodo, aunque esa persona sea amiga. Pese a que ahora mismo casi todas mis interacciones se producen a través de una cámara, sigo sin estar seguro de qué experiencia me parece más alienante: verme en una grabación o que me estén grabando. Trato de evitar lo primero, pero evitar lo segundo actualmente es complicado para cualquiera.

En una situación que ya de por sí era de una intensidad extrema, me quedé agarrotado. La luz roja de la cámara de Laura, como la mira de un francotirador, no dejaba de recordarme que en cualquier momento podría abrirse la puerta de golpe y me sacarían a rastras de allí para siempre. Y cuando no tenía eso en la cabeza, me ponía a pensar en cómo iba a quedar esa filmación al reproducirla ante un tribunal. Me di cuenta de que había demasiadas cosas que tenía que haber hecho, como ponerme una ropa mejor y afeitarme. Por toda la habitación había platos sucios y basura rociada, además de cartones de fideos chinos, hamburguesas a medio comer y montones de ropa sucia y toallas húmedas en el suelo.

Era una dinámica surrealista: nunca había conocido a un director de cine antes de que me filmase uno de ellos, y no había conocido a ningún periodista antes de servirle de fuente a varios. La primera vez que hablase en voz alta con alguien sobre el sistema de vigilancia masiva del Gobierno estadounidense lo iba a hacer ante todo el mundo que tuviese una conexión a internet. Pero al final, independientemente de lo desaliñado de mi aspecto y lo forzado de mi voz, la grabación de Laura resultó indispensable, porque le enseñó al mundo lo que ocurrió exactamente en aquella habitación de hotel, de un modo que la prensa escrita no habría podido lograr. El metraje grabado por Laura en el transcurso de los días que pasamos juntos en Hong Kong no puede distorsionarse. Su existencia es un tributo no solo a la profesionalidad de Laura como documentalista, sino también a su capacidad de previsión.

Pasé la semana del 3 al 9 de junio enclaustrado en aquella habitación con Glenn y su colega de *The Guardian*, Ewen MacAskill, que se había unido a nosotros algo más tarde aquel primer día. Hablamos sin parar, repasando los programas de la NSA, con Laura por allí grabándonos. En contraste con el frenesí de los días, las noches resultaban vacías e inhóspitas. Glenn y Ewen se retiraban a su hotel muy cerca del mío, el W, para redactar artículos a partir de sus hallazgos. Laura desaparecía para editar sus grabaciones y pasarle sus propios informes a Bart Gellman, del *Washington Post*, que nunca llegó a venir a Hong Kong, pero que trabajó de forma remota con los documentos que recibía de Laura.

Yo dormía, o lo intentaba, y si no ponía la televisión, buscaba un canal en inglés como la BBC o la CNN y veía la reacción internacional. El 5 de junio, *The Guardian* publicó el primer artículo de Glenn, dedicado a la orden del tribunal FISA que autorizaba a la NSA a recopilar información de casi todas las llamadas telefónicas que gestionase la empresa estadounidense de telecomunicaciones Verizon. El 6 de junio, sacaron el artículo de Glenn sobre PRISM, casi a la vez que un reportaje similar publicado por Laura y Bart en el *Washington Post*. Era consciente, y creo que todos lo éramos, de que cuantos más textos saliesen a la luz más probabilidades había de que me identificasen, sobre todo porque mi oficina había empezado a mandarme *emails* preguntándome cómo estaba y yo no respondía nada. Sin embargo, aunque Glenn, Ewen y Laura se mostraron indefectiblemente comprensivos con la bomba de relojería que era mi situación, nunca dejaron que eso templase su deseo de servir a la verdad. Y, siguiendo su ejemplo, yo tampoco.

El periodismo, como el cine documental, solo puede desvelar hasta un punto. Es interesante pensar en lo que un medio de transmisión de información se ve obligado a omitir, tanto por convención como por tecnología. En la prosa de Glenn, sobre todo en *The Guardian*, encontrabas una exposición de los hechos focalizada, desprovista de la perseverante pasión que define su personalidad. La prosa de Ewen reflejaba mejor su propio carácter: sincera, graciosa, paciente y justa. Por su parte, Laura, que lo veía todo, pero raras veces la veían a ella, mostraba una cautela omnisciente y un humor sarcástico, mitad maestra del espionaje, mitad maestra del arte.

Conforme las revelaciones se hacían omnipresentes en todos los canales de televisión y sitios web, quedó claro que el Gobierno estadounidense había puesto en marcha toda su maquinaria para identificar a la fuente. También estaba claro que, cuando lo consiguieran, usarían el rostro que encontrasen (el mío) para eludir responsabilidades: en vez de hacer frente a las revelaciones, impugnarían la credibilidad y los motivos del «filtrador». En vista de lo que había en juego, debía adelantarme y tomar la iniciativa antes de que fuese demasiado tarde. Si no explicaba mis acciones y mis intenciones, lo haría el Gobierno en mi nombre, de un modo que alejaría el foco de sus fechorías.

Mi única esperanza de contraatacar era saltar a la palestra primero y desvelar yo mismo mi identidad. Les daría a los medios suficientes detalles personales para satisfacer su creciente curiosidad, dejando claro al mismo tiempo en un comunicado que lo importante no era yo, sino la subversión de la democracia estadounidense. Luego, desaparecería tan rápido como había aparecido. Ese, al menos, era el plan.

Ewen y yo decidimos contar mi trayectoria en la Intelligence Community en un artículo que escribiría él, y Laura sugirió grabar un comunicado en vídeo que se publicase junto con ese texto en *The Guardian*. En el vídeo, yo afirmaría tener la responsabilidad directa y exclusiva como fuente informante de la documentación sobre la vigilancia masiva global. Sin embargo, aunque Laura había estado filmando toda la semana (buena parte de ese metraje aparecería en su crónica documental, *Citizenfour*), sencillamente no teníamos tiempo de que se parase a repasar esas grabaciones en busca de fragmentos en los que se me viese hablar de forma coherente y hacer contacto ocular. En vez de eso, Laura propuso hacer el que sería mi primer comunicado grabado, que empezó a filmar allí mismo en ese momento, y que comienza así: «Eh, me llamo Ed Snowden. Tengo, ah, veintinueve años».

Hola, mundo.

Pese a que ni una sola vez me he arrepentido de descorrer la cortina y revelar mi identidad, sí que pienso que ojalá lo hubiese hecho con una mejor dicción y un mejor plan en mente para lo que vendría a continuación. La verdad es que no tenía ningún plan en absoluto. No me había parado a pensar mucho en la respuesta a la pregunta de qué hacer cuando el juego hubiese acabado, principalmente porque un final victorioso fue siempre demasiado improbable. Lo único que me importaba era que los hechos llegasen al mundo: me imaginaba que al sacar los documentos a la luz pública me estaba poniendo básicamente a merced del público. No tener una estrategia de salida quizá fuese la única estrategia de salida posible, porque cualquier paso que hubiese podido planificar habría multiplicado el riesgo de desautorizar mis revelaciones.

Si hubiese tenido organizada de antemano mi marcha a un país concreto para buscar asilo, por ejemplo, me habrían considerado un agente exterior de ese lugar. Por otro lado, si regresaba a mi país, lo mejor que podía esperarme era que me arrestasen nada más aterrizar y me acusaran en virtud de la Espionage Act. Eso me habría dado derecho a una farsa judicial, privado de todo tipo de defensa significativa, en un teatro en el que estaría prohibido debatir sobre los hechos más importantes.

El principal impedimento para recibir un trato justo era un gran desperfecto presente en la legislación, creado a propósito por el Gobierno. Alguien en mi posición ni siquiera tendría permitido alegar ante un tribunal que las revelaciones hechas a los periodistas beneficiaban a la ciudadanía. Ni siquiera ahora, años después de lo ocurrido, se me permitiría alegar que la información basada en mis revelaciones ha llevado al Congreso a modificar ciertas leyes en materia de vigilancia, o que ha convencido a los tribunales para derogar cierto programa de vigilancia masiva por su ilegalidad, o que ha influido en el fiscal general y en el presidente de Estados Unidos para admitir la importancia fundamental de que la opinión pública debatiese sobre la vigilancia masiva, un debate que en última instancia fortalecería al país. Todas estas afirmaciones se considerarían no solo irrelevantes, sino también inadmisibles en el tipo de procedimiento judicial al que me enfrentaría si volviese a casa. Lo único que mi Gobierno tendría que demostrar ante el tribunal es que desvelé información clasificada a unos periodistas, hecho indiscutible. Por este motivo, cualquiera que diga que debo regresar a Estados Unidos para someterme a juicio está diciendo básicamente que tengo que regresar a Estados Unidos para cumplir una sentencia, y esa sentencia sería, sin duda, cruel, ahora tanto como en su momento. La pena por desvelar documentos secretos, ya sea a espías extranjeros o a periodistas nacionales, es de hasta diez años por documento.

Desde el momento en el que el vídeo que me grabó Laura se publicó en el sitio web de *The Guardian* el 9 de junio, estuve marcado. Tenía una diana en la espalda. Sabía que las instituciones a las que había abochornado no descansarían hasta que no me pusieran una bolsa en la cabeza y grilletes en brazos y piernas. Y hasta entonces (y quizá incluso después de eso) acosarían a mis seres queridos y denigrarían a mi persona, fisgando en todos los aspectos de mi vida y de mi trayectoria profesional, en busca de información (o de oportunidades de desinformación) con la que calumniarme. Estaba bastante familiarizado con el funcionamiento de ese proceso, tanto por haber leído ejemplos clasificados dentro de la Intelligence Community como por haber estudiado los casos de otros denunciantes y confidentes. Conocía las historias de héroes como Daniel Ellsberg y Anthony Russo, y de opositores al secretismo gubernamental más recientes como Thomas Tamm, abogado de la Oficina de Políticas y Análisis de Inteligencia del Ministerio de Justicia que sirvió de fuente para gran parte de la información sobre las escuchas sin orden judicial a mediados de la década de 2000. Estaban asimismo Drake, Binney, Wiebe y Loomis, los sucesores en la era digital de Perry Fellwock, que en 1971 había desvelado en la prensa la existencia de la NSA, una institución entonces no reconocida oficialmente, hecho que provocó que el Comité Church del Senado (antecesor del actual Comité Selecto del Senado para Inteligencia) intentara asegurar que la labor de la agencia se limitaba a recopilar información de inteligencia de señales extranjeras, no nacionales. Y luego estaba la soldado del Ejército estadounidense Chelsea Manning, que por el delito de sacar a la luz crímenes de guerra cometidos por Estados Unidos pasó por un consejo de guerra y fue condenada a treinta y cinco años de cárcel, de los que cumplió siete; solo le conmutaron la pena por el clamor internacional ante el trato que recibió mientras estuvo confinada en aislamiento.

Independientemente de que sufrieran o no penas de cárcel, todas estas personas se enfrentaron a algún tipo de represalias, en su mayoría muy serias y derivadas del abuso mismo que yo había ayudado a sacar a la luz: la vigilancia. Si alguna vez habían expresado su enfado en una comunicación privada es que estaban «insatisfechos». Si alguna vez habían ido a un psiquiatra o psicólogo, o habían consultado libros sobre temas relacionados con esas materias en una biblioteca, eran «mentalmente inestables». Si habían bebido tan solo una vez, decían de ellos que eran alcohólicos. Si habían tenido una aventura extramatrimonial, los llamaban pervertidos sexuales. No pocas de esas personas perdieron sus hogares y acabaron en la bancarrota. Para cualquier institución es más fácil mancillar una reputación que afrontar verdaderamente una disidencia por principios, y para la Intelligence Community es tan sencillo como consultar los archivos, multiplicar las evidencias disponibles y, si no las hay, fabricarlas sin más.

Tan seguro como estaba de la indignación de mi Gobierno, lo estaba del apoyo de mi familia, y de Lindsay, que sin duda entendería (quizá perdonar no, pero entender sí) el contexto de mi reciente comportamiento. Me consolaba recordar el amor que me tenían: me ayudaba a enfrentarme al hecho de que no me quedaba nada más que hacer, de que no había más planes sobre la mesa. Solo podía ampliar esa fe en mi familia y en Lindsay hasta una creencia, idealista quizá, en mis conciudadanos, hasta una esperanza en que, cuando se hicieran conscientes del alcance total de la vigilancia masiva estadounidense, se movilizarían y clamarían justicia. Se sentirían con poder para buscar esa justicia por su cuenta y, en ese proceso, se decidiría mi destino. En cierto modo, era el salto de fe definitivo para mí: no podía confiar en casi nadie, así que tenía que confiar en todo el mundo.

A las pocas horas de que saliese mi vídeo en *The Guardian*, uno de los lectores frecuentes de Glenn en Hong

Kong habló con él y le propuso ponerme en contacto con Robert Tibbo y Jonathan Man, dos abogados locales que se ofrecieron voluntarios para llevar mi caso. Fueron esos hombres los que me ayudaron a salir del Mira cuando la prensa por fin me localizó y sitió el hotel. Como maniobra de distracción, Glenn salió por la puerta del vestíbulo principal, donde de inmediato lo rodeó una multitud de cámaras y micros. Mientras, a mí me sacaron como un fardo por una de las otras miles de salidas del Mira, que se conectaba con un centro comercial por un pasadizo elevado.

Robert me cae bien: haber sido su cliente supone ser su amigo de por vida. Es un idealista y un cruzado, un campeón incansable de las causas perdidas. Sin embargo, incluso más impresionante que su práctica de la abogacía era su creatividad para encontrar casas seguras. Mientras los periodistas rastreaban todos los hoteles de cinco estrellas de Hong Kong, Tibbo me llevó a uno de los barrios más pobres de la ciudad y me presentó a algunos de sus otros clientes, unos pocos de los casi doce mil refugiados olvidados que había en Hong Kong; por presión de China, la ciudad ha conservado un deprimente 1 por ciento de índice de aprobación del estatus de residencia permanente. En situaciones normales, no los habría nombrado, pero en vista de que ellos mismos han sido tan valientes como para identificarse ante la prensa, lo haré: Vanessa Mae Bondalian Rodel, de Filipinas, y Ajith Pushpakumara, Supun Thilina Kellapatha y Nadeeka Dilrukshi Nonis, todos de Sri Lanka.

Estas personas, en todo momento amables y generosas, nunca fallaron en su bondadosa gentileza. La solidaridad que me demostraron no era política. Era una solidaridad humana, y estaré en deuda con ellas para siempre. No les importó quién fuese yo, o a qué peligros podrían enfrentarse por ayudarme, solo les importaba que había una persona pasando por un momento difícil. Sabían muy bien lo que significaba verse obligado a escapar a la desesperada de una amenaza mortal, tras haber sobrevivido a experiencias terribles que superaban con creces cualquier cosa a la que me hubiese enfrentado o a la que (espero) vaya a enfrentarme nunca: tortura militar, violación y abuso sexual. Dejaron entrar en sus casas a un desconocido agotado, y cuando vieron mi cara en la televisión, no vacilaron. Por el contrario, sonrieron y aprovecharon la oportunidad para asegurarme que contaba con su hospitalidad.

Pese a sus recursos limitados (Supun, Nadeeka, Vanessa y dos niñas pequeñas vivían en un apartamento en ruinas y estrecho, más pequeño que mi habitación del Mira), compartieron todo lo que tenían conmigo, y lo hicieron sin escatimar esfuerzos, rechazando mis ofrecimientos de reembolsarles el gasto por acogerme de un modo tan tajante que tuve que esconder el dinero por el piso para conseguir que se lo quedaran. Me daban comida, espacio para bañarme, sitio para dormir y me protegían. Nunca seré capaz de explicar lo que significó recibir tanto de quienes tenían tan poco, verme aceptado por ellos sin juicio ninguno mientras me acoplaba por los rincones como un gato callejero, echando mano del wifi de hoteles lejanos con una antena especial que hacía las delicias de los chiquillos.

Su acogida y su amistad fue un regalo, aunque la sola existencia de gente así en el mundo es ya un regalo, por eso me duele que, tantos años después, los casos de Ajith, Supun, Nadeeka y la hija de esta última sigan pendientes de resolución. La admiración que siento por estas personas solo es comparable al resentimiento que albergo hacia los burócratas de Hong Kong, que siguen negándoles la dignidad básica del asilo. Si a personas tan decentes y abnegadas en su esencia como estas no se las considera dignas de la protección del Estado es porque el Estado es indigno en sí mismo. En cualquier caso, lo que me da un poco de esperanza es que, mientras este libro iba camino de la imprenta, Vanessa y su hija recibían asilo en Canadá. Estoy ansioso de que llegue el día en el que pueda visitar a todos mis viejos amigos de Hong Kong en sus nuevos hogares, estén donde estén, y podamos crear recuerdos más felices juntos, en libertad.

El 14 de junio, el Gobierno estadounidense presentó cargos contra mí en virtud de la Espionage Act mediante una demanda sellada, y el 21 de junio solicitó formalmente mi extradición. Sabía que era el momento de irse. Era, además, el día que cumplía treinta años.

En cuanto el Departamento de Estado de mi país envió su petición, mis abogados recibieron una respuesta del Alto Comisionado de la ONU para los Refugiados a mi petición de ayuda: no había nada que hacer en mi caso. El Gobierno de Hong Kong, bajo presión de China o sin ella, se oponía a cualquier medida de la ONU para facilitarme protección internacional en su territorio, y aseguraba asimismo que primero tendría que revisar las reclamaciones de ciudadanía de mi país. En otras palabras, Hong Kong me estaba diciendo que me fuese a casa y hablase con la ONU desde la cárcel. No es que me dejaran solo, es que no era bienvenido. Si quería salir de allí libremente, tenía que hacerlo de inmediato. Limpié por completo mis cuatro portátiles y destruí la clave criptográfica, lo que significaba que ya no podría acceder nunca más a ninguno de los documentos, aunque me obligasen a ello. Luego, hice un equipaje con la poca ropa que tenía y me fui. El «puerto perfumado» no era nada seguro.

27

MOSCÚ

Para ser un país costero en el borde noroeste de América del Sur, separado de Hong Kong por medio globo terráqueo, Ecuador está en mitad de todo. No por nada su nombre oficial es la República «del» Ecuador. La mayoría de mis compañeros norteamericanos diría acertadamente que es un país pequeño, y algunos quizá incluso saben lo suficiente para afirmar que tiene detrás una historia de opresión. Sin embargo, serían unos ignorantes si pensaran que es un páramo. Cuando Rafael Correa se convirtió en presidente en 2007, como parte de una marea de líderes calificados de socialistas y demócratas que barrieron en las elecciones celebradas entre finales de la década de 1990 y principios de la de 2000 en Bolivia, Argentina, Brasil, Paraguay y Venezuela, puso en marcha un aluvión de políticas orientadas a enfrentar y a frenar los efectos del imperialismo estadounidense en la región. Una de esas medidas, que reflejaba la trayectoria previa del presidente Correa como economista, fue anunciar que Ecuador iba a considerar ilegítima su deuda nacional; técnicamente, la iban a calificar como «deuda odiosa», es decir, una deuda nacional contraída por un régimen déspota o mediante políticas comerciales imperialistas déspotas. El pago de una deuda odiosa no es ejecutable. Con este anuncio, Correa liberaba a su pueblo de décadas de servidumbre económica, aunque se granjeó no pocos enemigos entre la clase de financieros que dirigen buena parte de la política exterior de Estados Unidos.

Ecuador, al menos en 2013, mostraba una sólida convicción en la institución del asilo político ganada a base de bien. Como ejemplo más famoso de ello, la Embajada ecuatoriana en Londres se había convertido bajo la presidencia de Correa en el refugio seguro y último reducto de Julian Assange, de WikiLeaks. Yo no tenía ningunas ganas de vivir en una embajada, quizá porque ya había trabajado en una. Aun así, mis abogados de Hong Kong coincidían en que, dadas las circunstancias, Ecuador parecía ser el país con más probabilidades de defender mi derecho al asilo político y menos de dejarse intimidar por la ira de la potencia hegemónica que dominaba su hemisferio. Mi equipo de abogados, periodistas, tecnólogos y activistas, creciente pero configurado a medida, coincidía en lo mismo. Mi esperanza era llegar al mismo Ecuador.

Dado que mi Gobierno había decidido presentar los cargos en virtud de la Espionage Act, la acusación era por un delito político, es decir, un delito cuya víctima es el propio Estado, no una persona. De acuerdo con la legislación internacional en materia humanitaria, ese tipo de acusados están exentos por lo general de la extradición, porque la acusación de delito político suele ser con mayor frecuencia un intento autoritario de reprimir una disidencia legítima. En teoría, eso significa que los denunciantes de un Gobierno deberían estar protegidos frente a la extradición casi en todas partes. En la práctica, por supuesto, raras veces ocurre tal cosa, sobre todo cuando el Gobierno que se percibe como agraviado es el de Estados Unidos, que afirma fomentar la democracia en el extranjero, pero en secreto mantiene flotas de aeronaves de contratación privada dedicadas a esa forma de extradición ilegal conocida como «rendición» o, como la llama el resto del mundo, «secuestro».

Mi equipo de apoyo había entrado en contacto con funcionarios de todas partes, desde Islandia hasta India, para preguntarles si respetarían la prohibición de extradición de las personas acusadas de delitos políticos y se comprometían a no intervenir en mi posible viaje. Pronto fue evidente que incluso las democracias más avanzadas tenían miedo a desatar la ira del Gobierno de Estados Unidos. Todos esos funcionarios estaban encantados de expresar en privado sus simpatías, pero se mostraban reacios a ofrecer garantías, incluso de manera extraoficial. El denominador común del consejo que se filtraba hasta mí era que solo aterrizara en países que no tuviesen acuerdos de extradición, y que evitase las rutas que pasaran por el espacio aéreo de cualquier país con historial de cooperación o deferencia con el Ejército estadounidense. Un funcionario, creo que de Francia, sugirió que mis posibilidades de trasladarme sin problemas aumentarían considerablemente si conseguía un *laissez-passer*, un pasaporte solo de ida reconocido por la ONU que suele emitirse para garantizar el paso seguro de los refugiados que tienen que cruzar alguna frontera, aunque era más fácil hablar de su obtención que conseguirla.

En este momento, entra en escena Sarah Harrison, periodista y editora de WikiLeaks. En cuanto saltó la noticia de que un estadounidense había desenmascarado un sistema global de vigilancia masiva, Sarah voló de inmediato a Hong Kong. Por su experiencia con el sitio web y, sobre todo, con la suerte corrida por Assange, estaba en posición de ofrecerme los mejores consejos del mundo en materia de asilo. Tampoco venía mal que tuviese vínculos familiares con la comunidad jurídica de Hong Kong.

Durante mucho tiempo, la gente ha atribuido al egoísmo el deseo de Assange de prestarme su ayuda, pero yo creo que tenía un genuino interés en una cosa ante todo: ayudarme a evitar que me capturasen; que hacer eso implicase importunar al Gobierno estadounidense solo era un extra para él, un beneficio adicional, no el objetivo principal. Es cierto que Assange puede ser egoísta y vanidoso, temperamental e incluso intimidatorio (tras un fuerte desencuentro solo un mes después de nuestra primera conversación —que fue por escrito—, nunca he vuelto a comunicarme con él), pero también se concibe a sí mismo, con total sinceridad, como un luchador en una batalla histórica por el derecho de la ciudadanía a saber, una batalla que hará todo lo posible por ganar. Por este motivo, diría que es demasiado reduccionista interpretar su ayuda como un simple ejemplo de maquinación o autopromoción. Creo que para Assange era más importante tener la oportunidad de poder ofrecer un contraejemplo para el caso de la fuente informante más famosa de la organización, la soldado del Ejército estadounidense Chelsea Manning, cuya sentencia a treinta y cinco años de prisión no tenía precedentes en la historia y fue un monstruoso elemento de disuasión para los denunciantes de todo el mundo. Para Assange yo nunca fui, ni seré, un informante como tal, y sin embargo mi situación le daba la oportunidad de enmendar un error. Assange no podía haber hecho absolutamente nada para salvar a Manning, pero, a través de Sarah, parecía decidido a hacer todo lo que pudiese para salvarme a mí.

Dicho esto, al principio tuve mis recelos con respecto a la implicación de Sarah, pero Laura me aseguró que era una persona seria, competente y, lo más crucial, independiente: una de las pocas de WikiLeaks que se atrevía a disentir abiertamente de Assange. A pesar de mis reservas, me encontraba en una situación difícil, y como escribió Hemingway, la manera de hacer que la gente sea fiable es confiar en la gente.

Laura me informó de la presencia de Sarah en Hong Kong solo un par de días antes de que ella misma se pusiera en contacto conmigo a través de un canal encriptado, y eso ocurrió solo un par de días antes de que la conociese en persona. Si de algún modo me muestro un poco perdido aquí con las fechas, pido disculpas, pero el ritmo frenético de un día se diluía en el del siguiente. Aparentemente, Sarah había sido un torbellino desde su aterrizaje en Hong Kong. Pese a no ser abogada, tenía muchísima experiencia en cuanto a lo que denominaré matices interpersonales o infraoficiales para evitar la extradición. Se reunió con abogados de Hong Kong defensores de los derechos humanos para conocer opiniones independientes, y me impresionaron muchísimo tanto su ritmo como su cautela. Los vínculos de Sarah a través de WikiLeaks y la extraordinaria valentía del cónsul ecuatoriano en Londres, Fidel Narváez, dieron como resultado un *laissez-passer* a mi nombre. Ese *laissez-passer*, que se suponía que me llevaría a Ecuador, lo había emitido el cónsul con carácter de emergencia, dado que no teníamos tiempo para que su Gobierno lo aprobase formalmente. En cuanto estuvo listo, Sarah alquiló una furgoneta que nos llevase al aeropuerto.

Así fue como la conocí: en marcha. Me gustaría decir que comencé nuestra relación dándole las gracias, pero en vez de eso, lo primero que le dije fue: «¿Hace cuánto que no duermes?». Sarah tenía la misma pinta de hecha polvo y desaliñada que yo. Se quedó mirando por la ventanilla, como tratando de recordar la respuesta, y entonces se limitó a negar con la cabeza: «No lo sé».

Los dos estábamos incubando un resfriado y nuestra prudente conversación se fue interrumpiendo con estornudos y toses. Según me contó ella misma, su motivación para ayudarme nacía por lealtad a su conciencia, más que por las exigencias ideológicas de su jefe. Desde luego, las opiniones políticas de Sarah parecían ajustarse menos a la oposición visceral que Assange mostraba al poder central que a su propia convicción personal de que un porcentaje demasiado alto de lo que se consideraba periodismo contemporáneo estaba al servicio de intereses gubernamentales, en vez de cuestionarlos. Mientras íbamos a toda velocidad hacia el aeropuerto, mientras facturábamos y pasábamos por el control de pasaportes del primer vuelo de los tres que debían haber sido, estuve esperando todo el tiempo que Sarah me pidiese algo, cualquier cosa, aunque solo fuese una declaración en favor de Assange o de la organización. Pero no lo hizo en ningún momento, aunque sí compartió alegremente conmigo su opinión de que me creía un imbécil por confiar en que los conglomerados mediáticos vigilasen limpiamente la puerta que separaba al público de la verdad. Por ese momento de absoluta franqueza, y por muchos otros, siempre admiraré la sinceridad de Sarah.

Íbamos a viajar a Quito (Ecuador), haciendo escala en Moscú, La Habana y Caracas, por una razón muy simple: esa era la única ruta segura posible. No había vuelos directos a Quito desde Hong Kong y el resto de los vuelos con enlace pasaban por espacio aéreo estadounidense. Aunque me preocupaba la escala tan prolongada en Rusia (teníamos casi 20 horas antes de que saliera el vuelo a La Habana), mi principal temor era en realidad el siguiente tramo del trayecto, porque viajar de Rusia a Cuba suponía pasar por espacio aéreo de la OTAN. No me hacía demasiada gracia sobrevolar un país como Polonia, que durante toda mi vida ha hecho lo posible por agradar al Gobierno estadounidense, incluso albergar centros clandestinos de la CIA en los que mis antiguos colegas de la Intelligence Community sometían a los prisioneros a «técnicas de interrogatorio mejoradas», otro eufemismo de la era Bush para «torturas».

Me había embutido la gorra hasta los ojos para evitar que me reconociesen y Sarah se ocupaba de ver por mí. Me llevaba del brazo y me guio hasta la puerta de embarque, donde esperamos hasta subir al avión. Aquel era el último momento que Sarah tenía para echarse atrás, y así se lo dije.

—No tienes que hacer esto.

—¿Hacer el qué?

—Protegerme así.

Sarah se puso rígida.

—Vamos a dejar una cosa muy clara —me respondió mientras embarcábamos—. Yo no te estoy protegiendo. Nadie puede protegerte. Yo estoy aquí para complicarle las cosas a quien quiera intervenir. Para asegurarme de que todo el mundo se comporta lo mejor posible.

—Así que eres mi testigo...

Me dedicó una medio sonrisa irónica.

—Alguien tendrá que ser la última persona que te vea con vida. Por qué no iba a ser yo.

Pese a que los tres puntos en los que veía más probabilidades de que nos detuviesen habían quedado atrás (facturación, control de pasaportes y puerta de embarque), no me sentía seguro en el avión. No quería caer en la autocomplacencia. Me senté junto a la ventanilla y Sarah se puso a mi lado, para hacerme de pantalla frente al resto de pasajeros de la fila. Después de lo que me pareció una eternidad, se cerraron las puertas de la cabina, el *finger* se separó del avión y al fin empezamos a movernos. Sin embargo, justo antes de que el aparato pasara de la pista de rodaje a la de despegue, se detuvo en seco. Me puse nervioso. Con la visera de la gorra pegada al cristal, me esforcé por captar el sonido de unas sirenas o el resplandor de unas luces azules. Era como estar jugando de nuevo a esperar, y la espera no acababa. Hasta que, de repente, el avión se puso de nuevo en marcha, giró y me di cuenta de que estábamos justo al fondo de la pista, en la línea de despegue.

Mi nerviosismo se replegó con las ruedas del avión, aunque costaba creer que me hubiese librado de la quema. Una vez que estuvimos en el aire, dejé de apretarme los muslos y sentí la urgente necesidad de sacar de la bolsa mi cubo de Rubik de la suerte. Pero sabía que no podía, porque nada llamaría más la atención sobre mí que eso. En su lugar, me recosté, volví a bajarme la gorra y mantuve los ojos entrecerrados fijos en el mapa de la pantallita que tenía delante de mí, siguiendo la ruta pixelada que atravesaba China, Mongolia y Rusia, tres países especialmente poco dispuestos a hacerle favores al Departamento de Estado de Estados Unidos. No obstante, no había manera de predecir lo que haría el Gobierno ruso cuando aterrizásemos, más allá de someternos a una inspección para registrar mis portátiles limpios y mi bolsa vacía. Mi esperanza de ahorrarnos un trato más invasivo era que el mundo entero estaba mirando, y mis abogados y los abogados de WikiLeaks conocían nuestro itinerario.

Hasta que no entramos en el espacio aéreo chino no me di cuenta de que no iba a ser capaz de descansar nada si no le preguntaba explícitamente una cosa a Sarah: «¿Por qué me estás ayudando?».

Templó la voz, como intentando aplacar un arrebato, y me dijo que quería que lo mío saliera mejor. Nunca me aclaró mejor que qué o que a quién, y no pude más que tomarme su respuesta como una señal de su discreción y respeto.

Me quedé tranquilo, al menos lo bastante para por fin dormir algo.

Aterrizamos en el Sheremétievo el 23 de junio para lo que suponíamos que iba a ser una escala de 20 horas. Ese intervalo de tiempo se ha alargado ya más de seis años. El exilio es una escala eterna.

En la Intelligence Community, y en la CIA en concreto, recibes un montón de formación para no meterte en problemas en aduanas. Tienes que pensar en cómo vas vestido, en cómo estás actuando. Tienes que pensar en las cosas que llevas en la bolsa y en los bolsillos, y en lo que están diciendo de ti. Tu objetivo es ser la persona más aburrida de la cola con la cara más olvidable del mundo. Aunque, en realidad, nada de eso importa cuando el nombre de tu pasaporte está en todas las noticias.

Le di mi librito azul al tío con pinta de oso que había en la cabina de control de pasaportes, que lo escaneó y repasó las páginas. Sarah estaba firme detrás de mí. Me aseguré de tomar nota del tiempo que tardaba la gente que teníamos delante en pasar el control, y nuestro turno estaba durando demasiado. Entonces, el tío cogió el teléfono, gruñó unas palabras en ruso y casi de inmediato (demasiado rápido) se acercaron dos agentes de seguridad vestidos de traje. Estaban esperando, seguro. El agente que iba primero le cogió mi librito azul al tío de la cabina y se inclinó hacia mí.

—Hay problema con pasaporte. Venga, por favor —me dijo.

De inmediato, Sarah se colocó a mi lado y empezó a soltar una ráfaga veloz de palabrería en inglés:

—Soy su asesora jurídica. Donde vaya él, voy yo. Te acompaño. Según el...

Pero antes de que Sarah tuviese tiempo de citar los pactos pertinentes de la ONU y los convenios de Ginebra, el agente levantó la mano y miró la cola.

—Vale, sí, OK. Usted viene.

No sé si el agente había entendido siquiera lo que Sarah había dicho. Estaba claro que no quería montar una escenita.

Los dos agentes de seguridad nos llevaron rápidamente hacia lo que di por hecho que sería una sala especial de inspección secundaria, pero en vez de eso resultó ser una de las sofisticadas salas VIP del Sheremétievo: algo así como una zona reservada a la clase ejecutiva o primera clase, con unos cuantos pasajeros echados en sus asientos de lujo, ajenos a todo. A Sarah y a mí nos condujeron algo más allá, por un pasillo, hasta una especie de sala de reuniones repleta de tipos vestidos de gris sentados en torno a una mesa. Eran seis o siete, con cortes de pelo militares. Uno de ellos estaba sentado aparte, con un boli en la mano. Supuse que sería un anotador, como un secretario, y delante de él tenía una carpeta con un bloc de notas dentro. En la tapa de la carpeta había una insignia monocromática que entendí bien incluso sin saber ruso: era una espada y un escudo, el símbolo del principal servicio de inteligencia ruso, el FSB (Servicio Federal de Seguridad, por sus siglas en ruso). Al igual que el FBI en Estados Unidos, el FSB no existe solo para espiar e investigar, sino también para hacer detenciones.

En el centro de la mesa había sentado un hombre mayor con un traje más elegante que el resto, y un pelo blanco que brillaba como un halo de autoridad. Nos hizo un gesto a Sarah y a mí para que nos sentáramos frente a él, con un autoritario barrido de la mano y una sonrisa que lo señalaban como un agente de caso veterano, o lo que sea que equivalga a un CO entre los rusos. Los servicios de inteligencia del mundo entero están llenos de figuras como él: actores especializados que probarán a usar diferentes emociones hasta conseguir la respuesta que buscan.

El hombre mayor se aclaró la garganta y me soltó, en un inglés muy decente, lo que la CIA llama una charla de «venta en frío», que es básicamente una oferta planteada por un servicio de inteligencia extranjero que se resume en un «vente a trabajar para nosotros». A cambio de cooperación, el servicio extranjero te tienta con favores de todo tipo, que pueden ser montones de dinero en efectivo o una «tarjeta» para librarte de la cárcel por casi cualquier delito, desde el fraude hasta el asesinato. El truco, claro, está en que el servicio extranjero siempre espera canjear ese favor por algo de igual o mayor valor. Sin embargo, esa transacción transparente y nada ambigua nunca sale tal y como empieza. Si te paras a pensarlo, es gracioso que la llamen «venta en frío», porque la persona que habla siempre comienza con un tono cálido, con sonrisas, frivolidad y palabras de comprensión.

Sabía que tenía que interrumpir a aquel hombre. Si no interrumpes de inmediato a un agente de inteligencia extranjero, quizá no importe que al final rechaces la oferta, porque podrán destruir tu reputación con solo filtrar una grabación en la que aparezcas pensándotelo. Así, mientras él se disculpaba por los inconvenientes causados, yo pensé en los dispositivos ocultos que nos estaban grabando e intenté elegir mis palabras con sumo cuidado.

—Discúlpeme, pero me doy cuenta de quién es usted, y sé lo que es todo esto —dije—. Por favor, permítame dejar claro que no tengo ninguna intención de cooperar con ustedes. No voy a colaborar con ningún servicio de inteligencia. No pretendo ser irrespetuoso, pero esta no va a ser una de esas reuniones. Si quieren registrar mi bolsa, aquí mismo está. —Y señalé debajo de la silla—. Pero les prometo que no encontrarán nada que les pueda servir.

Mientras hablaba, al hombre le cambió la cara. Pasó entonces a hacerse el ofendido.

—No, no, nunca haríamos algo así. Créame cuando le digo que solo queremos ayudarle.

Sarah se aclaró la garganta y saltó:

—Es muy amable por su parte, aunque espero que entienda que lo único que queremos nosotros es coger nuestro vuelo de enlace.

Durante un instante brevísimo, la pena fingida del hombre se convirtió en irritación.

—¿Es usted su abogada?

—Soy su asesora jurídica —respondió Sarah.

—¿Así que no ha venido usted a Rusia para quedarse aquí? —me preguntó el hombre.

—No.

—¿Y me permite preguntarle dónde pretende ir? ¿Cuál es su destino final?

—Quito, Ecuador, con transbordo en La Habana y Caracas —le dije, pese a que sabía que él ya conocía la respuesta.

Sin duda, aquel hombre tenía una copia de nuestro itinerario, dado que Sarah y yo habíamos viajado desde Hong Kong con Aeroflot, la principal aerolínea rusa.

Hasta ese momento, el hombre y yo habíamos estado siguiendo el mismo guion de inteligencia, pero en aquel punto la conversación viró.

—¿Es que no se ha enterado? —siguió él. Entonces, se levantó y me miró como si me estuviese notificando la muerte de algún familiar—. Siento informarle de que su pasaporte no es válido.

Me quedé tan sorprendido que no pude más que tartamudear.

—Perdón, pero n-n-no me lo creo.

El hombre se inclinó sobre la mesa y añadió:

—Pues es cierto, sí. Créame. Ha sido decisión de su secretario de Estado, John Kerry. Su Gobierno le ha cancelado el pasaporte y los servicios aéreos han dado orden de que no se le permita viajar.

Estaba seguro de que era un truco, pero no sabía bien con qué finalidad.

—Denos un minuto —le dije.

Antes de que me diese tiempo a preguntar, Sarah ya había sacado el portátil de su bolsa y estaba conectándose al wifi del aeropuerto.

—Claro, querrán comprobarlo, por supuesto —respondió el hombre.

Se dirigió a sus colegas y se puso a charlar con ellos afablemente en ruso, como si tuviese todo el tiempo del mundo.

La información aparecía en todos los sitios web que Sarah consultó. Después de que saltara la noticia de que me había marchado de Hong Kong, el Departamento de Estado de mi país había anunciado que me cancelaba el pasaporte. Había revocado mi documento de viaje mientras estaba en pleno vuelo.

No me lo podía creer: mi propio Gobierno me había dejado atrapado en Rusia. Quizá el Departamento de Estado adoptó esa medida únicamente como resultado normal de un procedimiento burocrático; cuando intentas atrapar a un fugitivo, uno de los trámites operativos estándar consiste en activar una alerta de Interpol y cancelarle el pasaporte. Sin embargo, en el cómputo final, era una medida contraproducente: le estaba entregando en bandeja a Rusia una enorme victoria propagandística.

—Es verdad —dijo Sarah negando con la cabeza.

—Bueno, ¿y qué va a hacer entonces? —preguntó el hombre.

Se acercó a nuestro lado de la mesa y, antes de darme tiempo a sacar el salvoconducto ecuatoriano del bolsillo, Sarah intervino:

—Lo siento mucho, pero voy a tener que aconsejarle al señor Snowden que no responda a más preguntas.

El hombre me señaló y me dijo:

—Venga un momento.

Hizo un gesto para que lo siguiera hasta el fondo de la sala de reuniones, donde había una ventana. Fui hasta allí, me situé a su lado y miré por la ventana. Unas tres o cuatro plantas más abajo me encontré el nivel de la calle y la aglomeración de medios más grande que hubiese visto nunca: montones de periodistas blandiendo cámaras y micros.

Era un espectáculo impresionante, quizá orquestado por el FSB, quizá no, aunque muy probablemente mitad y mitad. En Rusia, casi todo es mitad y mitad. Al menos entonces entendí por qué nos habían llevado a Sarah y a mí a aquella sala.

Regresé a mi silla, pero no me senté.

Desde la ventana, el hombre se giró para mirarme de frente y me dijo:

—La vida puede ser muy complicada para una persona en su situación, sin amigos que le ayuden.

Dejó las palabras suspendidas.

Y aquí viene, pensé. La petición directa.

—Si hay alguna información, algún pequeño detalle quizá, que pueda compartir con nosotros... —añadió.

—Nos las apañaremos bien solos —respondí.

Sarah se puso en pie a mi lado.

El hombre suspiró. Pasó a murmurar algo en ruso y sus camaradas se levantaron y salieron.

—Espero que no se arrepienta de su decisión —me dijo.

A continuación, hizo una ligera reverencia y se marchó él también, mientras un par de agentes de la autoridad aeroportuaria entraban en la sala.

Exigí que me permitiesen ir a la puerta de embarque del vuelo a La Habana, pero no me hicieron caso. Al final, eché mano del bolsillo y blandí el salvoconducto ecuatoriano, aunque tampoco le hicieron caso a eso.

En resumen, estuvimos atrapados en el aeropuerto durante unos bíblicos cuarenta días y cuarenta noches. Durante el transcurso de ese tiempo, solicité asilo político a un total de veintisiete países. Ni uno solo de ellos estaba dispuesto a hacer frente a la presión estadounidense; algunos países se negaron directamente, mientras que otros se declararon incapaces de entrar a considerar mi petición hasta que no estuviese en su territorio, hazaña imposible de conseguir. En última instancia, el único jefe de Estado que demostró solidarizarse con mi causa fue Burger King, que nunca me negó un Whopper (sin tomate ni cebolla).

Mi presencia en el aeropuerto no tardó en convertirse en un espectáculo mundial, que al final terminó por importunar a los rusos. El 1 de julio, el presidente de Bolivia, Evo Morales, salió de otro aeropuerto de Moscú, el Vnúkovo, en su avión oficial boliviano tras haber asistido a la reunión anual del FPEG, o Foro de Países Exportadores de Gas. El Gobierno estadounidense sospechaba que yo viajaba a bordo de ese avión, por la solidaridad que el presidente Morales había expresado hacia mí, así que presionó a los Gobiernos de Italia, Francia, España y Portugal para que negasen el acceso del aparato a su espacio aéreo. Logró desviarlo a Viena (Austria). Allí, el avión aterrizó, lo registraron y solo se le permitió continuar el viaje una vez que no encontraron ni rastro de mi persona. Aquello fue una alarmante violación de la soberanía nacional, que provocó la censura de la ONU. El incidente fue una afrenta para Rusia, que no había podido garantizar a un jefe de Estado su regreso seguro a casa tras visitar el país. Asimismo, sirvió para confirmarnos a Rusia y a mí que cualquier vuelo que Estados Unidos considerase sospechoso de llevarme como polizón correría el mismo riesgo de que lo desviasen y lo hicieran aterrizar.

Seguramente, el Gobierno ruso decidió que estaría mejor si la nube de medios de comunicación y yo dejábamos de obstruir el principal aeropuerto del país. El 1 de agosto me garantizó asilo temporal. A Sarah y a mí nos permitieron salir del Sheremétievo, aunque al final solo uno de nosotros se marcharía a casa. El tiempo que pasamos juntos sirvió para unirnos como amigos de por vida. Siempre le estaré agradecido por las semanas que estuvo conmigo, por su integridad y su fortaleza.

28

DE LOS DIARIOS DE LINDSAY MILLS

Por muy lejos de casa que estuviese, Lindsay seguía consumiendo mis pensamientos. He recelado de contar su historia, la historia de lo que le ocurrió cuando yo ya no estaba: los interrogatorios del FBI, la vigilancia, la atención mediática, el acoso por internet, la confusión, el dolor, la ira, la tristeza. Al final, me di cuenta de que Lindsay era la única persona que debía relatar ese periodo. Nadie más tiene la experiencia para poder hacerlo, y por encima de todo, nadie más tiene el derecho a hacerlo. Por suerte, Lindsay ha estado llevando un diario desde su adolescencia. Lo usa para guardar un registro de su vida y para hacer bocetos de su arte, y ha tenido la gentileza de permitirme incluir unas pocas páginas de ese diario aquí. En las entradas que siguen a continuación, se han modificado todos los nombres (salvo los de la familia), se han corregido algunas erratas y se han editado varias cosas. Por lo demás, así se sucedieron las cosas desde que me marché de Hawái.

22.5.2013

Me pasé por un K-Mart a comprar un lei. Estoy intentando acoger a Wendy con espíritu aloha, como debe ser, pero

411

ando jodida. Ed llevaba semanas planeando la visita de su madre. Él es quien la ha invitado. Cuando me desperté esta mañana, esperaba que estuviese ya aquí. Al volver a Waipahu desde el aeropuerto, he visto a Wendy preocupada. No está acostumbrada a que Ed se tenga que largar de la noche a la mañana. He intentado decirle que era normal, aunque era normal cuando vivíamos en el extranjero, no en Hawái, y tampoco recuerdo otras veces que Ed se haya ido y no hayamos estado en contacto. Nos fuimos a un sitio bonito a cenar para distraernos y Wendy me dijo que creía que Ed estaba de baja médica. No entendía cómo lo habían llamado del trabajo estando de baja. En cuanto llegamos a casa, Wendy se fue a la cama. Yo miré el teléfono y había tres llamadas perdidas de un número desconocido, y una de un número extranjero largo, pero ni un mensaje de voz. Metí el número largo en Google. Ed tiene que estar en Hong Kong.

24.5.2013

Wendy se ha pasado todo el día en casa sola, dándole vueltas en la cabeza a lo mismo. Me siento mal por ella y solo me consuela pensar en cómo se las apañaría Ed si tuviese que entretener a mi madre él solo. En la cena, Wendy no ha dejado de preguntarme por la salud de Ed. Supongo que es comprensible, en vista del historial de epilepsia que tiene ella. Me ha dicho que estaba preocupada por si Ed había sufrido otro ataque, y entonces se ha echado a llorar, y luego me he puesto a llorar yo. Me doy cuenta ahora de que también estoy preocupada. Aunque no por la epilepsia, lo que pienso es que a lo mejor se ha ido porque tiene una aventura. Pero ¿con quién? Bueno, voy a intentar pasármelo bien durante esta visita. Iremos en avioneta a la Isla Grande. Al Kilauea, el volcán, como habíamos planeado. Cuando Wendy se vaya, me pondré a pensar otra vez.

3.6.2013

Llevé a Wendy al aeropuerto, de vuelta a Maryland. No quería irse, pero tiene que trabajar. Llegué con ella hasta donde pude y la abracé. No quería soltarla. Luego se puso en la cola del control de seguridad. Volví a casa y vi que el estado de Ed en Skype había cambiado a: «Lo siento, tenía que hacerlo». No sé cuándo lo ha cambiado. A lo mejor ha sido hoy o el mes pasado. Acabo de mirar el Skype y me he dado cuenta por casualidad, y estoy lo bastante loca para pensar que me está mandando un mensaje.

7.6.2013

Me despertó una llamada de la agente especial de la NSA Megan Smith que no cogí. Me pedía que la llamase para hablar de Ed. Sigo mala con fiebre. Tuve que dejar el coche en el taller de chapa y pintura, así que Tod me acercó a casa en la Ducati. Cuando paramos en la calle vi un vehículo blanco del Gobierno en el acceso a nuestra casa y a unos agentes hablando con nuestros vecinos. Ni siquiera conozco a los vecinos. No sé por qué, pero mi primer instinto fue decirle a Tod que siguiera conduciendo. Agaché la cabeza y fingí buscar algo en el bolso. Nos fuimos al Starbucks, donde Tod me enseñó un periódico, una noticia sobre la NSA. Intenté leer los titulares, pero me puse paranoica del todo. ¿Por eso estaba el todoterreno en la puerta de mi casa? ¿Estaba ese mismo todoterreno en el aparcamiento del Starbucks? ¿Debería escribir estas cosas? Volví a casa y ya no había rastro del todoterreno. Me tomé unas pastillas y me di cuenta de que no había comido. En mitad del almuerzo, aparecieron unos polis en la ventana de la cocina. Los oía al otro lado de la ventana decir por radio que había alguien en la vivienda. Con alguien se referían a mí. Abrí la puerta de la casa y había dos agentes y un policía del HPD*. Eran terroríficos. El policía del HPD se puso a buscar por toda la casa mientras la agente Smith me preguntaba por Ed, que tenía que haber vuelto al trabajo el 31 de mayo. El policía del HPD dijo que era sospechoso cuando denunciaban la desaparición de alguien desde su trabajo antes de que lo hicieran la esposa o la novia. Me miraba como si yo hubiese matado a Ed. Buscó el cadáver por toda la casa. La agente Smith me preguntó si podía ver los ordenadores que había en la casa y me puse como una fiera. Le dije que lo que podía hacer era conseguir una orden. Se fueron de la casa, pero han acampado en la esquina de la calle.

San Diego, 8.6.2013

Tenía un poco de miedo de que la autoridad aeroportuaria no me dejase salir de la isla. Las teles del aeropuerto estaban todas con la noticia de la NSA. Ya a bordo del avión, le mandé un *email* a la agente Smith y al detective de personas desaparecidas del HPD para decirles que a mi abuela la iban a operar a corazón abierto, así que tenía que estar fuera de la isla unas semanas. La cirugía no está programada hasta finales de mes y es en Florida, no en San Diego, pero es la única excusa que se me ha ocurrido para ir a la penín-

---

* Hawaii Police Department.

sula. Era preferible a decir que necesitaba estar con mi mejor amiga, Sandra, que además es su cumpleaños. Cuando las ruedas del avión se despegaron de la tierra me quedé en un coma temporal del alivio. Al aterrizar tenía muchísima fiebre. Sandra vino a recogerme. No le he contado nada porque mi paranoia no es normal, pero se ha dado cuenta de que pasa algo, de que no he venido a verla por su cumpleaños. Me ha preguntado si Ed y yo habíamos roto. Le he respondido que quizá.

9.6.2013

Me llamó Tiffany para preguntarme cómo me iba, que estaba preocupada por mí. Le dije que no entendía por qué. Se quedó callada, y luego me preguntó si no había visto las noticias. Me contó que Ed había grabado un vídeo que estaba en la página principal de *The Huffington Post*. Sandra conectó su portátil a la tele plana. Esperé con calma a que se cargasen los 12 minutos de vídeo de YouTube. Y ahí estaba. Real. Vivo. Me quedé pasmada. Parecía muy delgado, pero hablaba como su antiguo yo, el Ed de antes, seguro y fuerte. Como el Ed de antes de ese último año tan duro. Ese era el hombre al que yo quería, no el fantasma frío y distante con el que había estado viviendo últimamente. Sandra me abrazó y no supe qué decir. Nos quedamos ahí calladas. Nos fuimos en el coche a la barbacoa del cumpleaños de Sandra, en casa de sus primos, en un monte precioso al sur de la ciudad, justo en la frontera mexicana. Un sitio espléndido, y yo casi ni lo veía. Me estaba bloqueando, sin saber ni cómo empezar a analizar la situación. Llegamos a un sitio lleno de caras amigas que no tenían ni idea de lo que me estaba pasando por dentro. Ed, ¿qué has hecho?

¿Cómo vas a volver de ahí? Me costaba estar presente de verdad en todas las charlas de la fiesta. Tenía el teléfono petado de llamadas y mensajes. Papá. Mamá. Wendy. De vuelta de la barbacoa a San Diego, yo iba conduciendo el Durango del primo de Sandra, porque Sandra lo necesita esta semana para mudarse. Mientras conducíamos, un todoterreno negro del Gobierno nos empezó a seguir y un coche de la policía paró a Sandra; yo me había montado en el coche de Sandra a la ida. Seguí conduciendo el Durango, con la esperanza de saber bien dónde iba, porque el teléfono se me había apagado con todas las llamadas.

10.6.2013

Sabía que Eileen* era importante en la política local, pero no que además fuese una mafiosa, con un par bien puestos. Se ha estado ocupando de todo. Mientras esperábamos a que sus contactos nos recomendasen a un abogado, recibí una llamada del FBI. Un agente llamado Chuck Landowski, que me preguntaba qué estaba haciendo en San Diego. Eileen me dijo que colgase. El agente volvió a llamar y lo cogí, aunque Eileen me dijera que no. El agente Chuck me explicó que no quería presentarse en la casa sin avisar, así que estaba llamando antes «por cortesía» para decirnos que iban a venir unos agentes. Eileen se puso en marcha a toda hostia. Es dura, la cabrona, una cosa impresionante. Me obligó a dejar el teléfono en casa, cogimos su coche y nos echamos a la carretera mientras pensábamos. Eileen recibió un mensaje de texto de un amigo que le recomendaba a un abogado, un tío llamado Jerry Farber, así

* La madre de Sandra.

416

que me dejó su teléfono y me dijo que lo llamara. Lo cogió una secretaria. Le dije que me llamaba Lindsay Mills, que era la novia de Edward Snowden y necesitaba la representación de un abogado. La secretaria me respondió: «Ah, le paso de inmediato». Fue gracioso notarle en la voz que sabía quién era.

Jerry cogió el teléfono y me dijo que en qué podía ayudarme. Le hablé de las llamadas del FBI y me preguntó el nombre del agente, para poder hablar con los federales. Mientras esperábamos a tener noticias nuevas de Jerry, Eileen me sugirió que buscásemos móviles desechables, uno para usarlo con la familia y los amigos y otro para usarlo con Jerry. Después de eso, Eileen me preguntó en qué banco tenía el dinero. Fuimos a la oficina más cercana y me hizo sacar de inmediato todo el dinero, por si los federales me congelaban las cuentas. Fui y saqué todos los ahorros de mi vida, repartidos en cheques al portador y dinero en efectivo. Eileen insistió en que dividiese el dinero así y yo seguí sus instrucciones. El director del banco me preguntó para qué necesitaba todo ese dinero y le dije: «Para vivir». En realidad, quise responderle que a él qué coño le importaba, pero decidí que siendo educada se olvidaría antes de mí. Me preocupaba que la gente fuese a reconocerme, dado que estaban sacando mi cara junto con la de Ed en las noticias. Cuando salimos del banco, le pregunté a Eileen cómo se había hecho tan experta en todo lo que había que hacer cuando tienes un problema. Me dijo muy fría: «Son cosas que hay que saber como mujer. Por ejemplo, sacar siempre el dinero del banco cuando te divorcias». Pillamos algo de comida vietnamita para llevar y nos fuimos a casa de Eileen a comérnosla en el suelo, en el salón de arriba. Eileen y Sandra enchufaron los secadores y los dejaron hacer ruido mientras susurrábamos entre nosotras, por si acaso nos estaban escuchando.

Jerry, el abogado, llamó y me dijo que nos teníamos que reunir con el FBI hoy mismo. Eileen nos llevó hasta su despacho y por el camino se dio cuenta de que nos seguían. No tenía sentido. Íbamos hacia una reunión para hablar con los federales, pero al mismo tiempo teníamos a los federales detrás: dos todoterrenos y un Honda Accord sin matrículas. A Eileen se le ocurrió que a lo mejor no eran del FBI. Pensó que podían ser de alguna otra agencia, o incluso de un gobierno extranjero, que estuvieran intentando secuestrarme. Empezó a conducir muy rápido y de forma errática, para intentar despistarlos, pero todos los semáforos se ponían en rojo cuando nos acercábamos. Le dije que se estaba volviendo loca, que tenía que frenar un poco. Junto a la puerta del edificio de Jerry había un agente de paisano, con la palabra «gobierno» escrita en la cara. Subimos en el ascensor y cuando se abrió la puerta había tres hombres esperándonos: dos eran agentes y el otro era Jerry. Fue el único que me dio la mano. Jerry le dijo a Eileen que no podía entrar con nosotros a la sala de reuniones. La llamaría cuando terminásemos. Eileen insistió en que esperaría allí mismo. Se sentó en la entradita con una expresión en la cara de estar dispuesta a esperar un millón de años. De camino a la sala de reuniones, Jerry me llevó a un lado y me dijo que había negociado «inmunidad limitada», a lo que respondí que eso no significaba apenas nada, y no me quitó la razón. Me dijo que no mintiese en ningún momento, y que cuando no supiera qué decir, respondiera que no sabía y lo dejase hablar a él. El agente Mike tenía una sonrisa en la cara quizá demasiado amable, mientras que el agente Leland no dejaba de mirarme como si yo fuese algún experimento y él estuviese estudiando mis reacciones. Los dos me daban escalofríos. Empezaron con preguntas sobre mí, cosas tan básicas que parecía que estaban intentando demostrarme que ya lo sabían todo. Pues claro que lo sabían. Eso era precisamente lo que decía Ed. El Gobierno siempre lo sabe todo. Me hicieron hablar sobre los dos últimos meses, dos veces, y luego, cuando terminé con la «cronología», el agente Mike me pidió que empezara de nuevo, desde el principio. Le respondí: «¿El principio de qué?». «Cuéntame cómo os conocisteis.»

11.6.2013

He salido del interrogatorio agotada, tarde, de noche, y por delante me quedan días y días de más interrogatorios. No me han dicho cuántos exactamente. Me monté en el coche con Eileen para ir a reunirnos con Sandra y cenar en algún sitio, y cuando salíamos del centro de la ciudad nos dimos cuenta de que seguíamos teniendo compañía. Eileen intentó despistarlos acelerando y haciendo otra vez giros ilegales, y le pedí que parase. Pensaba que esa manera de conducir me hacía parecer peor. Me hacía parecer sospechosa. Pero Eileen no tiene remedio, es una cabezota. En el aparcamiento del restaurante se puso a golpear las ventanillas de los vehículos de vigilancia y a gritarles que yo ya estaba cooperando, que para qué nos seguían. Fue un poco embarazoso, como cuando tu madre va a recogerte al colegio, aunque en realidad me quedé asombrada. ¡Menuda sangre fría acercarse a un vehículo con unos agentes federales dentro y echarles la bronca! Sandra estaba en una mesa al fondo, pedimos y hablamos sobre la «exposición mediática». Mi cara estaba en todas las noticias.

A mitad de la cena, dos hombres se acercaron a nuestra mesa. Un tío alto con una gorra de béisbol y aparatos en los dientes, y su compañero, vestido como quien ha salido de marcha. El alto se identificó como el agente Chuck, el que me había llamado por teléfono. Pidió hablar conmigo sobre nuestra «conducta al volante» cuando hubiésemos terminado de comer. En cuanto dijo eso, decidimos que habíamos terminado. Los agentes estaban fuera, delante del restaurante. El agente Chuck me enseñó su placa y me dijo que su principal objetivo era protegerme. Me aseguró que mi vida podía estar amenazada. Se dio unas palmaditas en la chaqueta y dijo que él se haría cargo de cualquier peligro, porque estaba en «el equipo armado». Aquello era todo puro postureo de machito, o bien un intento de conseguir que confiase en él poniéndome en una posición vulnerable. Se puso a contarme que el FBI me iba a vigilar/seguir 24/7, durante el futuro próximo, y que no iban a tolerar el temerario manejo del volante de Eileen. Dijo que se supone que los agentes no deben hablar con sus misiones, pero que creía que, dadas las circunstancias, tenía que «llevar al equipo en esta dirección por seguridad de todos». Me dio una tarjeta de visita con su información de contacto y me comunicó que estaría aparcado a la puerta de la casa de Eileen toda la noche, y que lo llamara si lo necesitaba, o si necesitaba algo, por cualquier motivo. Me comentó que tenía libertad de ir donde quisiera («Pues claro, chaval», pensé), pero que, si planeaba irme a algún sitio, le mandara un mensaje. «Una comunicación fluida lo facilitará todo —me soltó—. Si nos va teniendo al corriente, estará mucho más segura, se lo prometo.»

16-18.6.2013

Llevo días sin escribir. Estoy tan cabreada que tengo que respirar hondo y pensar bien con quién y por qué estoy cabreada, porque está todo mezclado y muy confuso. ¡Putos federales de mierda! Qué interrogatorios más agotadores, en los que me tratan como si fuese culpable, y encima me siguen a todas partes, pero lo peor es que se han cargado mi rutina. En condiciones normales, me largaría al bosque a hacer fotos o escribir, pero ahora tengo un público de vigilancia allí donde voy. Es como si quitándome las energías y el tiempo y las ganas de escribir me estuviesen quitando el último pedacito de privacidad que tenía. Necesito recordar todo lo que ha pasado. Primero, me hicieron llevar mi portátil para copiar el disco duro. Seguramente también le metieran un puñado de micrófonos. Después de eso, sacaron copias impresas de todos mis *emails* y chats, y se pusieron a leerme cosas que le había escrito a Ed y cosas que Ed me había escrito y a exigirme una explicación. El FBI se cree que todo es un código. Pues claro que sin contexto los mensajes de cualquiera parecen raros. Pero ¡así es como se comunica la gente que lleva ocho años junta! ¡Estos tíos hacen como si nunca hubieran tenido una relación! Me preguntaban cosas para tratar de agotarme emocionalmente y que cuando volviesen a «la cronología» mis respuestas cambiasen. No van a aceptar que no sé nada. Y aun así, estamos todo el rato volviendo a «la cronología», ahora con transcripciones de mis mensajes de correo, mis chats y mi calendario *online*, todo impreso delante de nosotros.

Ojalá los tíos del Gobierno entendieran que Ed nunca hablaba de su trabajo y que yo tuve que aceptar ese secretismo para estar con él, pero no. Se niegan. Pasado un rato, me eché a llorar, así que esa sesión acabó temprano. El agente Mike y el agente Leland se ofrecieron a llevarme a casa de Eileen, y antes de marcharme, Jerry me llevó aparte y me comentó que el FBI parecía comprensivo. «Diría que les caes bien, sobre todo a Mike.» Me aconsejó que tuviese cuidado de todas maneras, que no fuese demasiado informal en la vuelta a casa. «No respondas a nada de lo que te pregunten.» En cuanto nos fuimos alejando, Mike empezó a meter baza con un «Seguro que Jerry te ha dicho que no respondas a ninguna pregunta, pero solo tengo un par». Cuando se puso a hablar, me dijo que en la oficina del FBI en San Diego habían hecho una apuesta. Por lo visto, los agentes tenían una porra sobre cuánto iba a tardar la prensa en averiguar mi ubicación. El ganador se llevaba un martini. Luego, Sandra me dijo que lo dudaba mucho. «Conociendo a los hombres, la apuesta será con otra cosa.»

19-20.6.2013

Mientras el resto del país se está haciendo a la idea de que están violando su privacidad, a mí me la están arrancando, pero a otro nivel bien distinto. Y las dos cosas hay que agradecérselas a Ed. Odio tener que mandarle a Chuck «avisos de salida» y luego me odio por no tener el coraje para no hacerlo. Lo peor fue la noche que les envié un «aviso de salida» porque había quedado con Sandra y me perdí por el camino, pero no quería parar y pedirles ayuda a los agentes que me iban siguiendo, así que los fui llevando en círculos. Llegué a pensar que a lo mejor tenían pinchado el coche de Eileen, así que empecé a hablar en alto, con la idea de que lo mismo me escuchaban. No estaba hablando. Los estaba poniendo a parir. He tenido que pagarle a Jerry, y luego solo he podido pensar en todo el dinero de nuestros impuestos que se está desperdiciando nada más que en seguirme hasta el despacho de mi abogado y el gimnasio. Después de los primeros dos días de reuniones, ya había usado la única ropa decente que tenía, así que me fui al Macy's de compras. Los agentes me siguieron por toda la sección de señora. Me pregunté si se iban a meter también en los probadores a decirme si me quedaba bien la ropa o no, si el verde me pegaba. En la entrada de los probadores había una televisión con las noticias puestas y me quedé helada cuando oí al presentador decir: «La novia de Edward Snowden». Salí corriendo del probador y me planté delante de la pantalla. Me quedé mirando mientras aparecían fotos mías. Cogí el móvil y cometí el error de buscarme en Google. Cientos de comentarios poniéndome de *stripper* y de puta. No tengo nada que ver con nada de eso. Pero igual que los federales, la gente ya había decidido quién era yo.

22-24.6.2013

Se han acabado los interrogatorios por ahora. Pero sigo teniendo compañía. Salí de la casa, feliz de volver a la barra del estudio de *aerial* que hay aquí. Llegué al estudio y no encontraba aparcamiento en la calle, pero mi compañía sí encontró un hueco, aunque tuvo que dejarlo cuando me alejé de su radio, así que di la vuelta y aparqué yo en su sitio. He hablado por teléfono con Wendy y las dos hemos dicho que, por mucho daño que nos haya hecho Ed, acertó al intentar que estuviésemos juntas cuando se marchó. Por eso la invitó e insistió tanto en que viniera a casa. Quería que estuviéramos juntas en Hawái cuando él hablase en público, para que pudiéramos hacernos compañía y darnos fuerza y consuelo. Es muy complicado enfadarse con alguien a quien quieres. Y todavía más complicado es enfadarse con alguien a quien quieres y a quien también respetas por hacer lo que hay que hacer. Estábamos las dos llorando y las dos nos hemos quedado calladas. Creo que pensamos lo mismo en el mismo momento. ¿Cómo vamos a hablar como personas normales cuando nos están escuchando todas las llamadas?

25.6.2013

Del aeropuerto de Los Ángeles al de Honolulú. Fui con la peluca cobriza al aeropuerto, pasé por el control con ella puesta y me la dejé durante todo el vuelo. Sandra se ha venido conmigo. Nos tomamos un almuerzo asqueroso en la zona de comidas antes del vuelo. Más televisores con la CNN puesta, con la cara de Ed, y sigue siendo todo surrealista, que es lo real ahora para todo el mundo, creo. El agente Mike me mandó un mensaje para decirme que Sandra y yo fuéramos a verlo a la puerta 73. ¿En serio? ¿Había venido de San Diego a Los Ángeles? La puerta 73 estaba acordonada y vacía. Mike estaba sentado esperándonos en una fila de asientos. Cruzó las piernas y nos enseñó que llevaba una pistola en el tobillo. Más intimidación machuna de mierda. Tenía unos documentos preparados para que los firmara y que el FBI me diese las llaves del coche de Ed en Hawái. Me dijo que habría dos agentes esperándonos en Honolulú con la llave. Otros agentes irían con nosotras en el vuelo. Se disculpó por no venir personalmente. Qué asco.

29.6.2013

Llevo días haciendo cajas por la casa y los del FBI solo me interrumpen alguna vez para que firme más formularios. Tener que recogerlo todo es una tortura. Encontrarme miles de cositas que me recuerdan a Ed. Parezco una loca limpiando sin parar, y luego me siento y miro su lado de la cama. Pero lo que más veo son las cosas que faltan. Cosas que se llevó el FBI. Cosas de tecnología, sí, pero también libros. Lo que me han dejado aquí son huellas, arañazos en las paredes y polvo.

30.6.2013

Mercadillo en Waipahu. Tres hombres respondieron al anuncio que colgó Sandra en Craigslist: «Todo en venta. La mejor oferta». Aparecieron y se pusieron a hurgar en la vida de Ed: su piano, su guitarra, sus pesas... Todas las cosas con las que no soporto seguir viviendo o que no me puedo permitir enviar a la península. Los tres llenaron sus camionetas con todo lo que pudieron cargar y luego volvieron a por un segundo porte. Para mi sorpresa, y creo que también para la de Sandra, no me importó demasiado que estuvieran allí revolviendo. Pero, en cuanto se marcharon, la segunda vez, me hundí.

2.7.2013

Hoy se lo han llevado todo los de la mudanza, menos los futones y el sofá, que voy a dejarlos aquí. Lo que quedó de las cosas de Ed después de que el FBI saqueara la casa cabía en una cajita de cartón. Algunas fotos y su ropa, un montón de calcetines desparejos. Nada que pudiera usarse como prueba en un juicio; solo pruebas de nuestra vida juntos. Sandra trajo líquido de mecheros y llevó el cubo metálico de la basura al lanai. Metí allí todas las cosas de Ed, las fotos y la ropa, prendí un librito de cerillas y lo eché. Sandra y yo nos quedamos un rato sentadas mientras todo ardía y el humo subía hacia el cielo. El brillo y el humo me recordaron a la excursión que hice con Wendy al Kilauea, el volcán de la Isla Grande. Fue hace más de un mes, pero parece que han pasado años. ¿Cómo íbamos a saber entonces que nuestras vidas estaban a punto de entrar en erupción? ¿Que el volcán Ed iba a destruirlo todo? Aunque recuerdo a quien nos hizo de guía en el Kilauea decir que los volcanes solo son destructivos a corto plazo. A la larga, mueven el mundo. Crean islas, enfrían el planeta y enriquecen el suelo. Su lava fluye descontrolada y luego se enfría y se endurece. Las cenizas que arrojan al aire caen esparcidas como minerales, que fertilizan la tierra y hacen crecer vida nueva.

29

AMOR Y EXILIO

Si en algún momento al viajar por este libro te has parado un instante delante de un término porque necesitabas alguna aclaración o querías investigar más y lo has escrito en un motor de búsqueda, y si ese término por casualidad era en algún modo sospechoso, algo como XKEYSCORE, por ejemplo, entonces felicidades: estás en el sistema, víctima de tu propia curiosidad.

En cualquier caso, aunque no hubieses buscado nada en internet, un gobierno interesado no tardaría mucho en descubrir que has estado leyendo este libro. Como mínimo, no tardaría mucho en descubrir que lo tienes, no importa que lo hayas descargado de manera ilegal, hayas comprado una copia en papel por internet o lo hayas adquirido en una tienda física con una tarjeta de crédito.

Lo único que querías era leer, participar en ese acto humano tan profundamente íntimo que significa la unión de unas mentes a través del lenguaje. Pero eso ha sido suficiente. Tu deseo natural de conectar con el mundo era lo único que necesitaba el mundo para vincular tu ser lleno de vida y aliento a una serie de identificadores únicos a escala global, como tu *email*, tu teléfono y la dirección IP de tu ordenador. Al crear un sistema de alcance mundial que rastrease esos identificadores por todos los canales disponibles de comunicaciones electrónicas, la Intelligence Community estadounidense se concedió a sí misma el poder de registrar y almacenar todos los datos de tu vida a perpetuidad.

Y eso fue solo el principio. Porque en cuanto las agencias de espionaje estadounidenses se demostraron a sí mismas que existía la posibilidad de recopilar pasivamente todas nuestras comunicaciones, empezaron también a alterarlas de manera activa. Al envenenar los mensajes dirigidos a nosotros con fragmentos de código de ataque, o *exploits*, desarrollaron la capacidad de adueñarse de algo más que de nuestras palabras solamente. Desde entonces, eran capaces de tener un control absoluto sobre nuestro dispositivo entero, incluidos la cámara y el micrófono. Eso significa que si estás leyendo esto ahora mismo, esta frase, en algún tipo de máquina moderna, como un *smartphone* o una tableta, pueden estar haciéndote un seguimiento y estar leyéndote ellos a ti. Sí. Podrán saber lo rápido o lo lento que pasas las páginas y si lees los capítulos de manera consecutiva o vas saltando. Y soportarán muy a gusto tener que verte las fosas nasales y cómo mueves los labios mientras lees, si eso les aporta los datos que buscan y les permite identificarte con total certeza.

Este es el resultado de dos décadas de innovación sin supervisión ninguna, el producto final de una clase política y profesional que sueña con ser nuestra dueña y señora. Da igual el lugar, da igual el momento, y da igual lo que hagas: tu vida se ha convertido en un libro abierto.

Si la vigilancia masiva era, por definición, una presencia constante en nuestra vida diaria, yo pretendía que los peligros que entrañaba esa vigilancia, y el daño que ya había hecho, también estuviesen presentes siempre. Con mis revelaciones a la prensa, quería que se conociese este sistema, que su existencia fuese una realidad que ni mi país ni el mundo eterno pudiesen obviar. En los años transcurridos desde 2013, ha crecido la concienciación, tanto su alcance como su sutileza. Sin embargo, en esta era de redes sociales, no podemos dejar de recordarnos a nosotros mismos que la concienciación sola no basta.

En Estados Unidos, los reportajes periodísticos iniciales sobre estas revelaciones dieron paso a una «conversación nacional», como reconoció el propio presidente Obama. Pese a que aprecio su intención, recuerdo echar de menos entonces que Obama aclarase que el motivo de que fuese «nacional» y de que fuese una «conversación» radicaba en que, por primera vez, la ciudadanía estadounidense estaba lo bastante informada para tener voz.

Las revelaciones de 2013 sirvieron para despertar en especial al Congreso, cuyas dos cámaras pusieron en marcha múltiples investigaciones sobre los abusos de la NSA. En dichas investigaciones se llegó a la conclusión de que la agencia había mentido de forma continuada sobre la naturaleza y la eficacia de sus programas de vigilancia masiva, incluso ante los legisladores del Comité de Inteligencia con el más alto grado de habilitación de seguridad.

En 2015, un tribunal federal de apelaciones emitió una sentencia en el caso ACLU v. Clapper, una demanda contra la legalidad del programa de recopilación de registros telefónicos de la NSA. El tribunal dictaminó que el programa de la NSA había violado incluso las laxas normas recogidas en la Patriot Act y que muy probablemente fuese inconstitucional. La sentencia se centraba en la interpretación de la

NSA de la sección 215 de la Patriot Act, que permitía al Gobierno exigir a terceros «cualquier elemento tangible» que considerase «relevante» para investigaciones en cuestiones de inteligencia extranjera y terrorismo. En opinión del tribunal, la definición del Gobierno de «relevante» era tan amplia que terminaba quedando casi vacía de significado. Calificar unos cuantos datos recopilados de «relevantes» solo porque a lo mejor llegaban a ser relevantes en algún momento indefinido del futuro era algo «sin precedentes y arbitrario». La negativa del tribunal a aceptar esa definición del Gobierno llevó a no pocos académicos jurídicos a interpretar la sentencia como un cuestionamiento de la legitimidad de todos los programas gubernamentales de recopilación indiscriminada basados en la misma doctrina de la futura relevancia. A raíz de esta opinión, el Congreso aprobó la USA Freedom Act para enmendar la sección 215 y prohibir de manera explícita la recopilación indiscriminada de registros telefónicos de estadounidenses. En un futuro próximo, esos registros permanecerían donde habían estado originalmente, bajo el control privado de las empresas de telecomunicaciones, y para acceder a ellos el Gobierno tendría que solicitar formalmente registros específicos con una orden judicial del FISC en la mano.

ACLU v. Clapper fue una notable victoria, desde luego. Se sentó un precedente crucial. El tribunal le reconocía su lugar a la ciudadanía estadounidense: los ciudadanos del país tenían derecho a ponerse ante un tribunal y cuestionar el sistema oficialmente secreto de vigilancia masiva del Gobierno. No obstante, el avance lento y pausado en los tribunales de todos los demás casos, muy numerosos, que surgieron como resultado de las revelaciones me ha dejado cada vez más claro que la resistencia legal estadounidense a la vigilancia masiva solo ha supuesto la fase beta de lo que ha de ser un movimiento de oposición internacional, plenamente representado en los Gobiernos y en el sector privado por igual.

La reacción de los tecnocapitalistas a las revelaciones fue inmediata y contundente, lo que volvía a demostrar que correr grandes riesgos te granjea unos aliados inimaginables. Los documentos desvelaban a una NSA decidida a ir detrás de toda información que considerase que se le ocultaba deliberadamente, hasta tal punto que había minado los protocolos de encriptación básicos de internet; de ese modo, por ejemplo, los expedientes financieros y médicos de los ciudadanos se hacían más vulnerables, y con ello salían perjudicadas las empresas que dependían de que sus clientes les confiasen esos datos tan confidenciales. Como respuesta, Apple adoptó una potente encriptación predeterminada para sus iPhone e iPad, y Google siguió el ejemplo con sus productos de Android y sus Chromebook. Aunque quizá el cambio más importante en el sector privado se produjo cuando negocios de todo el mundo empezaron a cambiar las plataformas de sus sitios web y a sustituir el «http» (Hypertext Transfer Protocol o protocolo de transferencia de hipertexto) por el protocolo encriptado o «https» (la S significa seguro), que ayuda a evitar la interceptación del tráfico web por parte de terceros. El año 2016 fue un hito en la historia de la tecnología: el primer año desde la invención de internet en el que hubo más tráfico web encriptado que sin encriptar.

Internet es sin duda más seguro ahora que en 2013, sobre todo al reconocerse de repente a escala global la necesidad de disponer de herramientas y aplicaciones encriptadas. Yo mismo he estado implicado en el diseño y la creación de algunos de ellos, a través de mi trabajo en la junta directiva de la Freedom of the Press Foundation, una organización sin ánimo de lucro dedicada a proteger y fortalecer el periodismo de interés público en el nuevo milenio. Gran parte de la labor de la organización es preservar y reforzar los derechos recogidos en la Primera y Cuarta Enmiendas mediante el desarrollo de tecnologías de encriptación. A tal fin, la fundación presta apoyo económico a Signal, una plataforma encriptada de mensajería y llamadas creada por Open Whisper Systems; además, la FPF desarrolla Secure-Drop (programa escrito originalmente por el difunto Aaron Swartz), un sistema de envío de código abierto que permite a organizaciones de prensa aceptar de forma segura documentos procedentes de denunciantes anónimos y otras fuentes. Actualmente, SecureDrop está disponible en diez idiomas y lo utilizan más de setenta organizaciones de prensa del mundo, entre ellas, *The New York Times*, el *Washington Post*, *The Guardian* y *The New Yorker*.

En un mundo ideal, es decir, en un mundo que no existe, las leyes por sí solas dejarían obsoletas estas herramientas. Sin embargo, en el único mundo que tenemos, sistemas así nunca han sido más necesarios. Resulta infinitamente más complicado conseguir un cambio de legislación que un cambio de estándar en la tecnología, y mientras la innovación legal siga estando por detrás de la innovación tecnológica, las instituciones buscarán abusar de esa disparidad en beneficio de sus propios intereses. Cubrir esta brecha es responsabilidad de los desarrolladores de *hardware* y *software* independientes de código abierto, quienes son capaces de ofrecer la crucial protección de las libertades civiles que la legislación quizá no pueda, o no quiera, garantizar.

En mi situación actual, no dejo de recordar nunca que

la ley es diferente en cada país, mientras que la tecnología no. Todas las naciones disponen de su código legal, pero tienen un mismo código informático. La tecnología cruza las fronteras y cuenta con casi todos los pasaportes. Con el paso de los años, cada vez me resulta más evidente que una reforma legislativa del régimen de vigilancia del país en el que nací no ayudaría necesariamente a un periodista ni a un disidente del país en el que estoy exiliado, pero un *smartphone* encriptado sí.

A escala internacional, las revelaciones contribuyeron a resucitar debates sobre la vigilancia en sitios con largos historiales de abusos en este sentido. Los países cuya ciudadanía más se opuso a la vigilancia masiva estadounidense fueron aquellos cuyos Gobiernos más habían cooperado con este sistema, desde los Cinco Ojos (sobre todo Reino Unido, cuyo GCHQ sigue siendo el principal socio de la NSA) hasta países de la Unión Europea. Alemania, que ha hecho muchos esfuerzos para afrontar su pasado nazi y comunista, representa el gran ejemplo de esta disyuntiva. Sus ciudadanos y legisladores se quedaron horrorizados al enterarse de que la NSA estaba vigilando comunicaciones alemanas y que incluso habían ido a por el *smartphone* de la canciller Angela Merkel. Al mismo tiempo, el BND, la principal agencia de inteligencia de Alemania, había colaborado con la NSA en numerosas operaciones, incluso desarrollando ciertas iniciativas de vigilancia intermediada que la NSA no podía, o no quería, poner en marcha por su cuenta.

Casi todos los países del mundo se vieron en un embrollo similar: sus ciudadanos indignados, su Gobierno cómplice. Cualquier Gobierno electo que dependa de la vigilancia para mantener el control de una ciudadanía que considere la vigilancia un anatema para la democracia ha cesado de ser una democracia *de facto*. Esa disonancia cognitiva en una escala geopolítica ha contribuido a incluir de nuevo las preocupaciones en materia de privacidad en el diálogo internacional dentro del contexto de los derechos humanos.

Por primera vez desde el final de la Segunda Guerra Mundial, los Gobiernos con democracias liberales de todo el mundo se ponían a debatir sobre privacidad como un derecho natural e innato de todos los hombres, mujeres y niños. Al hacerlo, se remontaban a la Declaración Universal de los Derechos Humanos de la ONU de 1948, cuyo artículo 12 estipula: «Nadie será objeto de injerencias arbitrarias en su vida privada, su familia, su domicilio o su correspondencia, ni de ataques a su honra o a su reputación. Toda persona tiene derecho a la protección de la ley contra tales injerencias o ataques». Al igual que todas las declaraciones de la ONU, este documento lleno de aspiraciones nunca fue de obligada aplicación, aunque pretendía inculcar una nueva base para las libertades civiles transnacionales en un mundo que acababa de sobrevivir a atrocidades nucleares y a tentativas de genocidio, y que se enfrentaba a un exceso de refugiados y apátridas sin precedentes.

La UE, aún bajo la influencia de su idealismo universalista de posguerra, se convirtió en el primer organismo transnacional en llevar esos principios a la práctica, al fijar una nueva directiva que pretende regular la protección de los denunciantes en todos sus Estados miembros, acompañada de un marco legal normalizado para la protección de la privacidad. En 2016, el Parlamento de la UE aprobó el Reglamento General de Protección de Datos (RGPD), la medida más importante adoptada hasta la fecha para prevenir las incursiones de la hegemonía tecnológica, que la UE tiende a considerar, no sin razón, como una extensión de la hegemonía estadounidense.

El RGPD trata a los ciudadanos de la Unión Europea, a quienes denomina «personas físicas», también como «interesados», en tanto que generan datos identificables personalmente. En Estados Unidos, los datos suelen considerarse propiedad de quienes los recopilan. Sin embargo, la UE plantea que los datos son propiedad de la persona a la que representan, lo que le permite incluir en la protección de las libertades civiles ese carácter de partes «interesadas».

El RGPD representa sin ninguna duda un gran avance legal, pero incluso su transnacionalismo resulta demasiado provincial: internet es una herramienta global. Nuestra personalidad física nunca será sinónimo legal de nuestra condición de interesados en materia de datos, y no menos porque la primera reside en un lugar y en un momento y la segunda reside en muchos sitios de manera simultánea.

Ahora mismo, seas quien seas, estés donde estés, en términos corpóreos y físicos, te encuentras además por todas partes, estás en circulación: múltiples personalidades que deambulan por los caminos de las señales, sin un país al que puedas llamar propio, y pese a todo, sujeto a las leyes de todos los países por los que pasas. Los registros de una vida vivida en Ginebra tienen su residencia en la Beltway. Las fotos de una boda en Tokio están de luna de miel en Sídney. Los vídeos de un funeral en Varanasi han ascendido a la nube de Apple, que se encuentra en parte ubicada en mi estado natal, Carolina del Norte, y en parte esparcida por los servidores asociados de Amazon, Google, Microsoft y Oracle, por toda la UE, Reino Unido, Corea del Sur, Singapur, Taiwán y China.

Nuestros datos deambulan a lo largo y a lo ancho. Nuestros datos deambulan sin cesar.

Empezamos a generar estos datos antes de nacer, cuando las tecnologías nos detectan en el útero, y nuestros datos seguirán proliferando incluso después de nuestra muerte. Por supuesto, nuestras memorias creadas conscientemente, los registros que elegimos llevar, conforman solo una porción de la información que se le ha exprimido a nuestra vida (la mayoría de ella, de manera inconsciente o sin nuestro consentimiento) a cargo de la vigilancia acometida por empresas y Gobiernos. Somos las primeras personas en la historia del planeta para las que esto es una realidad, las primeras personas que llevan a sus espaldas la carga de la inmortalidad de los datos, del hecho de que nuestros registros recopilados puedan tener una existencia eterna. Por eso tenemos un deber especial. Hemos de asegurarnos de que nadie pueda volver en contra de nosotros, o de nuestros hijos, esos registros de nuestros pasados.

Actualmente, la libertad a la que llamamos «privacidad» la está defendiendo una nueva generación. Son personas que aún no habían nacido el 11-S, que han pasado toda la vida bajo el omnipresente espectro de esta vigilancia. Esa juventud que no ha conocido otro mundo se ha dedicado a imaginarse uno, y son su creatividad política y su ingenuidad tecnológica las que me dan esperanzas.

Aun así, si no actuamos ahora para reclamar nuestros datos, nuestros hijos quizá no tengan la capacidad de hacerlo. Entonces, tanto ellos como sus hijos se verán también atrapados, y todas las sucesivas generaciones estarán forzadas a vivir bajo el espectro de datos de la anterior, sujetas a una agregación masiva de información cuyo potencial para el control social y la manipulación humana superará no solo las restricciones legales, sino también los límites de la imaginación.

¿Quién de nosotros es capaz de predecir el futuro? ¿Quién se atrevería a hacerlo? La respuesta a la primera pregunta es nadie, la verdad, y la respuesta a la segunda es todo el mundo, en especial todos los Gobiernos y empresas del planeta. Para eso utilizan nuestros datos. Analizan los algoritmos en busca de patrones de comportamiento fijo con el fin de extrapolar conductas futuras, una especie de profecía digital que es solo un poco más precisa que métodos analógicos como la lectura de manos. Una vez que excavas en los mecanismos técnicos reales con los que se calcula la predictibilidad, entiendes que su ciencia es en realidad anticientífica, y su nombre, un error mortal: la predictibilidad es manipulación. Un sitio web que te dice que porque te ha gustado este libro a lo mejor también te gustan libros de peces gordos de la inteligencia como James Clapper o Michael Hayden no te está ofreciendo ninguna opinión formada, sino más bien un mecanismo de coerción sutil.

No podemos permitir que nos usen de este modo, que nos usen en contra del futuro. No podemos permitir que nuestros datos se utilicen para vendernos precisamente cosas que no deberían venderse, como el periodismo. Si lo hacemos, el periodismo que obtengamos no será más que el periodismo que queremos, o el periodismo que los poderosos quieran que tengamos, no la conversación colectiva y honrada que hace falta. No podemos permitir que la «vigilancia de Dios» a la que estamos sometidos se use para «calcular» nuestros puntos de ciudadanía o para «predecir» nuestra actividad criminal; para decirnos qué clase de educación podemos recibir, o qué tipo de trabajo podemos tener, o si podemos recibir educación o tener un trabajo, directamente; para discriminarnos por nuestros historiales económicos, legales y médicos, por no mencionar nuestra etnia o raza, constructos que a menudo los datos asumen o imponen. Y con respecto a nuestros datos más íntimos, es decir, a nuestra información genética, si permitimos que la utilicen para identificarnos, entonces la utilizarán para acosarnos, e incluso para modificarnos: para rehacer la esencia misma de nuestra humanidad a imagen de la tecnología que pretende hacerse con su control.

Por supuesto, todo esto ya ha pasado.

Exilio: no ha transcurrido ni un solo día desde el 1 de agosto de 2013 en el que no haya recordado que «exilio» era el término que usaba mi yo adolescente para cuando me quedaba sin internet. ¿El wifi se ha cortado? Exilio. ¿Estoy fuera del alcance de la señal? Exilio. El yo que solía decir eso ahora me parece tan joven... Parece tan lejano...

Cuando la gente me pregunta cómo es mi vida ahora, por lo general respondo que se parece mucho a la suya, porque paso un montón de tiempo delante del ordenador leyendo, escribiendo, interactuando... Desde lo que a la prensa le encanta describir como una «ubicación no revelada» (y que en realidad es el apartamento de dos habitaciones de Moscú que tenga alquilado en ese momento), me proyecto en escenarios de todo el mundo, y hablo sobre la protección de las libertades civiles en la era digital ante audiencias de estudiantes, académicos, legisladores y tecnólogos.

Algunos días, mantengo reuniones virtuales con mis compañeros de la junta directiva de la Freedom of the Press Foundation, o hablo con mi equipo jurídico europeo, dirigido por Wolfgang Kaleck y emplazado en el Centro Europeo por los Derechos Constitucionales y Humanos. Otros días, me pillo algo en un Burger King (sé a quién le debo mi lealtad) y juego a juegos que tengo que piratear porque ya no puedo usar tarjetas de crédito. Un elemento constante de mi existencia es la sesión diaria con mi abogado estadounidense, confidente y consejero para todo, Ben Wizner, de la ACLU, que ha sido mi guía en este mundo que tenemos y aguanta mis cavilaciones sobre el mundo que deberíamos tener.

Esa es mi vida. Sí es cierto que se iluminó considerablemente durante el gélido invierno de 2014, cuando Lindsay vino a visitarme: la primera vez que la veía desde Hawái. Procuré no esperar mucho de aquel encuentro, porque sabía que no me merecía esa oportunidad; lo único que me merecía era un guantazo en la cara. Pero, cuando abrí la puerta, me puso una mano en la mejilla y le dije que la quería.

«Calla —me respondió—. Ya lo sé.»

Nos mantuvimos en silencio el uno al otro. Cada una de nuestras respiraciones era como una promesa de que compensaríamos el tiempo perdido.

Desde ese momento, mi mundo entero fue suyo. Hasta entonces, me había contentado con permanecer entre cuatro paredes; de hecho, esa había sido mi preferencia ya antes de llegar a Rusia. Pero Lindsay insistió: nunca había estado en Rusia y nos íbamos a ir de turismo juntos.

Mi abogado ruso, Anatoli Kucherena, que me ayudó a conseguir asilo en el país (fue el único abogado que tuvo la previsión de aparecer por el aeropuerto acompañado de un intérprete), es un hombre cultivado y de recursos, y demostró ser tan versado en conseguir entradas de última hora para la ópera como lo está en dirigir mis asuntos legales.

Nos ayudó a conseguir dos asientos de palco para el Teatro Bolshói, así que Lindsay y yo nos vestimos bien y allí fuimos, aunque debo admitir que yo tenía mis reservas. Había muchísima gente, y toda muy apiñada en un mismo salón. Lindsay me notó cada vez más inquieto. Cuando las luces se atenuaron y se levantó el telón, Lindsay se inclinó hacia mí, me dio con el codo en las costillas y susurró: «Ninguna de estas personas está aquí por ti. Han venido aquí para esto».

Lindsay y yo también pasamos tiempo en algunos de los museos de Moscú. La Galería Tretiakov alberga una de las colecciones más ricas del mundo de iconos ortodoxos rusos. Los artistas que los pintaron para la iglesia eran casi todos contratados externos, pensé, y por eso normalmente no se les permitía firmar con su nombre las obras, o preferían no hacerlo. La época y la tradición que dieron lugar a esas obras no eran muy dadas a reconocer los logros individuales. Mientras Lindsay y yo estábamos delante de uno de los iconos, una joven turista, una adolescente, de repente se puso en medio de los dos. No era la primera vez que me reconocían en público, pero al estar Lindsay presente, sin duda esa ocasión amenazaba con ser la más digna de ocupar titulares. En un inglés con acento alemán, la niña nos preguntó si se podía hacer un *selfie* con nosotros. No estoy seguro de cómo explicar mi reacción (quizá fue la manera tímida y educada que tuvo la niña alemana de pedirlo, o quizá era la presencia de Lindsay, siempre un soplo de ánimo, un «vive y deja vivir»), pero por una vez acepté sin dudarlo. Lindsay sonrió cuando la chavala se colocó para posar entre los dos y hacer la foto. Entonces, después de dedicarme unas palabras de apoyo, la niña se marchó.

Saqué a Lindsay a rastras del museo al momento. Tenía miedo de que si la chavala subía la foto a una red social nos quedaran solo unos minutos antes de recibir una atención no deseada. Ahora me siento un imbécil por haber pensado eso. Me puse a mirar internet nervioso todo el rato, pero la foto no aparecía. Ni ese día ni el día siguiente. Por lo que sé, nunca estuvo publicada en ningún sitio: solo quedó guardada como el recuerdo privado de un momento personal.

Siempre que salgo, trato de cambiar un poco de aspecto. A lo mejor me quito la barba o me pongo unas gafas distintas. Nunca me había gustado el frío, hasta que me di cuenta de que un gorro y un pañuelo aportan el anonimato más cómodo y discreto del mundo. Cambio el ritmo y el paso de mi caminar y, contra el sabio consejo de mi madre, no miro hacia los coches que vienen cuando cruzo una calle, por eso nunca me ha captado ninguna de esas cámaras interiores para vehículos que están tan extendidas por aquí. Cuando paso por edificios con sistemas de videovigilancia mantengo la cabeza agachada, para que nadie me vea como se me ve por internet: de frente. Antes me preocupaban el autobús y el metro, pero actualmente la gente va demasiado ocupada mirando sus móviles para pararse a mirarme a mí. Si cojo un taxi, hago que me recoja en una parada de autobús o de metro, a unas manzanas de donde vivo, y que me deje en una dirección a unas cuantas manzanas de donde en realidad voy.

Hoy me estoy recorriendo esta enorme y extraña ciudad por el camino más largo, en busca de rosas. Rosas rojas, rosas blancas, incluso rosas violetas. Cualquier flor que pueda encontrar. No me sé los nombres en ruso de ninguna. Me limito a emitir un sonido y señalar.

El ruso de Lindsay es mejor que el mío. Además, ella se ríe con más facilidad y es más paciente, generosa y amable que yo.

Esta noche celebramos nuestro aniversario. Lindsay se mudó aquí hace tres años, y hoy hace dos años que nos casamos.

AGRADECIMIENTOS

—

Aquel mayo de 2013, sentado en aquella habitación de hotel en Hong Kong preguntándome si algún periodista vendría a reunirse conmigo, es para mí el momento en que más solo me he sentido en la vida. Transcurridos seis años, me encuentro en la situación totalmente opuesta, después de que me hayan acogido en una tribu global, extraordinaria y en constante ampliación de periodistas, abogados, tecnólogos y defensores de los derechos humanos con quienes estoy en una deuda incalculable. Al concluir un libro, es tradición que el autor dé las gracias a la gente que le ha ayudado a hacer posible el texto, y desde luego eso es lo que yo pretendo hacer aquí. Aunque, dadas las circunstancias, sería un descuido por mi parte no extender también ese agradecimiento a la gente que me ha ayudado a hacer posible mi vida, defendiendo mi libertad y, sobre todo, trabajando de forma constante y desinteresada para proteger nuestras sociedades abiertas, así como las tecnologías que nos unieron a nosotros y que unen a todo el mundo.

Durante los últimos nueve meses, Joshua Cohen me ha llevado a la escuela de escritores, y con ello me ha ayudado a transformar mis recuerdos inconexos y sucintos manifiestos en un libro del que espero que pueda estar orgulloso.

Chris Parris-Lamb demostró ser un agente agudo y paciente, mientras que Sam Nicholson me hizo unas correcciones astutas y esclarecedoras, además de ofrecerme su apoyo, como hizo también todo el equipo de la editorial Metropolitan, desde Gillian Blake hasta Sara Bershtel, Riva Hocherman y Grigory Tovbis.

El éxito de este equipo da testimonio de los talentos de sus miembros, y de los talentos del hombre que lo reunió: Ben Wizner, mi abogado y —todo un honor para mí— también mi amigo.

En la misma línea, quisiera agradecer a mi equipo internacional de abogados que han trabajado de manera incansable para que siga en libertad. Me gustaría asimismo dar las gracias a Anthony Romero, director de la ACLU, que abrazó mi causa en un momento de considerable riesgo político para la organización, junto al resto del personal de la ACLU que me ha ayudado a lo largo de los años, entre ellos, Bennett Stein, Nicola Morrow, Noa Yachot y Daniel Kahn Gillmor.

Quiero reconocer además el trabajo de Bob Walker, Jan Tavitian y su equipo del American Program Bureau, quienes me han permitido ganarme la vida difundiendo mi mensaje a nuevas audiencias de todo el mundo.

Trevor Timm y mis compañeros de la junta directiva de la Freedom of the Press Foundation me han facilitado el espacio y los recursos para recuperar mi auténtica pasión: la ingeniería destinada al bien social. Me siento especialmente agradecido al antiguo director de operaciones de la FPF, Emmanuel Morales, y al actual miembro de la junta Daniel Ellsberg, que le ha regalado al mundo el ejemplo de su rectitud, y a mí, la calidez y la franqueza de su amistad.

Para escribir este libro se utilizó un *software* libre y de código abierto. Me gustaría dar las gracias al Qubes Project, al Tor Project y a la Free Software Foundation.

Las primeras pistas sobre lo que significaba escribir bajo la presión de una fecha límite las recibí de los maestros: Glenn Greenwald, Laura Poitras, Ewen Macaskill y Bart Gellman, cuya profesionalidad se basa en una apasionada integridad. Ahora, después de haber pasado yo por un proceso de revisión, aprecio de otra manera a sus editores, que se negaron a sentirse intimidados y asumieron los riesgos que daban sentido a sus principios.

El agradecimiento más profundo se lo reservo a Sarah Harrison.

Y mi corazón pertenece a mi familia, tanto a la más amplia como a la más directa: a mi padre, Lon, a mi madre, Wendy, y a mi brillante hermana, Jessica.

Este libro solo puedo acabarlo tal y como lo empecé: con una dedicatoria a Lindsay, cuyo amor es capaz de convertir el exilio en vida.